성령의 사람 역사학자 송계(松溪) 이원설 박사

세계대학총장협의회

IAUP회의

세계대학총장협의회 시

2002.9.24 기독교학술상 시상

경희대 교수 시절

결혼사진

부부

부모님과 친지

가족

1965년도 성탄절(가족)

부모님;누님 총신대 졸업

기독학술상수상 기념

장례식

한국교회위인전

하나님의 사람
문명사학자 송계(松溪) 이원설 박사

-비전(Vision)을 기록하고 이룬 사람-

The Fulfillment of a Written Vision in Life

이원설 박사의 삶의 간증

정 선 혜 옮김

하나님의 사람 문명사학자 송계(松溪) 이원설 박사

2017년 12월 11일 초 판 1쇄 인쇄
2017년 12월 15일 초 판 1쇄 발행

지은이 • 이 원 설 외
편집인 • 권호덕 최덕구 유공조 유옥 문인현 유화영
펴낸이 • 조 경 혜

도서출판 그리심
07030 서울시 동작구 사당로2길 72 인정 인정 B동 b-01
등록번호 • 제 7-258호(1998. 4. 23)
출 판 사 • 전화 523-7589 팩스 523-7590
홈페이지 • http://grisim.biz
전자우편 • grisimcho@hanmail.net

• 저자와 협의하여 검인을 생략함.
• 이 책의 일부라도 저자나 출판사의 허락 없이 사용할 수 없습니다.

ISBN 978-89-5799-402-3 (93230)

Korean Copyright © 2017
Grisim Publishing Co.
Seoul, Korea

"주님께서 나에게 대답하셨다
너는 이 묵시를 기록하여라.
판에 똑똑히 새겨서,
누구든지 달려가면서도 읽을 수 있게 하여라.
비록 더디더라도 그때를 기다려라.
반드시 오고야 만다." (하박국 2:2-3)

"주님의 영광스러운 행적과 능력과
그가 이루신 놀라운 일들을
미래의 세대에게 전하여 줄 것이다." (시편 78:4)

한국교회 위인 송계 이원설 박사

권 호 덕
(편집위원장)

송계 이원설 박사님이 하나님의 부르심을 받고 소천한지 10년이 지났다. 옛날에는 10년이면 강산도 변한다고 했는데 정보공학(IT)시대와 생명공학(BT)시대를 지나서 우주공학시대(UT) 속으로 접어든 지금, 이 10년은 순간에 가깝다. 그만큼 우리 주위는 더욱 빠르게 변화하고 있다. 세계정세가 변하고 사람들의 성향과 마음이 변하고 교회의 풍속도가 빠르게 변하고 있다. 또 인공지능(AI)이 인간을 지배할지 모른다는 두려움 속에서 인류는 새로운 패러다임 속으로 들어가고 있다.

빠르고 예기치 못하는 이 세대 속에서 변함없으신 하나님을 섬기며 '그의 나라와 그의 의'를 구하며 살다가 먼저 하나님 품으로 돌아가신 이원설 박사님을 기리기 위해 영어로 출판된 그의 자서전을 한글로 번역하여 출판하기에 이르렀다. 우리가 그를 추모하는 이유는 그의 학문적인 차원에서, 그의 교육자로서 그리고 교육행정가로서의 업적에서 탁월함 때문이기도 하지만 그의 고매한 신앙인격 때문에, 한국 그리스도인의 모델이 되기 때문이다.

이를 위해 2016년 12월 6일에 故 이석우 교수님이 관장으로 계셨던 겸재미술관에서 본 저서를 출판하기 위한 첫 모임을 가졌다. 그리고 "이원설 박사 추모 유작 간행위원장"과 편집위원장 그리고 편집위원들을 선정하고 로드맵을 정하여 작업을 진행해 왔다. 간행위원장에는 이석우 교수님이 내정되었으나 유감스럽게도 얼마 전에 그분도 하나님의 부르심을 받아 소천하셨다.

편집위원회는 책에 실을 글들의 순서를 정하는 동시에 앞부분에 넣을 송계에 대한 글을 쓸 집필자들을 선정하는 일에 들어갔다. 집필자들은 이원설 박사님과 가까이 교제하며 그를 심히 보며 깊이 알게 된 분들인데 그들이 기고한 주옥같은 글들은 참으로 진솔하고 농도가 짙으며 감동적이다. 강헌구 박사님, 김기훈 박사님, 김병묵 박사님, 김종회 박사님, 김형태 박사님, 문인현 목사님, 서청석 박사님, 성기호 박사님, 신용철 박사님, 유 옥 박사님, 유공조 박사님, 이형국 박사님, 임재복 박사님, 최덕구 박사님, 홍영일 교장님(가나다 순) 등이 여기에 속한다. 송계도 위대하지만 그의 영향을 받고 지금도 여러 분야에서 일하는 있는 이분들도 역시 위대하게 느껴진다. 독자들은 이분들의 글을 일고 송계를 이해할 뿐 아니라 나아가 송계 자신이 자기의 삶에 대해 쓴 자서전을 통해 성령으로 살았던 기독지성으로서 그의 삶을 보고 절망뿐인 이 세상에서 성령의 도움으로 자기 비전(vision)를 발견하고 실현하며 주안에서 풍성한 삶을 수 있기를 바란다.

편집회의는 기독교서적을 출판하는 그리심출판사에 출판을 맡기되 '한국교회 위인전' 시리즈에 포함시키는 것이 많은 독자들을 얻는데 도움이 될 것 같아서 그렇게 결정했다. 또 책 제목을 "하나님의 사람 문명사학자 송계 이원설 박사"라고 정한 것도 일반 성도들에게 그를 이해시키는데 쉽고 동시에 이원설 박사님이야 말로 성령의 감동과 추진으로 살았기 때문이다.

이글을 쓰면서 이전에 기독교리더십연구원 원장으로 수고하신 송계의 친구 故 최정훈 박사님과 故 문영식 박사님 생각도 많이 났다. 이분들은 송계를 사랑하고 존경하며 그와 동역했다. 이분들은 참으로 헌신적으로 본 연구원을 위해 일하셨다. 총무로 수고하는 정선혜 박사는 송계의 저서 영어원본을 잘 번역해주셨다.

한 세대는 가고 다음 세대가 온다. 우리는 지금 송계의 위대함을 기리지만 송계 자신에게 머물면 안 되고 그가 추구했던 하나님의 나라와 의 그리고 영원한 뜻을 추구해야 할 것이다. 이것이 송계가 바라던 바이다.

추천문

강 헌 구

경영학 박사, 한국비전스쿨 창시자
현 기독교리더십연구원 원장

본 저서는 "비전을 기록하라, 반드시 이루어질 것이다"(*Write the Vision – It Will Surely Come*)라는 책으로 미국 시카고에서 출판되어 미국 대학에서 교재로 사용되었고 일본어로도 번역된 바 있다. 이 책은 「50년 후의 약속」라는 이원설 박사 전기의 후편이다.

어린 시절 일제식민지 통치 아래서 부모님의 신사참배 거부로 중학교 진학을 하지 못한 채 생활하다가 해방 후, 어머니의 도움을 받아 친구 이성섭과 함께 북한을 탈출했다. 그는 서울의 유한양행 창업자인 유일한 회장 집에서 심부름꾼으로 들어가 생활했다. 그리고 6.25전쟁 중 전남 함평에서 지방의 공산당원들에게 잡혀서 총살장으로 끌려가던 중에 하나님께 살려다라고 간절히 기도했다. 그는 총상을 입으면서도 생명을 유지할 수 있었다. 그는 자기에게 "하나님 나라와 하나님의 의를 구하라"(새번역, 마 6:33)는 사명을 주신 것으로 확신하고 "너는 이 묵시를 기록하여라. 판에 똑똑히 새겨서, 누구든지 달려가면서 읽을 수 있게 하여라, … 비록 더디더라도 그 때를 기다려라. 반드시 오고야 만다"(합 2:2-3)라는 성경 말씀을 읽으며 하나님의 사람들을 기르는 교육자가 되겠다는 목표(Vision)를 써서 간직했다.

그는 우리가 빛 가운데 살아가면, 우리는 서로 사귐을 가지게 되고, 하나님의 아들 '예수 의 피가 우리를 모든 죄에서 깨끗하게 해 주십니다'(요한1서 1:7) '눈먼 사람들에게 눈 뜸을 선포하고'(눅 4:18)를 굳게 믿게 되었다.

하나님은 그에게 한 미국선교사를 보내서 미화 $155를 지원하게 했다. 그리고 사업을 하는 장무광 형님은 비행기표를 사주었다. 그는 '마음의 눈'을 열고 앞날 그가 역사학 교수로서 '예수 한국 비전'(The Jesus-Korea Vision)을 보게 했다. 그는 1958년 초 27세에 고대 이스라엘 예언자 하박국의 가르침을 따라 한 장의 종이에 다음과 같이 그의 인생목표(Vision)를 썼다.

　　1960(29세):　박사 학위취득
　　1961 - 1967: 한국 대학의 역사학 조교수
　　　　(31-37세)
　　1968 - 1971 : 미국 대학의 교수
　　　　(38-41세)
　　1972 - 1979 : 한국 대학의 교수
　　　　(42-49세)
　　1980 - 1984 : 한국 대학의 학장
　　　　(50-54세)
　　1985 - 1991 : 한국에서 대학원 원장
　　　　(55-61세)
　　1992 - 1999 : 한국 대학교 총장
　　　　(62-69세)
　　2000년(70세) : 퇴직

그는 29세에 박사학위를 취득하지는 못했으나 1년 뒤인 30세에 미국대학에서 박사학위를 취득했다. 30세에 경희대학교 조교수, 34-35세에 교육부 고등교육국장, 36-38세 미국 아드리안(Adrian) 대학 역사학 교수, 39-43세에 경희 대학교 정경대학장, 50-52세에 경희대부총장, 54-61세에 한남대학교 총장을 지내고 61세에 퇴직했다. 그 후 그는 '예수 한국 비전'(The Jesus-Korea Vision)을 이루기 위하여 활발하게 활동했다. 한국기독교학교연맹 이사장, 숭실대학교 이사장, 서울여자대학교 이사장으로 일했다. 그리고 영문저서 23권, 한글저서 19권을 출판했으며 1976년부터 22년간 Korea Herald에 매주 논설을 기고했다.

미국에서 출판한 *Write the Vision – It will Surely Come*(비전을 기록하라 반드시 이루어질 것이다)의 속편인 이 저서는 이 박사님의 글로 쓴 비전(vision)이 어떻게 하나하나 이루어져 왔는지를 간증한 *The Fulfillment of a Written Vision in Life*(기록된 비전의 삶속에서 달성)의 번역판이다.

오늘날 우리나라 젊은이들에게 가장 요구되는 것은 "빛 가운데 살아가면서 마음의 눈"을 떠서 "자기의 미래모습"을 판에 기록하여 새기는 일이다. 나는 이 박사님의 제자로서 대학 시절 "목표(Vision)의 중요성"에 관한 그분의 강의를 듣고 마음에 깊은 감동을 받았다. 나도 어린 시절 가정이 빈곤하여 미래의 사명과 확실한 목표(Vision)를 갖지 못한 채 고민하던 중 이 박사님의 자서전적 강연을 듣고 목표(Vision)를 연구하고 글로 썼다.

대학교수가 된 후에도, 나의 삶은 젊은이들에게 목표(Vision)를 전파하기로 하나님께 약속했다. 1995년 이 박사님을 모시고 뜻을 같이하는 교수들과 협력하여 수원에 "비전스쿨"을 설립하고, 등록한 학생들을 토요일 오후 마다 6개월씩 가르쳤다. 그 후 많은 고등학교들과 대학들 그리고 각 지방의 교회들이 비전스쿨 교육프로그램으로 열심히 비전교육을 실시하고 있다. 그리고 한국에서 시작된 크리스천 목표(Vision)스쿨은 필리핀, 터키, 중국에까지 퍼지고 있다.

이원설 박사님과 같은 사례를 가진 기성세대들은 자기들의 체험을 기록으로 남겨서 많은 젊은이들에게 좋은 영향을 끼치도록 해야 한다. 이 책의 초고를 교정해 주신 최덕구 교수님, 문인현 목사님, 권호덕 교수님, 유옥 교수님, 유화영 교수님께 심심한 감사를 드린다.

2017년 이른 여름

목 차

권두언 · 4
추천문 · 8

이원설 박사의 삶의 간증

제 1장 미국을 뒤로하고 고국으로 떠나면서

I. 아내와 아들을 미국에서 한국으로 보내다 · 15
II. 한국에서 교직자리를 찾으면서 · 20
III. 5.16군사 쿠데타와 마음의 동요 · 23
IV. 미국의 지인들과 작별을 고하다 · 26

제 2장 고국에서의 시련들

I. 귀국 후 초기의 실망 · 33
II. 가르치는 일을 시작하면서 · 41
III. 경희대에서 마침내 교수직을 · 46
IV. 역사학 교수로서 첫 발을 내딛다 · 50

제 3장 정부에서 일하다가 다시 미국으로

I. 교육부의 고등교육국장을 맡다 · 65
II. 모든 대학을 조사하기 시작 · 70
III. 두 곳에서의 초청 · 77
IV. 미국에서 교수생활 · 80

제 4장 대학학장으로서

I. 비전(vision)-중점교육 · 93
II. 벨기에의 루벤 대학에서의 교수활동 · 105
III. 경희대학교 학장으로서 · 113
IV. 세계대학총장협회의 사무총장으로서 · 115
V. 모교로부터 명예박사학위 · 125

제 5장 경희대학교 부총장으로서

    Ⅰ. 대학총장 제의를 거절 · 135
    Ⅱ. 사회적 불안과 이념갈등 · 141
    Ⅲ. 즐거운 긴 휴가 · 147
    Ⅳ. 교원대학교 설립계획 · 153

제 6장 한남대학교 총장으로서

    Ⅰ. 새로운 일자리를 선택하는데 중요한 요소 · 159
    Ⅱ. SMART(specific, measurable, attainable, realistic, tangible) 설정 · 165
    Ⅲ. 종합대학교로 승격 · 169
    Ⅳ. 캠퍼스의 새로운 단장 · 173
    Ⅴ. 어둠속에서 진정한 빛을 찾아 · 178
    Ⅵ. 믿음과 배움의 통합 · 185

제 7장 은퇴 준비

    Ⅰ. 총장임기를 성공리에 마치다 · 193
    Ⅱ. 부총장 임명 · 196

맺으면서 · 200

▶ 이원설 박사 연보 · 304

내가 본 송계 이원설 박사

강헌구 · 211   김기훈 · 224   김병묵 · 237   김종회 · 239
김형태 · 243   문인현 · 248   서청석 · 253   성기호 · 258
신용철 · 262   유 옥 · 266   유공조 · 272   이형국 · 277
임재복 · 285   최덕구 · 287   홍영일 · 294   권호덕 · 300

하나님의 사람 문명사학자
송계(松溪) 이원설 박사

비전(vision)를 기록하고 이룬 사람

The Fulfillment of a Written Vision in Life

이원설 박사의 삶의 간증

정 선 혜 옮김

제1장
미국을 뒤로하고 고국으로 떠나면서

Ⅰ. 아내와 아들을 미국에서 한국으로 보내다

1960년 봄이었다. 아내와 나는 오하이오(Ohio)주 클리브랜드(Cleveland)의 케이스 웨스턴 리저브(Case Western Reserve) 대학교 가까이에 있는 작은 아파트에 살고 있었다. 나는 아내와 함께 앉아 있던 봄날에 긴장으로 주저하면서 다소 떨리는 목소리로 말하기 시작했다.

"여보! 당신에게 이런 이야기를 하게 되어 대단히 미안하오. 나는 가끔 혼자서 이 문제에 대하여 곰곰이 생각을 해왔지만 답을 찾을 수가 없었오."

"나도 가급적 박사논문을 빨리 마치고 돌아갈테니 먼저 아들 기한이를 데리고 먼저 한국으로 돌아가서 기다려줘요."

아내는 내말을 예기치 못한 것은 아니었지만 잠시 말없이 풀이 죽어있었다. 그 당시 아내는 막 28살이 된 아름답고 명랑한 여자였다. 그녀는 내가 미국에서 공부하는 동안 경제적으로 지원하였고, 미국 갈보리장로교회 주일학교에서 보조자로 봉사를 하며 지내고 있었다. 그녀는 미국에서 많은 친구들을 사귀었고 영어회화도 숙달하여 미국에서 살아갈 수 있는 능력을 갖추고 있었다.

미국 대중매체 보도에 의하면 당시 우리나라의 사정은 3년에 걸친 6.25 전쟁으로 전 국토가 황폐화되고 3백만 이상의 사람이 처참하게 죽었으며 대부분의 공장과 집들은 파괴되었고, 물가는 치솟고 많은 사람들이 일자리가 없어 거리를 방황하고 있는 암울한 상태였다. 더구나 당시 한국에는 우리가 돌아가 살 수 있는 집도 없었다.

아내가 바로 대답을 하지 않아서 나는 긴장했다. 아내는 "내가 몇 년 만이라도 미국대학에서 교수를 하며 지내다가 한국으로 돌아가자"고 나를 설득하려는 것은 아닐까? 하는 생각이 들었다. 그래서 나는 다시 말을 했다.:

"여보! 당신은 임신을 하였고 우리는 의료보험이 없어서 비용을 감당하기가 쉽지 않아요. 2년 전 기한이를 낳았을 때를 생각해 봐요. 과연 우리가 이 나라에서 출산에 들어가는 비용을 감당할 수 있겠는지! 나는 새 아기를 낳는데 필요한 비용을 벌기위하여 여러 가지 방법을 생각해보았지만 지금 박사논문을 준비하는 동안에는 내 능력으로는 벅차요."

아내는 천장을 물끄러미 응시하다가 머뭇거리면서 말을 했다.

"내가 당신의 고통을 모르는 바는 아니에요. 6년 전에 우리는 이 나라에 단 돈 155달러를 가지고 왔지요. 당신이 공부를 시작할 때 다른 수입원은 전혀 없었지만 오직 하나님의 은혜로 비교적 짧은 기간에 학사, 석사를 마칠 수 있었어요. 이제는 박사학위를 준비하고 있잖아요. 당신 삶의 비전(vision)을 따라 조국을 일으켜 세우려면 우리나라에서 학생들을 가르치는 것이라는 것을 나도 잘 알고 있어요"

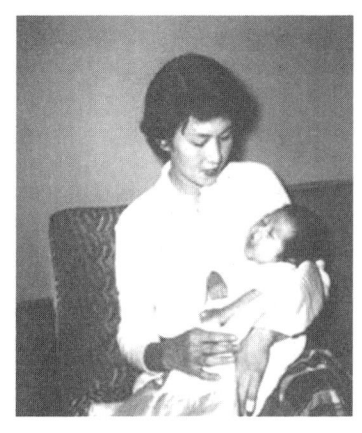

"저 또한 이곳에 와서 기한이를 낳은 것은 크나큰 은총이였지요. 하지만 한국의 부모님께 맡기고 온 우리의 사랑스러운 두 딸 영란, 미란에게는 항상 미안함을 가지고 있어요."

"당신이 말씀하신대로 나는 기한이를 데리고 한국으로 돌아갈게요. 뱃속에 있는 아이의 출산준비를 하면서 아이들을 돌보아야 하므로 제 친정집에 머무를 겁니다. 나는 걱정 마시고 박사논문을 빨리 마무리하시고 한국에서 만납시다."

이제 막 두 살이 된 기한이는 무슨 일이 있는지 아무것도 모르는 채 방을 기어 다니면서 활기차게 재잘거리고 있었다.

1960년 여름, 아내는 한국으로 돌아가기 위해서 준비를 하고 있었다. 자기의 옷 몇 벌과 딸들에게 줄 선물 몇 개뿐이었다. 나는 아내와 아들이 돌아갈 수 있는 방법을 찾기위해 뉴욕의 한국인을 돕는 (한국 기관) The Korean Agency에 가서 한국행 미군수송선에 아내와 아들의 승선권을 부탁했다. 그 당시, 미 해군이 샌프란시스코에서 인천으로 향하는 군선에 한국으로 돌아가는 소수의 학생들을 일인당 150달러씩 받고 태워주었다.

아내와 나는 여러 가지 일로 매우 낙담했다. 아내는 한국에서 기거할 거처가 없어서 아이를 낳을 동안 친정 부모님의 도움을 받아야만 했다. 준비하는 박사논문도 대학원 심사위원회에서 얼마나 빨리 받아들여질지 확신할 수조차 없었다. 내가 귀국하면 아이들과 살아 갈 집은 구할 수 있을까? 대학에서 교수직은 얻을 수 있을까?

더욱이 6.25 전쟁 후 한국의 정치적인 상황은 혼란스러워 보였다. 자유당은 현직대통령의 연임 제한을 없애기 위하여 1954년에 헌법을 개정하였고 1956년 이승만은 대통령에 세 번째 당선이 되었다.

1960년 3월, 84세인 이승만은 다시 대통령선거에 입후보하였고 야당인 민주당의 후보인 조병옥 박사가 선거 유세 중에 죽게 되자 이승만은 다시 대통령직을 확보하게 되었다. 1960년 4월 19일에 부정선거에 반대하는 학생들, 교수들과 시민들이 전국적으로 시위를 했다. 결국 4월 19일 이승만 대통령은 대통령직에서 물러나와 하와이로 망명했다.

새로운 국회는 윤보선을 대통령으로 장면을 수상으로 선출하였으나 새로운 정부의 지도력은 정치, 경제, 사회의 문제를 다루는데 서툴렀다. 당시 1인당 국민소득은 80달러였고 인구는 1953년에 2,100만 명, 1960년에 2,500만 명으로 계속 증가하였지만 경제발전의 효과는 미온적이었다.

이런 암울한 상황에서 1960년 10월 1일 아내와 나는 클리브랜드의 공항에서 가슴이 찢어지는 이별을 해야만 했다. 비행장에 배웅 나온 한국친구들도 아내와 작별인사를 나누었고 많은 사람들 앞에서 눈물을 보이지 않으려 굳게 마음 먹은듯 손을 흔들고 억지로 미소를 지으며 아들 기한과 함께 비행기를 향해 걸어갔다. 아내와 기한은 샌프란시스코까지 비행기로 가서 그곳에서 오끼나와를 거쳐서 인천으로 향하는 미국 군함을 타고 가도록 되어 있다.

공항에서 아내와 아들을 배웅 하고나서 아파트로 돌아와 가슴이 찢어지는 슬픔을 안고 의자에 푹 주저앉았다. 비행기에 탄 아내의 모습을 그리며 가슴이 터지도록 흐느껴 울었다. 아내의 몸에 무슨 일이 생긴다면 배 안에서 아내를 돌보아줄 어떤 의사나 간호사가 있는지 걱정이 앞서서 깊은 한

숨을 내쉬었다. 내가 할 수 있는 것은 무릎을 꿇고 하늘에 계신 하나님 아버지께 나의 사랑하는 아내와 아들을 보살펴달라고 기도하는 것 뿐이라는 것을 깨달았다.

아내와 작별한 후 거의 1달 뒤에 나는 아내로부터 편지를 받았다. 배가 군 장비를 내리기 위하여 오끼나와를 거쳐야했기 때문에 인천항에 도착하는 데는 3주 이상이 걸렸다. 그 당시만 해도 한국과 미국 사이의 우편서비스가 매우 느렸다. 오늘날 우리가 흔히 쓰는 이메일 같은 것은 상상도 할 수 없는 때였다. 나는 흥분 되어 가슴이 쿵쿵 뛰는 가운데 편지를 열어 보았다. 아내의 소식은 정말 놀라웠다.

아내는 기한이와 미군수송선에서 승선하면서 그 항해가 얼마나 힘들지를 알 수가 없어 매우 초조했다고 했다. 고국으로 향하는 몇몇 한국 한생들도 있었는데 그들도 아내같이 긴장하는 것처럼 보였다고 했다. 미국선원들은 아내가 임신 상태라는 것을 알고 아내가 오랜 시간의 항해를 견뎌 낼 수 있을지에 대하여 몹시 걱정을 했다고 한다. 그들을 안심시키기 위해 아내는 일부러 밝은 모습을 유지하였고 아침과 저녁 식사도 거르지 않았다고 했다. 아들 기한 또한 갑판 위를 뛰어다니며 항해 하는 동안 잘 적응했다. 그 애는 붉은 석양을 등지고 배위를 날으는 갈매기를 볼 때 마다 그것들을 잡을 것처럼 하늘로 손을 쭉 뻗으면서 큰 소리를 쳤다고 한다. 전화기를 볼 때는 내가 클리브랜드에서 그에게 전화할 때를 기억하는 것처럼 '아빠! 아빠!'라고 소리치곤 했다고 했다. 미군선원들은 아내가 그들에게 짐이 되지 않기 위하여 얼마나 애쓰는지를 알아채고서 가능한 한 모든 면에서 친절히 대해주고 많은 도움을 주었다고 한다.

아내는 딸들에 대해서도 편지에 썼다. 인천항에 도착하자마자 딸들이 아름답게 자란 모습을 보고 매우 행복해 했다고 했다. 영란은 이미 여섯살이 되어 엄마가 껴안자 반가운 몸짓으로 손을 펼쳤다고 했다. 네살 된 미란은 엄마의 포옹에 대하여 다소 망설이는 듯하다가 곧 명랑해졌다고 했다.
 아내는 한국에 도착한 두 달 후 건강한 사내아이를 낳았고 이름을 경한(한국에 온 것을 경축)이라고 지었다. 기한이의 미국이름은 존(John)이라고 지었으므로, 경한의 미국이름은 재이(Jay)라고 부르기로 했다. 기한의 미국 이름 John의 첫 글자와 한국 이름 기한(基韓)의 첫 글자를 합하여 J-K(예수-한국 비전: The Jesus-Korea Vision)라고 한 것처럼 경한(景韓)의 미국이름 Jay의 첫 글자를 따면 또한 J-K(the Jesus-Korea Vision)가 되었다.

II. 한국에서 교직 자리를 찾으면서

 클리브랜드에 혼자 남아서 나는 박사논문을 마무리 했다. 미국과 소련 두 강대국사이의 양극화된 투쟁의 결과와 그로 인한 한반도에 대한 영향을 연구하는 논문을 쓰고 있었기 때문에 박사 논문 제목은 "The Impact of the United States Occupation Policy on the Socio-Political Structure of South Korea 1945-1948"이었으며 이것은 사실상 나의 석사논문 "스웨즈운하 위기에 대한 미국의 정책" "The United States Policy in the Suez Crisis"에 이어지는 것이었다.
 미국 해외정책의 기밀로 분류된 주요한 자료의 대부분은 워싱턴 국립자료보관소에 있었기 때문에 나는 자주 워싱턴 D.C를 드나들게 되었다. 나는 워싱턴 자료보관소에서 한국문서 책임자로 있는 양기백 선생을 만났다. 그는 전문가로서 내 연구 분야의 기밀서류를 찾는 방법을 도와주었다. 옛날의 많은 기록문서들을 넘겨보면서 한국문제에 관한 정책을 미국인들이 얼마나 경솔하게 결정하였는지를 알고서는 크게 실망했다. 예를 들어 한반도를 두 지역으로 나누는 38도선 결정은 미 국방성에서 처음으로 입안한 것이라는 것을 발견하고 놀랐다.

1945년 8월 6일 히로시마에 원자폭탄을 터트리고 3일후 나가사끼에 또 떨어지자 일본은 연합군에게 무조건 항복할 수밖에 없었다. 그것을 알아챈 소련이 8월 9일 일본에 대하여 선전포고를 하고 다음날 군대가 북한으로 밀고 들어왔다. 반면에 미군의

경우 오끼나와에 주둔하고 있는 부대가 한국에서 가장 가깝게 있었다. 전쟁 작전 참모들은 한반도가 소련의 수중에 완전히 들어가는 것을 막기 위하여 서둘러 8월 10-11일 국방성에서 긴급회의를 했다. 그 회의에는, 나중에 미 군사령관으로서 한국에 근무하게 된 찰스 본스틸(Charles H. Bonesteel III) 대령과 나중에 케네디 대통령시절에 국무장관이 된 딘 러스크(Dean Rusk) 대령이 참석하였으며 이들 둘은 미국과 소련 점령군 사이에 한반도를 38도 선으로 나누자고 제안을 하였으며 이 제안은 트루만 대통령과 스탈린에 의하여 곧바로 받아들여졌다.

나는 박사 논문 주제에 타당한 모든 자료와 정보를 종합하여 학위논문을 마무리하려고 열심히 노력했다. 그러나 다른 한편으로 나를 괴롭히고 있는 걱정거리는 한국에서 어떻게 교수자리를 얻느냐는 것이었다. 국토가 38선으로 양분된 북한난민 소년으로 자랐기 때문에 남한 교육계에 어떤 인사와도 인간관계를 가지고 있지 못했다. 나는 연세대학교 교무처에 한국전쟁직전에 그 학교의 철학과 1학년이었다는 내용과 함께 내게 역사학에 관한 강의를 할 기회를 줄 수 있는지 묻는 편지를 써서 보냈다. 그들은 나에게 답변조차도 주지 않았다.

한국에서 아무 후원자도 없는 상황에서 내가 할 수 있는 것은 하나님께 더 열심히 기도하는 것뿐이었다. 나의 하나님과의 약속은 '예수-한국 비전'(The Jesus-Korea Vision)이었기에 하나님께서 이끌어 주실 것을 믿고 있었다. 하나님께서는 아주 뜻밖에 내 기도에 응답해주셨다. 1961년 초 한국의 대표적 성직자인 김윤찬 목사(서울 평양교회 담임)께서 뉴욕에서 복음전도집회를 인도한 후 고국으로 돌아가는 길에 클리브랜드에 살고 있는 한 친지를 만나기 위해 잠깐 들린다는 이야기가 내게 전해졌다. 나는 이 기회를 놓치지 않고 김 목사님을 만나 나의 취직을 부탁하리라 마음먹었다.

그래서 호텔에 묵고 계시는 김 목사님을 방문하여 공손하게 인사를 드리고 나서 내 자신에 대해 소개하였다. 김 목사님께서는 확실히 품위와 존경받을만한 인품을 가지고 계셨다. 그분은 깊은 통찰력을 가지고 나의 배경, 특히 하나님에 대한 신앙생활과 미래계획에 대하여 몇 가지 질문을 하셨다. 나는 미국에서 교직을 구할 가능성이 있지만 전쟁 중 공산당의 총을 맞고 도망 다니면서 여생을 '예수-한국 비전'(The Jesus-Korea Vision)를 위하여 살기로 하나님과 약속을 했음을 말씀드렸다. 고국에 돌아갈 계획이지만 나를 교수직에 소개해 줄 사람을 찾지 못했다고 분명히 말씀드렸다. 김 목사님은 나의 결심을 들으시고 미소를 지으며 말씀하셨다.

"경희대학교에서 가르쳐보는 것이 어떻겠습니까?"

"예! 저는 경희라는 이름을 들어본 적이 없는데 언제 설립된 학교입니까?"

"그 대학교의 원래 이름은 신흥으로서 세계 2차 대전 전에 만주에서 한국 독립지사단체가 설립한 대학인데 해방 후 한국에 돌아왔고 여러 가지 어려움 때문에 조영식 박사님께서 인수하여 오늘 날에 경희가 되었어요. 경희대학교는 매우 발전이 빠르고 존경받는 교육기관 중의 하나가 되었어요."

"예! 저도 그 대학교가 신흥으로 있었을 당시 교정을 방문하여 석조 건물인 본관을 보고 감탄하기도 했습니다. 하지만 그 대학에 제가 어떻게 지원할 수 있겠습니까?"

김 목사님께서는 그 학교의 학장들 중 유명한 한국문학자 윤영춘 교수님과 가까운 관계를 맺고 있다고 하시면서 내가 교수직을 얻도록 그 분에게 추천 할 것이라고 말씀 하셨다. 김 목사님은 나에게 윤 학장님의 주소를 주셨다. 나는 김 목사님과 작별 후 오하이오 노던(Ohio Northern University) 대학교와 케이스 웨스턴 리저브(Case Western Reserve University) 대학교로부터 학사, 석사, 박사과정 학업성적을 모아서 자기소개서와 함께 윤 교수님께 보냈다. 윤 교수님께서는 조영식 총장님께 말씀드려 내가 박사학위를 받으면, 1961년 가을학기부터 역사학과 조교수로 임명하겠다는 약속을 받았다고 친절하게 답장을 보내왔다.

나는 매우 기뻐하며 하나님을 찬양했다. 한국에서 젊은이들을 가르침으로써 하나님께서 주신 사명을 이룰 수 있게 된 것이다. 나는 수많은 학생들과 세계 역사에 대해서 많은 토론하며 강의하는 나의 모습을 상상해 보았다.

III. 5.16군사 쿠데타와 마음의 동요

1961년 5월 16일 한국에서 군사 쿠데타 일어났다는 소식은 나에게 큰 충격이었다. 정부시책에 불만을 가진 소수의 젊은 장교들이 박정희 소장(小將)을 선두로 하여 정부를 뒤집어엎고 군사혁명위원회(Military Revolutionary Committee)가 그 기능을 대신하게 되었다는 긴급뉴스가 있었다. 뉴욕타임지는 군사 쿠데타에 대해서 자세히 설명했다. 혁명의 목적은 공산주의 위협으로부터 나라를 보호하고 나라의 경제와 사회구조를 재건하는 것이라고 했다. 그러나 CBS에 나타난 박정희 장군의 모습은 좋은 인상이 아니었다. 사십대 중반인 그는 키는 작지만 잘 균형 잡힌 몸매로 팽팽한 군복을 입고 있었으며 신문에 나타난 그의 얼굴은 예리한 눈과 꼭 다문 입이 특징이었다. 극도로 입이 무겁고 말수가 적으며 기자들의 질문에도 한마디로 짧게 대답한다고 한다.

미국 대중매체들은 박정희 장군의 배경을 서둘러 평가를 했다. 그는 아주 가난한 농부가정에서 태어나 온갖 고생을 다하면서 대구사범학교에서 공부한 후 초등학교 교사가 되었다. 그 후 그는 만주로 가서 일본 관동군 휘하에 있는 만주 군관학교에 입학했다. 졸업성적이 좋아서 선발되어 졸업 후 1년 동안 일본육사에 가서 특별교육을 받았다. 2차 대전 동안 중국에서 일본군 장교로 임명되어 근무했다. 일본이 항복한 후에는 조국으로 돌아와 대한민국 군인이 되어 미군사령부 보안대에서 근무했다.

뉴욕타임지는 박정희 장군이 한때 한국군 내부에서 공산주의 조직에 속했다는 것까지도 크게 보도했다. 그러나 한국공산주의자들이 소련의 앞잡이가 되어 한국을 스탈린 독재 체제 하에 두려는 음모를 꾸미는 비애족단체임을 알고 그 조직에서 빠져나오게 되었다. 이 보고서는 박 장군이 한국공산주의들에게는 배신자로서 낙인찍혀서 처벌받을 위협이 있었을 것으로 예측했다. 이러한 배경이 그로 하여금 공산주의자들과 싸우도록 만들었다는 논설도 보도되었다.

"그러나 정말일까? 그가 한때 마르크스 세계관을 가졌었다면 오늘도 그는 공사주의의 '눈'으로 사회와 국가의 일을 비판적으로 보는 것은 아닐까?

그가 정말로 공산주의 이념을 버렸다면 오늘날 그의 세계관의 기본은 무엇일까?

언론이 그에 대하여 말한 것을 정말로 신뢰할 수 있을까? 쿠데타를 일으킨 다른 주역들은 어떤 사람일까? 그들의 이념적 입장은? 그들이 주장하는 것 이면에 다른 동기는 없을까?"

나는 매일 신문에 보도된 정보들을 꼼꼼히 살펴보았다. 박 장군 휘하의 군사혁명위원회는 정부를 이양 받아 국가재건을 위한 특별법을 제정하고 정치적 활동과 학생 데모를 금하고 언론검열을 강요했다. 5월 말, 군사혁명위원회는 그 이름을 '국가재건최고위원회'(Supreme Council for the National Reconstruction)로 명칭을 바꾸었다. 미국 매스컴에 보도된 한국의 상황은 매우 혼란스러워 보였다.

한국의 대학으로부터 교수채용의 제안을 받아 하루 속히 박사학위 논문을 끝내고 고국으로 돌아갈 결심을 하고 있던 나에게 5.16 군사 쿠데타에 관한 소식은 잠을 설치게 했다. 군사 쿠데타로 얼룩진 조국으로 돌아가야 할 의무는 없지 않은가? 이 좋은 나라에서 교수직을 찾고 아내와 아이들을 데려와 같이 살 수 있지 않은가? 내가 하나님께 한 약속을 따르지 않으면 하나님은 나를 용서하지 않을 것인가? 나는 자주 누워서 고민하며 많이 아파했다.

국가재건최고위원회의 젊은 강경론자들이 그들이 무력으로 쓰러뜨린 정부의 고위관리들을 사슴을 쫓는 사냥꾼처럼 감시할 것에 대하여 걱정스러웠다. 그러나 군사정부가 계속 엄한 규정을 강행하였는데도 나는 이상하게 그들의 목숨을 건 호소에 다소 나마 끌리고 있다는 것을 느꼈다. 특히 박정희 장군도 어려서 부터 빈곤한 가정에서 자라 중학교 진학도 어려웠다는 소식은 나의 어린 시절의 고민과 비슷한 점이 있었다. 그리고 박정희 군사 정권이 내세운 두 가지 중요한 주장은 공산주의의 위협으로부터 나라를 지키는 것과 나라의 경제적 사회적 제도를 재건하는 것들은 나에게 호소력이 있었다.

신음하는 조국으로 돌아갈 것인가? 아니면 미국에서 교수직을 구하고 가족을 데려와야 할까? 나는 기도 속에서 하늘에 계신 하나님 아버지로부터 분명한 답을 들었다. 내가 6.25 전쟁 중 공산당원들에게 잡혀 총상을 입고 사경(死境)을 헤맬 때 나는 하나님께 무슨 약속을 하였던가? "하나님의 뜻이 하늘에서 이루어 진 것 같이" 한국 땅에서도 이루어지게 하기 위하여 '예수-한국 비전'(The Jesus-Korea Vision)으로 일하겠다고 하나님께 약속하지 않았던가?

나는 학위 논문을 마무리하기 위해서 쉬지 않고 열심히 노력했다. 고국에 있는 내 사랑하는 사람들의 환한 미소가 마음속에 나타나서 나에게 손짓했다.

Ⅳ. 미국의 지인들과 작별을 고하다

1961년 7월16일은 내 인생에 있어서 중요한 날이다. 박사논문을 주의 깊게 검토했던 5명의 학위 심사위원들 앞에서 구두시험을 치렀다. 그들은 내 학위논문의 범위를 벗어나 논문의 해설에 대한 철학적 원칙 뿐만아니라 역사적 배경에 대한 폭넓은 질문을 했다. 구두시험은 두 시간 반 이상 지속되었다.

나 스스로도 놀랄 정도로 잘 해냈다. 논문 지도교수인 하비 위시(Harvy Wish) 박사는 그 구술시험이 좋은 분위기속에서 의도적으로 이뤄지도록 노력해 주었다. 시험이 끝나자 방에서 나가라는 지시를 받고 문 밖에서 불안한 마음가짐으로 기다리는 동안 눈을 감고 하나님께 기도했다

"축하합니다!" 문이 열리면서 누군가 소리쳤다. 위시 박사님이었다. 나의 손을 굳게 잡고 내가 마지막 구술시험에 통과한 것을 축하해주었다.

내가 쓴 비전(vision)에는 최종 학위 취득을 1960년 봄 학기 만 29살을 비전(vision)으로 하였으나 1년이 더 길어졌다. 나는 만 30살이었다. 그러나 그것은 가정의 가난으로 인해 일제식민지하에서 한국에서 제대로 중학교도 다니지 못한 한 젊은이의 삶에서 볼 때 분명히 하나님의 놀라운 축복이었다.

클리브랜드시에 있는 여러 친구들은 내가 마지막 구술시험에 통과했다는 소식을 듣자마자 몰려와서 나를 축하해주었다. 사실 그 때까지 한국유학생들 가운데 미국대학에서 박사학위를 취득한 수는 극히 적었다. 특히 내 기억 속에 잊을 수 없는 에피소드가 하나있는데, 대학교 중앙도서관에서 중요한 직책을 맡고 있던 한 미국 여성이 내가 학위 최종시험에서 합격했다는 소식을 듣고 즉시 남캐롤라이나에 있는 그녀에 모교에 전화를 걸고 나의 배경에 대해 말했는데 그 대학에서 나를 인터뷰하기를 원한다고 내 귀에 속삭였다.

> "원설! 내가 너를 이제 닥터 '이' 라고 부를 수 있어 정말 기쁘다. 축하한다! 만약 네가 관심이 있다면 내 모교에서 인터뷰를 할 수 있도록 내가 주선 해 줄께. 네가 여기서 교수직을 얻게 되면 가족들을 데리고 올수 있잖아."

나는 그녀에게 이미 서울에 있는 대학교로부터 조교수로 초청받아서 이번 주말에 한국으로 떠날 예정이다. '당신의 친절함에 대해서 결코 잊지 않겠습니다'라고 말을 전했다.

한국으로 떠나기 전에 내가 우선 한 일은 내가 학사학위를 받은 오하이오 노던대학교(Ohio Northern University)가 소재하는 아다(Ada)에 가서 나의 "미국 어머니" 태거트 여사(Mrs. Jay P. Taggart)께 작별인사를 드리는 것이었다. 그녀는 내가 학생으로서 미국의 입국비자를 받을 수 있도록 1955년에 지원보증서에 서명을 해준 분이다. 그때까지 한국은 너무나 가난해서 미국에서 공부하기를 원하는 모든 한국학생은 미국시민이 재정지원보증서에 서명을 해야만 했다. 태거트부인은 지역신문에서 나의 어려움에 대한 기사를 읽고 나를 위하여 재정지원 보증서에 서명했었다. 그 후 나는 그녀를 나의 미국 어머니로 마음속에 모시고 있었다.

"원설! 축하한다! 내가 너를 Dr. Lee라고 불러야겠지."

그녀는 나의 손을 잡고 기쁨의 눈물을 흘렸다. 그녀의 나이는 60대 후반이었다. 우아한 매력과 아름다움을 간직하고 있었다. 하지만 일찍이 남편을 잃었고 자식도 없는 그녀는 모교의 재단이사로서 활동적으로 일하고 있었다. 나를 자신의 친 아들처럼 사랑하였고 내가 박사학위를 취득한 것을 참으로 기뻐하며 그녀의 친구들에게 자랑했다.

미국 어머니와 가슴 아픈 작별인사를 나누고 나는 대학시절에 가장 존경한 윌프레드 빙클리 박사(Dr. Willfred Binkley)의 집으로 달려갔다. 내가 1957년 우등으로 대학을 졸업 할 때 그는 오하이오주에서 가장 오래 되었고 학문적으로 명성이 높은 케이스웨스턴리저브 대학교(Case Western Reserve University) 대학원에 나를 강력히 추천하여 장학금을 받게 해주었다. 그때부터 그는 교육자로서 나의 모델이었다. 그 교수님은 70대 중반이었다. 항상 건강하시고 계속적으로 정치학에 관한 좋은 책들을 많이 출판하고 계셨다.

"원설! 자네는 본 대학에서는 정치학을 전공했으나 대학원에서는 전공을 역사학으로 바꾸었지! 참 잘했어! 역사학의 범위는 끝이 없는 학문이야. 계속적으로 연구해서 한국인이 겪어온 역사적 사실들을 영어로 출판하여 세계에 알리는 일을 게을리 하지 말게."

클리브랜드 케이스 웨스턴 리저브(Case Western Reserve) 대학원에서 공부한 3년 동안 여러 가지 방법으로 나를 도와주고 후원해준 많은 미국지인들을 찾아 감사드렸다. 대학원 시절에 내가 가장 신세를 많이 지고 나를 아껴주신 분은 박사논문 지도교수인 하비 위시(Dr. Harvey Wish) 박사이다. 내가 박사논문 주제로 2차세계대전 직후 한국에 대한 미국의 해외정책을 제안하였을 때 그는 동의하면서 말했다.

"원설! 내가 자네의 제안을 받아들였지. 자네의 석사논문이 '수에즈운하 위기에서의 미국의 정책' 이기 때문에 박사논문도 미국의 대외정책으로 하는 것이 좋겠다고 동의했어.

나 역시 자네의 제안을 좋아한 이유가 있었지. 나는 유대인이야. 나의 부모는 러시아에서 반시온주의 때문에 참을 수 없는 고통을 겪은 후 이 나라로 이민 오게 되었지. 역사가로서 일본 식민지 지배 하에서 한민족도 얼마나 지독하게 고생하며 살아왔는지 나는 잘 알고 있어.

자네의 박사 논문주제는 한반도에 대한 미국의 정책이 어떻게 움직여 왔는지를 잘 알면 한민족의 미래를 내다보는데 도움이 될 것이야. 동시에 미국이 최대 강대국으로써 세계정책을 바르게 하고 있는지, 또는 그렇지 못한지도 분석하면 한국정부가 외교정책을 바르게 수행하는데 학문적 도움을 줄 수 있을 것이야. 나는 이런 견지에서 Dr. Lee의 앞날의 학문적 성과에 큰 기대를 가지네."

위시 박사가 나에게 말한 것처럼 역사에서 내 관심분야는 시간이 가면 갈수록 점점 넓어졌다. 초강대국으로써 미국이 지구상의 모든 부분의 모든 문제를 다루어야하기 때문에 나는 가능한 넓은 범위의 세계사에 빠져들어야만 했다. 문제들의 뿌리를 조사하면서 그들의 역사적 원인과 결과를 철저히 조명해야만 했다. 내가 후일 위시 박사님의 격려의 말씀을 상기하며 저술한 「*Beyond Ideology*」, Westchester, Illinois: Cornerstone Books, 1979, 그리고 「*Christian Worldview and Historical Change*」, Singapore: Haggai Center, 1992의 책들이 이 사실을 말해준다.

 나는 대학원에서 공부할 때 클리브랜드 유클리드에 있는 갈보리 장로교회에 출석했다. 한 때 그 교회 당회의 멤버가 되기도 했다. 이 주목할 만한 교회는 그 당시 프린스톤 대학을 졸업한 존 부루에르 목사(Rev. John Bruere)가 이끌고 있었으며 그의 설교들은 영적으로 그리고 지적으로 항상 감동적이었다. 그 교회에서 나는 훌륭한 인사들과 성도의 교제를 했다. 윌리암 프라우드핏 부부(Dr. and Mrs. William Proudfit) 그리고 진 그리피스 (Dr. Jeanne Griffith)박사 등과는 참으로 가까운 친구가 되었다. 내 아내가 임신하였을 때 특별히 잊지 못할 기억은 소아과 의사인 그리피스는 무료로 아내의 출산에 대한 모든 것을 돌보아 주었다. 플라우드핏 박사는 아내에게 자기가 근무하는 클리브랜드병원을 안내해주어 아들 기한을 출산하는데 큰 도움을 주었다. 특히 존 부르에르목사님의 배려로 교회가 모든 출산 비용을 부담해 주었다.

 내가 한국으로 돌아올 준비를 하고 있을 때 나는 교회의 부루에르 목사님을 방문했다. 그는 나의 손을 잡고 나를 위하여 열심히 기도를 해주셨다. 내가 작별인사를 하기 전에 그는 나에게 말씀하시길;

 "사랑하는 이 박사! 인생을 살아가면서 다른 사람으로 부터 동정 받는 사람이 되어서는 안 되네. 누군가가 자네를 비난 할 때는 그 사람이 자네의 능력과 자질을 부러워하며 시기 질투한다고 이해해야 하네"라고 하셨다.

내가 미국을 떠날 때 부르에르 목사가 조언 해주신 말씀은 사회생활을 하는데 지금까지도 큰 교훈을 주고 있다. 대학에서 동료들 중 누군가가 나의 잘못이나 흉 따위를 과장하여 말할 때 그가 어떤 면에서든 나보다 능력과 실력이 열등하다는 것을 스스로 느낄 때 비난하는 경향이 있음을 알게 되었다. 나는 누군가 나의 약점을 잡아 나쁘게 말하면 부루에르 목사님이 하신 "그 사람이 틀림없이 나의 어떤 능력을 존경하고 있다"는 말을 떠올리면서 스스로를 위로한다.

제2장
고국에서의 시련들

I. 귀국 후 초기의 실망

박사학위 수여식은 1961년 8월 20일로 예정되었다. 그러나 가족을 만나려는 조급한 나의 마음은 벌써 고국으로 향했다. 다행히도 뉴욕에 있는 한국기관(The Korean Agency)이 또 다시 한국행 미군수송선의 승선권을 제공해주었다. 나는 교회신자들과 역사학부 교수, 친구들 그리고 대학원 시절 대학교 중앙도서관 대출부서(Inter-library loan section) 책임자로 있었던 대학도서관 친구들에게 작별인사를 하고 7월 하순 클리브랜드에서 샌프란시스코로 날아갔다.

샌프란시스코에서 인천으로 향하는 미군수송선의 항해는 순조로웠다. 갑판 위에서 나는 파도가 넘실거리는 대양을 즐겁게 바라보았고 가끔 배위로 날아가는 갈매기들도 구경했다. 모든 것들이 태평양이라는 이름에 걸맞게 태평해 보였다. 나는 박사논문을 쓰느라 너무나 탈진되어 낮에도 자주 선상침대에 누워있었다. 하지만 내 마음은 온갖 상상나래를 펼쳤다. 약속한

대로 내가 경희대학교에서 교수직을 얻을 수 있었으면! 주머니에는 돈이 하나도 없는데 사랑하는 가족들과 어디서 살아야 하나?

배가 인천항에 도착하니 부모님, 친지, 친구들 등 너무나 많은 사람들이 환영 해주어 놀랐다. 내가 배에서 내려올 때 20여명이 넘는 사람들이 미소를 지으며 손을 흔들었다. 육지에 내리자마자 마중 나온 친지들과 반가운 인사를 나누었다. 60대 중반이 되신 아버지의 얼굴은 이미 주름이 가득하였고 머리도 희끗희끗했다. 너무나 가난하게 자라서 아버지는 정규교육을 받지 못하셨지만 독학으로 한문학(漢文學) 학자가 되셨다. 한국전쟁 직전에 북한에서 남한으로 피난 오신 후 정식으로 성직을 부여받지 못했지만 전라남도의 함평의 영흥 마을에 작은 교회의 전도사로서 계셨다. 교회를 돌보는 동안 서울에 있는 총회신학교에서 신학교육을 마치고 내가 돌아오기 직전에 성직을 부여받아 목사님이 되셨다. 아버지는 한국의 전통적인 아버지의 모습으로 나의 손을 잡을 때도 어떠한 감정표현도 하지 않으셨다. 하지만 어머니께서는 눈물을 흘리시며 나를 껴안으셨다.

나는 아이들을 보고 너무나 기뻐서 어찌할 바를 몰랐다. 1955년 내가 미국으로 떠날 때 영란이는 겨우 1살이고 미란이는 내가 떠나고 몇 개월 후에 태어났다. 아이들은 나를 기억하지 못했지만 내가 그들을 껴안자 얼굴을 붉히며 매우 즐거워했다. 경한이는 아직 젖을 먹는 아이였고, 기한이는 나를 보고 가장 반가워하는 것 같았다.

부두에서 열렬한 환영을 받아 너무 기뻤지만 이제부터 우리 가족은 어디서 살아야 하는가라는 당면한 문제가 있었다. 부모님은 전라남도 작은 교회에서 목회하고 계셨고 처가도 광주 근교의 송정리에 있었다. 게다가 나는 서울의 경희대학교에서 교직을 시작해야만 하기 때문에 가족들과 함께 살기가 마땅치 않아 마음이 편치 않았다. 그즈음 나는 하나님의 놀라우신 인도하심을 다시 느꼈다.

1955년 $155를 가지고 미국 유학을 떠날 때 비행기 표를 사서 내 손에 쥐어 주셨고 내가 형님으로 부르고 따랐던 장무광 형님이 고마운 제안을 하셨다. 그는 잘나가는 기업가는 아닐 지라도 작은 탄광을 운영하면서 열심히 일하고 있었다. 하지만 그는 언제나 넉넉한 마음을 가지고 있었다. 그는 서울 금호동에 살고 있었는데 여분의 방이 하나있으니 교수직을 얻고 새로운 거처를 마련할 때까지 가족을 데리고 그 곳에서 사는 게 어떻겠느냐고 의사를 물어보셨다.

　　우리 가족은 장형님의 집 방 하나를 빌리게 되어 온 가족이 기쁨을 나누었다. 2, 3일 후에는 윤영춘 교수님을 찾아뵙고, 경희대학교를 방문하여 교수직을 부여 받을 계획으로 가슴이 뛰고 있었다. 교수직이 가을 학기부터 시작되면 은행 돈을 빌려서 작은 아파트로 이사 갈 생각도 하니 마음이 설래었다.

　　그러나 바로 그때 나를 완전히 낙담시키는 신문보도가 났다. 박정희 군사정부가 사립대학의 모든 설립자들은 일제히 행정직에서 물러나라는 명령을 했다는 소식이었다. 정부가 이렇게 신중치 못한 행정 명령을 발표한 이유는 사립대학들이 그동안 저질러온 많은 재정적 부정을 숨겨왔다는 증거를 찾았기 때문이라는 것이었다. 고등교육의 75%를 사립종합대학과 전문대학이 차지하고 많은 인재들을 배출해 왔음에도 불구하고 대학들 가운데는 부정직하고 불법적인 운영을 해왔다는 소문들이 있었다. 경희대 조영식 총장님도 군사정부에 의해서 강제로 물러났다는 소식을 알고 '그러면 나는 그 대학에서 교수직을 어떻게 얻을지?' 하고 낙담하기 시작했다.

　　다음날 아침 나는 경희대 윤영춘 교수님의 집으로 달려갔다. 그는 상황판단이 빠르고 통찰력이 있으신 분이라서 내가 고민하고 있는 문제에 대하여 깊이 동정을 하셨다. 그러나 윤 교수님도 내일을 해결해줄 방법이 없었다. 그는 무겁게 입을 열고 침울하게 말씀하셨다.

"이 박사님! 학위 취득과 귀국을 축하해요. 그러나 기쁜 소식을 전하지 못하는 나도 괴롭네요. 유감스럽게도 조영식 총장님은 정부의 명령으로 대학에서 물러났고 새로운 총장이 부임을 하였지만 이 박사님의 일에 대해서는 아무것도 모르고 있습니다. 군사정부로부터 재정 부정 조사를 받고 있는 처지에서 그분도 어떤 결정도 내리지 못할 것 입니다. 그래서 이 박사님의 문제도 보류 중이며 앞으로 어떤 결정이 내려질지 아무도 모릅니다."

예상 못한 소식은 아니었으나 내 가슴은 철렁 내려앉았다. 마치 아주 뜨거운 물에 덴 것처럼 나는 아무 생각도 없이 멍하니 천정을 바라보고 있었다. 완전히 무너지는 느낌에 잠시 동안 아무 말도 할 수 없었다. 나는 절박감에 어떻게 말을 해야 할지 몰랐다. 잠시 동안이었지만 마치 끝없는 절망의 나락으로 가라앉는 느낌이었다. 윤 교수님은 창백한 내 얼굴을 보고는 손을 잡고 말씀하셨다.

"이 박사님! 너무 낙담 마세요. 몇 달 내로 군사정부가 임영신 중앙대 총장님, 김연준 한양대 총장님, 그리고 조영식 경희대 총장님 등 사립대 설립자들은 복귀시킬 것이라고 나는 생각합니다. 그분들은 사립고등교육을 통하여 이 나라를 재건하는데 중요한 역할을 해왔던 인재들입니다. 조금만 참고기다리세요. 한 학기만 기다리면 사립대학에 대한 정부의 정책이 바뀔 것이라고 생각합니다. 고등교육의 75%를 차지하고 있는 사립대학이 이 나라의 중추이지요. 조 총장님이 복귀하면 이 박사님을 진심으로 환영 할 겁니다. 나도 기도할 것입니다."

그리고는 그는 함께 기도하자고 하셨다. 윤 교수님은 나의 손을 잡고 나의 미래와 국가의 장래를 위하여 열심히 기도하셨다. 그 분의 격려의 말씀과 감명 깊은 기도를 듣고 나는 다소 마음을 진정 시킬 수가 있었다. 나는 그와 헤어지면서 진심으로 그분께 감사했다. 그러나 길거리에 나오자 다시 온갖 근심이 생겼고 다시 절망감을 느꼈다.

앞으로 살아 갈 집을 어떻게 마련하고 가족들은 어떻게 부양한다는 말인가? 나는 사회적으로 높은 위치에 있는 친구나 친지들이 없어 실질적으로 부탁해 볼 사람이 아무도 없었다. 이 좁은 방에서 언제까지 가족들과 살 수 있을까? 큰딸 영란이는 이제 초등학교에 입학할 준비를 해야만 한다. 내가 할 수 있는 것은 한 밤 중에 장무광 형님 집 마루에 나와 무릎을 꿇고 하늘에 계신 하나님께 기도드리는 것 뿐이었다.

"오! 하나님 당신은 공산주의자들이 저를 처형시킬 순간에 목숨을 구해 주셨습니다. 그때부터 계속 당신은 한발 한발 저를 인도하시어 박사학위를 받게 되었습니다. 그러나 이제 다시 절망의 상태에 빠져 있습니다. 아내와 아이들을 사랑합니다. 그들을 어떻게 먹여 살리고 어떻게 교육시켜야 하겠습니까?"

하나님께서는 다시 기적적으로 나의 기도에 응답하셨다. 내가 고국으로 돌아와 일주일이 지났을 즈음에 연세대 학생처장이 나의 어려운 상황을 듣고는 나를 보기를 원한다는 말을 전달해 왔다. 연세대에서 시간강사 제안을 고려하고 있다는 말도 들렸다. 나는 즉시 연세대로 갔다.

한국에서 훌륭한 대학 중의 하나인 연세대학교는 미국인 선교사인 호레이스 언더우드(Dr. Horace Underwood) 박사에 의하여 설립되었다. 이 나라에 미국인 선교사들이 들어온 후 정확히 1년만인 1886년 초에 세브란스 병원이 설립되어 대학교육이 시작되었고 1915년에 종합대학인가를 받았다. 1950년에 나는 연세대학교 1학년생이었으며 그 당시 내 기억으로는 4-5개의 건물로 캠퍼스가 비교적 작은 규모였다. 그런데 놀랍게도 1961년까지 크게 성장하여 거대한 캠퍼스가 되었다. 한국에서 뿐만 아니라 아시아에서도 가장 유명한 기독교대학이 되었다. 다른 사립대학과는 달리 모범적인 기독교대학으로 된 연세대학은 정부로부터 재정상 어떤 부정도 의심받지 않았다.

내가 학생처 사무실 문을 노크하자 이성화 처장께서 밝은 미소로 환영해 주셨다. 비록 개인적으로는 그 분을 알지 못하지만 교육계에서 저명한 학자로서 그의 높은 명성을 익히 알고 있었다. 그는 나의 손을 굳게 잡고 우리가 마치 오랜 친구인 것처럼 말씀하셨다.

"이 박사님! 젊고 촉망되는 학자로서 당신의 성취를 축하합니다. 당신이 비록 전쟁 때문에 이 학교에서 학업을 마치지 못하였지만 우리는 당신을 이 대학교의 동창으로 여깁니다. 당신은 동료들 가운데 선두주자입니다."

"그러나 유감스럽게도 정치가 안정되지 않아 경희대학교에서 당신에게 교수직을 줄 수 없게 되었다는 소식을 들었습니다. 우리 또한 마찬가지입니다. 그러나 우리학교 1학년 일반교양 과목을 가르쳤던 두 명의 교수들이 학위를 마치기 위하여 지금 미국으로 떠났습니다."

이 두 과목 중 한 과목은 '인생관'이고, 또 한 과목은 '사회관'인데 두 과목을 시간제로 가르칠 수 있겠습니까? 이 두 과목은 이 박사의 전공 분야와는 거리가 멀지만 내가 듣기로는 이 박사의 학사는 정치과학 분야이고 석사는 국제관계 분야이며 박사는 역사분야 학위를 취득하셨으니 이 두 과목을 다룰 수 있다면 내 제안을 받아 주시기 바랍니다."

나는 깊은 감명을 받고 감사인사를 드렸다. 강사로서 강의 대가로 받을 봉급은 아주 적을 것이다. 하지만 마침내 내가 대학에서 강의를 할 수 있게 된 것에 우쭐한 기분을 느꼈다. 강의 시간표를 확인하고 나는 캠퍼스를 걸으면서 대학 1학년 시절, 마음에 지워지지 않게 깊이 새겼던 많은 흥분된 기억들을 회상했다.

나는 금호동에 있는 장 형님 집으로 와서 아내에게 연세대학에서 시간제 강의를 하기로 했다는 즐거운 소식을 전하였을 때 또 하나의 기쁜 소식이 나를 기다리고 있었다.

'예수-한국 비전'(The Jesus-Korea Vision)을 위해서 함께 일해보자고 의형제를 맺었던 선우철 목사가 내 가족이 있는 금호동 장무광 형님 집에서 기다리고 있었다. 그도 나와 같은 북한 출신으로서 어린 시절 온갖 고통을 경험했다. 전쟁 동안 역경을 겪으면서 그리스도에 대한 그의 신념은 단련 되었다. 그는 선천적으로 특별히 언어에 대한 재능이 있어 영어가 대단히 유창했다. 장로교 신학대학을 졸업 후 그는 영어를 유창하게 잘하는 매우 아름다운 여성과 결혼을 하게 되었고, 그 둘은 미국선교 'Team Mission'에서 리더로서 일하고 있었다.

선우는 웃으면서 주머니에서 꽤 큰 금덩어리를 가방에서 꺼내어 갑자기 나에게 주었다. 그는 크게 당황하는 나를 보고 말했다.

"원설! 너 알다시피 내가 지금 장모님과 함께 살고 있잖아. 이 금덩어리는 장모님 것인데 장모님께서 네가 가족들과 살집을 얻는데 돈이 필요하다는 소식을 듣고 이자나 상환 기일도 없이 너에게 빌려주라고 말씀하셨다."

나는 너무 당황한 나머지 아무 말도 못한 채 물끄러미 쳐다 볼 수밖에 없었다. 그는 다시 말했다.

"원설! 나의 장모님이 얼마나 힘든 삶을 살아오셨는지 자네도 알잖아. 시골의 가난한 가정에서 어렵게 자라 결혼했고 잘 살아보려고 중국 상하이로 가서 내 아내를 낳으셨지만 장인은 젊어서 돌아가시고 중국에서 장모님은 혼자 온갖 고생을 다하셨지. 한치 앞을 예측할 수 없는 어려운 시기에 위기가 올 때를 대비하여 금덩어리를 사서 안전하게 보관해오다 1945년 한국으로 돌아와서는 한 큰 소나무 밑에 아무도 모르게 묻어두었다네. 장모님은 사랑하는 딸에게도 사위에게도 절대 밝히지 않았었다네."

"그런데 너의 딱한 처지를 들으시고 장모님이 정원에 있는 소나무 밑을 파라고 해서 팠더니 놀랍게도 작은 나무상자를 발견하게 되었고 그 상자를 열자 이 금덩어리가 있었지. 이 금덩어리가 암울한시기에 내 장모님에게는 유일한 안전보장책이었지. 이제 그 어른은 이 값진 금덩어리를 자네에게 빌려 주려는 것이네. 나중에 자네가 형편이 풀리면 이자 없이 돌려주면 된다네."

이런 놀라운 이야기를 듣고 아내와 나는 큰 감동을 받았다. 우리는 선우의 안내로 그의 집으로 달려갔다. 1955년 오하이오 노던 대학에 공부하러 갔을 때 재정적 후원자인 태거트 부인에게 한 것처럼 우리는 선우의 장모님께 깊은 감사의 인사를 무릎을 꿇고 드렸다. 그녀는 60대였는데 아름다울 뿐만 아니라 대단히 열정적인 분이셨다. 말로는 감사를 표현할 수가 없었다. 단지 감사의 절만 할뿐이었다. 그녀는 웃으면서 나의 손을 꼭 잡고 말씀하셨다.

"이 박사! 자네가 너무나 자랑스럽다네. 자네가 주머니에 단지 155달러만을 가지고 미국으로 건너갔다는 이야기를 들었을 때 자네의 미래가 어떠할까 매우 궁금하였지. 그러나 자네는 하나님의 믿음 속에서 모든 어려움을 성공적으로 극복하였지. 자네의 미래는 전능하신 하나님께서 계속 이끄시리라 나는 확신하네."

이런 예기치 못했던 놀라운 일들이 있은 후 하나님께서 나의 삶을 한발 한발 이끌어주심은 정말로 놀라웠다. 나는 연세대 근처에 작은 집을 월세로 임대하여 9월 초에 가족들을 데리고 이사를 했다. 집은 두개의 방과 작은 마루가 있었다. 우리 여섯 식구는 아주 편안하게 살 수 있었다. '장'과 '선우' 두 형제의 가족들이 주방용품과 김치를 포함하여 부식들을 가져다주었다. 애들은 너무나 즐거워했다. 내가 연세대의 수업준비를 하고 있을 때 총회신학교의 학장께서 나에게 역사 두 과목 강의를 맡아달라고 전화하셨다. 이 두 곳의 수입으로 우리가족은 가까스로 살아갈 수 있었다. 아내와 나는 무릎을 꿇고 하나님께 감사기도를 했다.

II. 가르치는 일을 시작하면서

9월 첫 주 연세대와 총신대에서 강의를 시작했을 때 국내의 사정은 군사정부에 의하여 안정되어 가고 있는 것 같았다. 김종필이 이끄는 중앙정보부가 가장 막강한 권력을 가진 부서로써 군부체제에 반대하는 목소리를 조사하고 억압하는 일을 했다. 반공법이 공포되었다. 국가재건최고회의 박정희 의장은 첫 비전(vision)을 국가의 경제를 근대화 시키는 것이라고 선언했다.

국민 대다수는 군사정부를 지지하고 싶지는 않았지만 강력한 경제계획 하에 보다 풍요로운 삶을 누릴 수 있다는 희망을 걸어보는 듯했다. 새로운 경제개발위원회는 첫 번째 경제개발 5개년계획을 포함한 산업성장을 위한 새로운 정책을 발표함으로써 국민들에게 희망을 불어 넣기 시작했다. 정치지도자들은 이러한 역사적 장면에 대하여 침묵을 지켰다. 4.19혁명을 일으켜 이승만 정부를 무너뜨린 학생들만이 군사정부체제에 반대하는 입장을 지켰다. 하지만 그들도 나중에는 군부지도자들이 이끄는 국가의 방향을 지켜보고만 있을 뿐이었다.

이러한 역사적 배경 하에서 나는 연세대와 총신대의 시간 강사로서 교직 생활을 시작했다. 총신대에서 세계역사에 대한 개관을 가르치는 데는 전혀 문제가 없었다. 일제식민지 아래에서 한국 그리스도인은 전체인구 2,500만 중에서 50만도 채 되지 않았지만 한국전쟁의 비극과 분단의 온갖 시련을 겪으면서 그 수는 눈에 띄게 늘어났고 많은 재능 있는 젊은이들이 하나님의 부름에 강한 신념을 가지고 신학교에 등록했다.

학생들은 세계사에 대한 교과목을 이수하고 싶어 했다. 역사를 전공한 사람으로서 유대-그리스도 신앙에서만이 역사의 참의미를 밝힐 수 있다고 강조했다. 중국, 인도, 고대 그리스 등 모든 다른 역사적 사고들은 역사를 '시간의 순환적(循環的)인 운동'이라는 이론에 의하여 갇혀있지만 그리스도인의 사관(史觀)은 시간의 선적(線的)운동으로 근본적 차이가 있었다는 점을 강조했다. 성경에 보면 역사는 하나님의 창조로부터 시작하여 종말(終末)까지 흘러가는 선적 운동이다. 사람들이 하나님의 뜻을 받들어 살면 역사는 상승(上昇)한다. 반대로 하나님의 뜻을 거역하면 역사는 하강(下降)한다.

역사는 그리스도인들에게 단지 과거 사건에 대한 기록이 아니라 하나님이 어떻게 계시하였느냐와 사람이 그의 계시에 어떻게 응답하였느냐에 대한 기록이다. 세계사가 이미 B.C.(主前)와 A.D.(主後)로 구분함으로써 예수 그리스도가 역사의 중심이 되어있다고 설명하는 것을 듣고 좋아했다. 하나님의 섭리가 지배하는 세계의 기원과 역사의 흐름에서 보면 세계사는 실로 "하나님의 이야기(His-story)"라는 나의 주장을 학생들은 크게 환영했다.

해가 지나면서 총신대에서 내게 배운 학생들 중에 저명한 기독교 지도자들이 나왔다. 그들 가운데는 '월간목회'를 설립한 박종구 박사, 그리고 시카고에서 *The Korean Christian Journal*의 대표로서 주간 잡지와 많은 기독교 책들을 출간한 박도원 목사가 있다.

반면에 연세대 강의를 준비하는데는 매우 힘이 들었다. 인생관과 사회관

두 과목은 모든 1학년이 수강을 해야 하는 교양과목이었다. 매 강의 때마다 큰 강당에 모인 300여 명에게 같은 내용을 여러 차례 걸쳐 반복해야만 했다. 모든 학생들의 출석을 체크할 시간이 없기 때문에 몇 명의 조교들을 두었으며 그들은 내가 학생들에게 내준 과제물들을 채점하도록 했다. 학급 규모가 너무 커서 학생들의 질문을 받거나 토론할 방법이 없었다. 학생들이 내 강의를 계속적으로 경청한다는 것은 결코 쉬운 일이 아니었다.

인생관 강의시간의 주제는 소크라테스의 '너 자신을 알라' 였다. 오늘날 과학과 기술이 급속히 발달되어가는 시대에 대학교육은 극히 전문화된 분야를 가르치는데 집중되었기 때문에 학생들은 알면 알수록 지식의 혼돈 속에서 선과 악을 분별하는 지혜를 잃고 있다. 그래서 우리학생들은 그들의 머릿속에 모든 종류의 정보와 지식을 억지로 집어넣으면서도 자신이 어디서 어떻게 왔고(Where did I come from?), 누구인지(Who am I?), 무엇을 위하여 살까 (What shall I live for?) 등의 근본적 물음에 대하여 사고할 시간이 없다. 그러나 라틴어에서의 Education의 educatus는 bring up 의 뜻으로써 "꺼내다"의 뜻을 가지고 있다. 하나님께서 각 사람에게 주신 선천적 재능을 끄집어내는 것을 의미한다. 연세대 강의에서 "내가 누구인지? 내가 무엇을 위해 사는지"를 깊이 생각하고 학생들에게 강조했다. 그래서 대학 당국은 '인생관'에 대한 강의내용이 그 학교의 창립정신과 완전히 관련이 있다고 높이 평가 하는 것 같았다.

독특한 자기 정체성을 갖지 못하면 학생들은 시대가 변화시키는 유행을 아무런 목적의식 없이 따라다니는 대중인(mass-man)으로 전락함을 강하게 지적했다. 모든 학생들은 하나님이 주신 각기 다른 사명을 가지고 이 세상에 태어났음을 학생들에게 강조했다. 다시 말해서 모든 인간은 삶의 과정에서 자기만이 지닌 특별한 일 즉, 자기만의 사명을 가지고 태어났다는 것이다. 학생들 각자는 하나님이 주신 독특한 사명을 찾아 온힘을 다하여 하는 것이 성공적인 삶으로 성취 할 수 있는 최선의 방법임을 강조했다. 나는 자신의 독특한 재능을 찾기 위하여 자신을 시험해보라고 반복해서 학생들에게 말했다. 성경에는 하나님께서 우리 모두에게 각각 다른 재능을 주셨다는 말이 있다. 수업을 받는 학생들 모두에게 하나님의 은혜를 거절하지 말고 자기의 재능을 혼신을 다하여 쓸모 있게 개발하라고 자주 반복해서 말했다.

두 번째 과목인 '사회관'은 첫 번째 과목인 '인생관'과 관련이 있었다. 인간은 근본적으로 사회적인 존재이다. 태어날 때부터 아이는 그의 가족 친지들과 함께한다. 성장하면서 학교에 가고 사회에 나와서는 직장에 다닌다. 그래서 인간관계는 인생에서 중요한 요소이다. 따라서 나는 다른 사람들에게 관심을 갖는 것이 중요하다고 학생들에게 강조했다. 이 사회에는 많은 사람들이 있으며 그들 중에는 다양한 이유와 원인에 의해서 고통 받고 살고 있는 사람들이 많다. 교육을 받은 사람들은 "noblesse oblige"라는 말이 있듯이 "신분에 따라 도덕적인 의무"가 있으므로 사회에서 가난한 사람들을 돌봐야하는 책임감을 가져야 한다.

아울러 나는 사회관 강의에서 이동성(移動性)을 강조했다. 그로스(Bertram Gross)가 오늘의 시대를 이동성의 혁명이라고 불렀듯이 이동성은 우리 주위에서, 우리 가운데서 그리고 우리 내부에서 일어나고 있다. 산업화가 가속화됨에 따라서 우리의 삶은 점점 더 이동성이 많아졌다. 언뜻 보기에는 분리되어 있는 것 같지만 상호 관련성이 밀접한 이동성의 최소한의 3가지 범주들은 동시에 진행되고 있다. 첫째로 사람들의 '수평적 이동'이다. 이른 아침부터 밤까지 사람들은 계속해서 일자리를 얻기 위하여, 놀기 위하여, 쇼핑을 하러, 그리고 순전히 즐거움 때문에 여기저기를 돌아다닌다. 특히 농촌을 떠나서 도시로 몰려드는 이동성은 많은 문제들을 일으키고 있다.

사회의 두 번째는 사람들의 '수직적 이동'이다. 하지만 과거 사람들의 공간적인 이동은 계층 간의 틈을 벌려서 옛날의 양반 계급과 평민계급 등의 분류가 사라진지 오래다. 하층 계급의 상인들이 부유한 산업 자본가가 되고 소작농의 아이들은 교육 덕택으로 혹은 군대 경력으로 사회적 지위 상승이 이루어졌다. 반면 이전의 사회적 상류층 사람들도 사회적으로 뒤쳐지는 경우를 우리는 얼마든지 쉽게 보는 사회에 살고 있다.

세 번째 우리는 '정신적 이동성'의 심화를 본다. 사람은 원래 "하나님의 형상대로 만들어진 피조물이기 때문에 동물들이 갖지 못하는 영성이 있다. 사람은 정신적으로 무엇을 믿고 살려는 영적 욕구를 나면서부터 가지고 있다. 옛날에는 불교와 유교를 우리 민족의 대다수가 믿었고 근세에 와서는 예수 그리스도를 믿는 기독교인의 수가 늘고 있다. 그러나 무신론을 믿는 마르크스주의도 하나의 유사 종교가 되었다. 우리나라는 해방 이후로 몇 십년에 걸쳐서 혁명적이고 역사적 변화의 혼란을 겪으면서 우리 정신에 정신적 이동의 변화가 일어난 사실을 학생들에게 강조하여 알려 주었다.

이 세 가지 범주의 사회적 이동성이 빠른 속도로 진행되면서 가장 두드러진 현상은 사회의 구조적 변화이다. 그것은 중간계층의 상승이다. 교육을 받은 평민출신 중 정치적, 문화적, 그리고 기업의 지도자들이 출현했다. 오늘날 박정희 대통령과 많은 정계의 지도자들이 일반 평민출신이다. 1988년 한 조사에서는 인구의 61.5%가 자신을 중간계층이라고 한다는 것을 보여주었다. 그들은 가격이 높게 오른 아파트에서 사는 경향이 있다. 또한 대가족 형태가 매우 감소한다는 것이 주목할 만하다. 그리고 핵가족이 일반화되었다.

세월이 흐르면서 연세대에서 내 수업을 받은 학생들 가운데에서 이 나라의 주목할 만한 인물들이 많이 배출되었다는 사실을 알고 나는 매우 행복했다. 그들 가운데는 한국에서 두 번째로 오래된 교회인 새문안장로교회의 김동익 목사가 있었으며 그의 아내 황산성씨는 11대 국회의원을 지냈고

1993년 환경처 장관을 지낸바 있다.

Ⅲ. 경희대에서 마침내 교수직을

1961년 말 쯤 나는 정말 기쁜 소식을 들었다. 군사정부가 사립대학교들의 부정수사를 철저하게 하였으나 아무런 비행도 발견하지 못하고 모든 사립대학의 설립자들을 그들의 원래의 자리에 복귀하게 되었다. 어느 날 경희대의 윤영춘 교수님으로부터 부름을 받았다. 그는 기뻐하며 말했다.

"이 박사! 조영식 박사님께서 이사장으로 복귀한다는 기쁜 소식을 전합니다. 군사정권이 우리대학의 자금 흐름을 모두 철저히 조사하였지만 조 박사님은 공명정대하였답니다. 속임수는 결코 없었답니다. 그는 결코 어떤 불법 행동도 한 적이 없지요. 비록 그가 총장으로 바로 취임하지는 못하겠지만 대학 행정에 대하여 실질적인 권한을 가질 겁니다. 나는 그분에게 이 박사님의 문제를 요청하였습니다. 그는 즉시 당신을 만나자고 나에게 말씀하셨습니다."

나는 너무나 기뻐서 무릎을 꿇고 하나님 아버지께 감사했다. 며칠이 지난 후 윤 교수께서 점심을 하자고 하셨다. 그때 그는 경희대와 조 박사님에 대하여 자세하게 설명해주었다.

윤 교수님은 조 박사님이 남달리 천부적인 통찰력이 있으며 경희대는 그가 자신의 비전(vision)을 실현하기 위하여 한결같은 마음으로 노력한 결과라고 나에게 말해주었다. 조 박사님은 북한의 한 부유한 가정에서 자라면서 미국인 선교사가 설립한 숭실고등학교에서 수학했다. 그가 일본에서 대학생이었을 때 일본군대에 징집되었지만 조국의 해방을 위하여 은밀하게 일하다 옥살이를 하였으며 감옥에서 훨씬 더 의지가 굳건해져 한국인들의 자유와 평화를 위하여 항거했다.

1949년 조 박사님은 29살에 애국지사 단체가 만주에서 설립한 신흥대학을 넘겨받았다. 해방 후 그 대학은 서울에서 재 설립 되었지만 이름뿐이었다. 몇 명 안 되는 교수들과 운영자금 난으로 인하여 성장할 수는 없었다. 대학의 모든 행정을 조 박사님이 넘겨받은 후 서울변두리 회기동에 아름다운 캠퍼스 부지를 확보하여 그가 착수한 첫 번째 구조물은 거대한 대학 정문이었다. 이웃 주민들은 그 장면을 보고 매우 놀라워하며 서로 귓속말로 속삭였다.

"조 박사가 미친 것이 아닌가? 왜 그가 학교건물을 짓기도 전에 그런 거대한 석조대문을 세웠을까? 왜 그 대문은 그렇게 커야만 할 까? 우리는 전에 그와 같은 큰 대문은 본적이 없다네."

머지않아 이웃주민들은 다시 놀랐다. 넓은 차도와 함께 중앙행정 석조건물을 7층으로 세우자 그 입구의 정문은 커 보이지 않았다. 이런 방식으로 모든 경희대 캠퍼스가 탄생했다. 그러한 과정에서 대학의 학문적 위상은 매우 빠르게 올라갔다

10월 말 쯤 약속한 날이 되자 나는 경희대 행정관에서 조영식 이사장님을 예방했다. 내가 예상한대로 그는 도량이 큰 인격을 가진 인물이었다. 부드럽고 겸손한 어조로 그는 내가 그 대학에서 가르칠 자격이 있는지를 확인하기 위하여 나의 전문분야에 대하여 많은 질문을 했다. 면담이 끝날 무렵, 그는 간단히 말했다.

"이 박사! 당신이 우리의 역사학부에서 함께 할 수 있는 것을 진심으로 환영 합니다. 당신이 학적부와 추천서를 우리에게 보내었을 때 나는 인문대학장과 역사학과장에게 그 서류들을 자세히 심사하도록 하였는데

그들 모두가 당신을 환영하였어요. 이사장으로서 나는 행정에 직접 관여하지 않습니다. 지금 이 대학의 행정 책임자는 과거에 연세대의 법대교수인 고병국 총장입니다. 그는 내가 한 어떤 결정이라도 기꺼이 받아들이겠다고 나에게 분명히 말 하였습니다. 그러니 3월 1일 시작하는 내년 봄 학기부터 이 박사에게 부여되는 교과목을 받기위해서 교무처장을 만나세요."

나는 약속한 시간에 고 총창님을 방문했다. 그분은 너무나 호의적이고 사려가 깊은 분이시라는 것을 느꼈다. 그분은 동경제대 법학부를 졸업하고 일본총독부가 시행하는 고문(高文)사법과를 합격했으나 연희전문학교 교수로서 해방을 맞이했다. 나도 1950년 6.25전쟁 발발 당시 연세대 초년생 이었다고 말씀드리니 고 총장님도 반가워하는 기색이었다. 말이 많지 않은 분이었지만 내가 미국에서 전공을 바꾼데 대한 몇 마디 말을 물으시고 임명장을 주셨다. 1962년 봄 학기부터 시작하는 조교수 자리였다.

그러나 교무처장을 방문 하였을 때 나는 아주 실망했다. 어떤 복잡한 절차를 거치지 않고 대학당국이 나에게 임명장을 준 것에 대하여 나는 그에게 정중하게 인사하고 감사했다. 그러자 그는 조롱하는 미소를 지으며 무뚝뚝하게 말했다.

"당신은 한국에서는 박사라는 칭호를 사용해서는 안 됩니다. 내가 알기로는 미국의 박사는 특별한 주제를 연구한 사람이 논문을 써내면 박사학위를 수여하는 것으로 알고 있지만 한국에서의 박사는 종합적으로 모든 것을 아는 '지성의 골리앗' 을 의미하지요.

나를 오해 하지마세요. 나는 당신이 한국의 교육계에 적응하는 것을 도우려고 합니다. 이 나라에서는 대다수의 교수들이 일제식민지 기간 동안에 높은 교육을 받았지만 소수만이 일본대학들에서 박사학위를 받았어요. 우리 대학교에는 미국에서 교육받은 사람 가운데 박사 학위를 가지고 있는 사람은 단지 몇 명 뿐 입니다. 우리 대학뿐만 아니라 오늘날 한국의 모든 대학에서는 미국의 Ph. D.를 博士라고 부르지 않아요."

나는 뜻밖에 공격을 받고 그 사람처럼 무례하게 바로 응수할 수 있었지만 자존심을 접고 교수 생활에 대한 몇 가지 주의 사항을 더 듣고 슬그머니 그의 사무실을 나왔다. 그 때 나는 클리브랜드에서 갈보리장로교회의 부르에르 목사님께 작별인사를 할 때 그분이 하신 말씀이 생각났다.: "Dr. Lee! 누군가 당신을 비난하면 그것은 그 사람이 당신의 능력을 높이 평가하고 시기한다고 생각하시오" 나는 이 말씀을 항상 마음에 두고 기억하면서 한국교육계에서 어수선한 인간관계를 잘 유지 할 수 있었다.

역사학부의 선배 교수들은 나에게 매우 친절하게 대해주었다. 모든 사람들의 인상이 매우 좋았다. 그러나 놀랍게도 한국이 1885년 미국인 선교사가 도착한 이래로 오랜 세월 동안 미국의 영향 하에 있었다는 사실에도 불구하고 역사학과 교과목에는 미국역사에 관한 교과과정이 전혀 없었다. 한국의 모든 대학들이 마찬가지였다.

사학과의 경우는 대다수의 과목들이 한국사와 중국사에 편중되어 있었다. 그래서 나에게 맡겨진 과목은 고대세계, 중세유럽, 그리고 현대유럽과 같은 서구의 역사이었다. 그 과목들을 가르친다는 것은 나에게 새로운 도전이라는 것을 알았다.

그 후 1961년과 1962년 겨울방학 동안 나는 많은 책들과 인물전기 연구서들을 읽으면서 씨름해야만 했다. 나는 나의 역사에 관한 관심범위를 상당히 넓힐 수 있었다. 나의 피와 땀이 빛을 발하기 시작했다. 사실상 세계사에 관한 학자가 되고 있었다.

Ⅳ. 역사학 교수로서 첫 발을 내딛다

1962년 3월 1일, 봄 학기가 시작되면서, 나는 사학과 조교수로 경희대학에서 강의를 시작했다. 내가 쓴 비전(vision) 기록서에는 31세에 조교수로 가르치기 시작하는 것을 계획했었으나 그렇지 못했다. 연세대학교와 총신대학교에서 파트타임 강사로 경험을 얻은 덕택에 경희대에서 일시적으로 조교수가 될 수 있었다. 나는 무릎을 꿇고 하나님의 무한하신 사랑에 감사의 기도를 드렸다.

경희대가 서울대, 연세대, 고려대와 같이 높은 평판을 받고 있지 못했지만 많은 장학금 수여 등을 통해서 전국에서 우수한 학생들을 선발했다. 역사학부에는 동양사에 저명한 엄영식 교수, 한국사에 박성봉 교수 등이 있었다.

역사학부에는 서구문명에 관한 강좌들이 처음 개설되었지만 놀랍게도 학생들은 세계사에 대하여 많은 관심을 가지고 있었다. 그래서 서양사에 대한 나의 강좌는 역사 전공학생들 뿐만 아니라 다른 전공자들에게도 매우 인기가 있었다.

나는 역사수업을 시작 할 때 보통 역사에 대한 총체적인 견해를 먼저 설명했다. 학생들에게 고대문명들의 대부분이 우주의 모든 것에 대한 근원은 자연이라고 보는 자연중심 세계관을 가졌다고 설명했다. 그리스인들이 태양신을 헬리오스, 달의 여신을 다이애나, 바다의 신을 포세이돈이라고 믿는 것처럼 신들도 자연의 힘을 의인화(擬人化) 한 것이다.

모든 사람은 자연이 만물의 근원이라고 믿으면서도 순환기적인 형태로부터 시간의 움직임으로 인식, 하루는 아침, 점심, 저녁, 일 년은 봄, 여름, 가을, 겨울의 주기로 이루어진 것처럼 인간의 삶은 끝없는 영혼의 윤회(輪廻)로 이루어졌다고 믿었다. 대부분의 고대인처럼 인디안 들은 지금도 윤회설을 믿는다. 만약 그렇다면 지구상에서 현재의 삶은 아무런 가치가 없다. 과거에도 수천 번 태어났다 죽고 윤회전생을 지내왔다면 금생(今生)이 무슨 특별한 가치가 있단 말인가? 그래서 당연히 고대 인디안들은 역사에 대해 관심을 갖지 않았다. 인도의 경우 그  나라의 역사를 처음 기록한 사람은 인도인이 아니라 그리스 학자였다. 그러나 인디안 들과 비교해서 고대중국인들은 역사에 큰 관심을 가졌다. 중국인들은 역사가 여러 가지 삶의 교훈을 준다고 믿었다. 그러나 중국인들도 역사의 시작과 그 세계관을 통한 역사철학을 발전시키는 데는 고민하지 않았다.

경희대에서 나의 역사수업을 받는 학생들의 많은 수가 기독교인이 아니었지만 내가 강의한 내용에 대하여 반대의 목소리를 내는 학생들은 없었으며 헤겔과 마르크스의 역사관의 구조도 윤회적(輪回的) 시간관이 아니라 성 어거스틴의 시간의 선적(線的) 역사관에서 힌트를 얻은 것들이라고 나는 과감하게 지적하기도 했다.

당시 나의 학생이었고, 지금 기독교 대학으로 명성이 높은 평택대학교 부총장인 유정우 박사가 나에게 이런 말을 했다.

"선생님! 내가 경희대 학생이었을 때 선생님께서는 학생들 사이에서 스타였습니다. 젊고 매우 다양한 지식을 가지셨고, 친절하고 사려가 깊으셔서 선생님은 우리들에게 영웅이었습니다. 아시다시피 선생님은 저의 삶을 변화시킨 분이잖아요? 저는 당시 경희대 법대에 입학했었지요. 저는 사회에서 권력과 권위를 누리는 법관이 되려는 욕망을 가졌습니다.

하지만 선생님께서 자신의 정체성을 찾기 위해서는 하나님 중심의 세계관이 매우 중요하다는 역사 강의를 들은 후, 저는 전공을 역사학으로 바꾸었습니다. 지금, 저는 이 대학에서 부총장으로 있으면서, 나의 궁극적인 목표는 이 대학을 진정한 기독교대학의 표상으로 만드는 것입니다."

나는 강의를 하면서도 자주 어거스틴, 단테, 밀튼, 그리고 톨스토이와 같은 위대한 사상가들의 유명한 글들을 읽고 비평을 써오라는 숙제를 학생들에게 내주었다. 나는 매학기 말 학생들이 제출한 서평들에 대하여 각각 논평을 써주었다.

특히 잊을 수 없는 것은 어거스틴의「고백록」(Confessions)를 읽고 비평을 아주 잘 쓴 3학년의 이석우 학생이었다. 그는 어거스틴의「고백록」을 얼마나 감격스런 마음으로 숙독했는지에 대해 서평을 아주 잘 써서 제출했다. 그래서 나는 그 학생을 주목하였는데 잘 생기고 총명한 그가 때때로 근심스럽고 우울한 표정인 것을 보게 되었다. 어느 날 그는 나의 논평에 대하여 조언을 구하고자 내 사무실 문을 두드렸다.

"선생님! 저는 선생님의 수업을 매우 좋아합니다. 선생님은 세계역사의 전체를 볼 수 있도록 저에게 지성의 눈을 뜨게 해주셨습니다. 특히 저에게 어거스틴의「고백록」(Confessions)을 읽도록 추천해 주신 것에 대하여 감사합니다. 저는 기독교인이 아닙니다. 하지만 어거스틴의 글은 저 같은 젊은이들을 괴롭히는 고통스러운 문제들을 심사숙고할 수 있는 많은 통찰력을 주었습니다."

"저의 아버지께서는 제가 세상에 태어난 2차세계대전 중에 일본군대에 징집되셨습니다. 아버지께서는 집으로 돌아오시지 못하였습니다. 동남아시아 어느 전쟁터에서 전사하신 겁니다. 그 때 저는 세살짜리 아기였습니다. 그래서 저는 아버지를 본 적이 없습니다. 저는 어렸을 때부터 왜 나의 삶은 그런 불행한 상황 속에 있어야만 하는가에 대하여 항상 고뇌하였습니다."

"혼자되신 어머니께서는 힘들고 외로운 처지에서도 저를 키우기 위하여 메마른 농토를 열심히 경작하셨습니다. 저는 유아시절 형제나 자매 없이 혼자서 자랐습니다. 쓸쓸함은 저의 삶에서 떨어질 수 없는 부분이었습니다."

"선생님! 이런 상황에서 저는 어거스틴의 「고백록」(Confessions)을 너무나 흥분되어 읽었습니다. 그 위대한 학자도 어려서 많은 고초를 겪었습니다. 그는 또한 그의 사랑하는 어머니 성 모니카의 사랑 속에서 성장하였습니다. 저는 그의 삶에서 많은 교훈을 얻었습니다."

석우의 이야기를 듣고서 나는 그에게 어거스틴이 젊은 시절에 마니교와 신플라톤주의에서 삶의 진정한 의미를 찾고자 시도하였지만 그리스도의 신앙을 받아들이고서야 삶의 목적을 진정으로 찾게 되었다는 것을 상기시켜 주었다. 마침내 어거스틴의 신앙고백이 석우에게 영향을 주게 되어 석우의 삶은 진정으로 변했다. 그는 그리스도를 구주로 모시고 역사학자가 되겠다고 결심하고 그의 목표(vision)를 추구하는데 노새처럼 완강하고 고집스러웠다. 졸업 후 그는 미국에 유학하였고 박사학위를 취득한 후 한 때 총신대학교의 교수로 재직하다가 모교의 부름을 받아 후배들을 가르쳤으며 경희대 언론대학원장도 지냈다. 오늘 이석우 박사는 어거스틴 연구의 대가이다.

규정대로 나는 경희대에서 주당 15시간(학부생들 9시간, 석사과정 3시간, 박사과정 3시간)을 강의하고 총신대에서도 주 7시간을 강의했다. 나는 이 나라를 재건하는 유일한 방법은 예수 그리스도의 가르침의 기초 위에 이 나라의 근본을 올려놓는 것이라고 믿는 예수-한국 비전(The Jesus-Korea Vision)을 더욱 더 확신했다. 공산주의를 견제하는 유일한 방법은

이 나라를 기독교화 하는 것이라고 생각했다.

이 기간 동안 나는 경희자유예술잡지(Kyung Hee Liberal Arts Journal)에 '현대인의 자각,' '토마스 모어(Thomas More)의 인도주의' 등등 논설을 쓰기 시작했다. "수에즈운하의 위기에 밝혀진 미국의 해외정책의 특징" 등의 논문도 역사 저널에 기고했다.

그러는 동안에 나는 자주 다른 도시의 학생모임에서 강연을 했다. 예를 들어 1963년 3월에 나는 '기독교정신과 인류의 혁명' 그리고 '기독교정신과 공산주의' 라는 제목으로 대구의 대규모 기독교학생들 집회에서 강연을 했다. YMCA 강당은 수백 명의 대학생들로 꽉 채워졌다. 그리고 약 500 정도의 장교와 장병들이 함께 있는 여의도 공군기지(Air base)에서도 강연을 했다.

그러나 내가 경희대에서 교수생활 시작한 후에도 우리가족의 경제상황은 개선되지 않았다. 나라가 여전히 가난하였기 때문에 대학으로부터 나오는 매달 봉급은 $100을 넘지 못했다. 그 당시 우리나라의 1인당 GNP가 $90정도였음을 생각할 때 불평할 수도 없었다. 아내는 손재주가 좋아 돈을 벌기위하여 바느질을 하는 일자리를 찾아보았다. 하지만 적당한 일자리를 찾지 못했다. 아내는 자주 근심 어린 표정을 지었다. 이런 엉망인 상황에서 용기를 얻을 수 있는 유일한 곳은 교회였다.

시간이 지나며 내 이름이 알려지자 여러 곳의 교회에서 교회의 청년들에게 강의를 해달라고 요청해왔다. 내가 강연하는 주제 중의 하나는 성경의 예언에서 나오는 세계의 현재상황과 하나님이 중심이 되는 세계관을 행동으로 옮기는 중요성 이었다. 비록 내가 교회로부터 나오는 강사료를 주저하면서 받았지만 우리 가족이 살아가는데 큰 보탬이 되었다.

집에 돌아와서는 아내에게 힘든 생활에 용기를 주기 위하여 학생들이 내 강의를 매우 재미있어 한다고 이야기하면 아내는 행복해 했다. 나는 항상 저녁시간을 집에서 보내면서 아내와 많은 대화를 했다. 그러다 보니 아내는 직접 만나지도 못한 나의 동료교수들과 학생들의 이름도 잘 알게 되었다.

1962년 3월 박정희 장군이 이끄는 국가재건위원회는 정치활동 집회법을 공포하고 약 4,743명의 구 정치인들이 과거에 여러 정치적 범죄를 저지른 것에 대하여 기소했다. 그러나 군사 쿠데타 이후 나라가 비교적 안정됨에 따라 1963년 1월에는 정치활동들에 대한 금지가 해제되고 집권여당으로 민주공화당을 포함하여 새로운 정당들이 출현했다. 박정희 장군은 군에서 전역하고 민주공화당의 대통령후보로서 4년 임기 대통령직에 출마하여 1963년 10월 대통령 선거에서 전 대통령인 윤보선 민정당 후보를 근소한 차이로 이겼다. 새로운 국회의원 총선에서도 민주공화당은 다수당을 차지했다.

국민들은 박정희 정부가 1962년부터 경제개발 5개년 계획을 활기차게 실행하는 것을 보고는 은근히 앞날의 희망을 되찾기 시작했던 것이다. 정부의 매우 중요한 정책은 이 나라를 산업화시켜 국민들을 빈곤으로부터 구출하는 것이었다. 하지만 정부는 경제개발계획을 추진할 수단들을 전혀 가지고 있지 않았고 이 나라에는 천연자원이 없었다. 고도로 훈련된 인적자원도 없었다. 외환 비축도 없었다. 게다가 두드러진 문제는 깊게 자리 잡힌 국민들의 열등의식이었다. 비록 우리나라가 한때는 동방의 등불이라고 불리 우는 찬란한 문화를 가지고 있었다할지라도 일제 식민지 기간 동안 일본에 의해 세뇌 되어져 "민족적 열등의식"에서 헤어나지 못하고 있었다. 생활수준을 향상시키려는 의욕이 부족했다. 못사는 것도 "팔자 탓"이라며 체념하고 있었다.

1963년 초 여름 총장직으로 돌아온 조영식 이사장님이 나를 보자고하는 얘기를 들었다. 그래서 나는 그의 사무실로 급히 달려갔다. 그가 앉은 등나무의자 옆으로 앉으라고 손짓을 한 후, 조용히 말했다:

"이 박사! 나는 당신보다 거의 10살 위지요. 이것은 당신보다 일제의 잔혹성을 더 오래 동안 경험했다는 것을 의미하지요. 식민지 생활은 우리가 생활수준을 향상시킬 능력이 없고 열등하다는 것을 생각나게 했어요. 결과적으로 우리 대부분은 우리들의 삶의 수준을 향상시킬 능력이 없다고 실제로 느끼고 있어요. 내 말에 동의해요?"

잠깐 말을 멈춘 후 그의 눈은 창문너머로 나무를 응시하고 있었다. 조 이사장님은 다시 나에게 말했다.:

"이 박사! 이곳에 당신을 부른 이유는 내가 '우리는 삶의 수준을 빠르게 향상시킬 수 있다' 라는 제목으로 원고를 썼는데 그것들을 출판하기 전에 이 박사가 필요한 것들을 더 넣고 혹은 삭제를 하여 조심스럽게 그 원고를 편집 해주었으면 해요."

나는 매우 기쁘게 조 총장님의 원고를 받아 집에서 읽고 필요한 부분이라고 생각한 몇가지 사실들을 추가했다. 역사가로서 나는 우리민족이 중국, 몽골, 만주, 그리고 일본 같은 나라로부터 외침을 받아 왔지만 우리가 언뜻 보기에 넘을 수 없는 국가적 위기를 전부 극복했다고 덧붙였다. 하지만 국가의 위기 속에서도 찬란한 문화와 문자 체계 중에서 가장 우수한 우리가 만든 한글 같은 놀랍고 자랑스러운 지적 문화 유산들을 창조했다고 강조했다. 그 원고가 출판되기 전, 국가의 정책에 위반될 사항이 없도록 하기 위하여 원고를 박정희 대통령에게 보냈다. 얼마 후 나는 박 대통령이 직접 친필로 쓴 찬사의 논평을 조 총장님께 보낸 편지를 읽고 매우 놀랐다. 3페이지분량으로 박 대통령은 이렇게 써 조 이사장님께 보내왔다:

"조 박사님! 진심으로 나는 당신에게 찬사를 보냅니다. 나는 우리의 삶의 수준을 개선하는데 긴급하게 필요한 한 가지는 국민들의 열등감을 없애야 한다는 의견에 전적으로 동의합니다. 그리고 그러한 열등감을 전부 씻어내는 최선의 방법은 우리 국민들의 마음속에 선조들의 찬란한 문화적 업적을 상기 시키는 것이라는데 동의합니다. 그 업적들 가운데 독특하고 훌륭한 문자 체계인 한글과 독일의 요하네스 구텐버그(Johannes Gutenberg)에 앞서는 인쇄기는 우리 민족의 우수성을 증명하는 것입니다."

이때부터 박 대통령은 "우리는 번영된 조국을 위하여 열심히 일합시다.", "우리는 할 수 있다.", "잘 살아 보세!", "하면 된다!" 등등의 구호를 텔레비전을 통하여 외치기 시작했다.

박 대통령은 젊었을 때 초등학교에서 교사생활을 한 경험을 바탕으로 노래들을 작곡하여 피아노에 맞춰 부르게 했다. 국민들은 박 대통령의 요구에 호응하기 시작했다. 국가건설을 지원하는데 심리적인 동원은 중요한 역할을 했고, 그것은 '새마을 운동'으로 구체화되었다.

조 이사장님은 사실 큰 비전(vision)을 가진 지도자였다. 비록 그가 기독교인이라는 것을 공개적으로 고백은 하지 않았지만 그는 평양 숭실고등학교 시절부터 학생이었던 이래로 하나님에 대한 믿음을 갖고 있었다는 것을 나는 알았다. 조 이사장님은 "현대인은 기술적인 발달에 대한 관심 속에서 자신의 삶을 단지 효율적이고, 합리적으로 과학화시키고, 체계화시킴"으로써만 지상의 낙원을 만들 수 있다는 잘못된 신념을 가짐으로써 스스로를 천하게 만들고 있다고 강조했다. 그는 세계의 고등교육 분야들이 연합하여 '인간의 인간을 위한 세계' 즉 어떤 문제든 협력으로 풀어 가는 세계화 사회를 건설해야한다고 주장했다. 조 총장님은 젊은 시절 마음속에 언젠가는 목사가 될 것을 열망한 때가 있었다고 나에게 말했다. 나는 그와 내가 많은 공통적인 생각과 믿음을 갖고 있다는 것을 알았다. 시간이 허락하는 대로 그는 나를 사무실로 불러 미국과 비교해서 한국의 고등교육 분야의 현실에 대한 솔직한 나의 의견을 듣곤 했다.

우리가 사람들의 도덕성 해이에 대해 이야기하고 있을 때 조 이사장님은 대학 내에 예배를 드릴 수 있는 빌딩을 세울 생각을 갖고 있었다. 무엇보다도 나는 하나님에 대한 그의 확실한 믿음과 비전(vision)을 듣는 것을 좋아했다. 몇 년이 지난 후 그는 정말로 경희의료원 빌딩 위에 교회를 건축했다. 그는 그 예배당을 실제로 예루살렘에서 주춧돌을 가져왔다는 취지로 "성지에서 온 교회"라고 이름을 지었다. 이런 상황에서 내가 기독교 교수 동우회를 결성하는데 아무런 문제가 없었고 윤영춘 교수님을 그 모임의 리더로 세워 학교에서 복음전파를 위한 기도회를 시작 하게 되었다.

경희대에서 나는 예기치 못한 변화를 경험했다. 1963년 가을 학기 초, 어느 날 조 총장님은 나를 총장실로 불러 불쑥 말했다.

"이 박사! 나는 당신을 부교수로 승진시켜 학장급인 중앙도서관장으로 임명할 결정을 했어요. 이것은 갑작스러운 결정이아니라 내가 이 대학의 주요 인사들과 아주 진지하게 토의하여 내린 결정입니다. 그들 모두가 내 생각에 동의 했어요. 이 박사는 그들에게 아주 좋은 인상을 주었음에 틀림없어요.

규정에 따르면 조교가 부교수급으로 승진 되는 데는 5년이 걸리지만 나는 이 교수가 케이스 웨스턴 리저브 대학교(Case Western Reserve Uni-versity)에서 도서관 상호대출(Inter-library loans)의 책임자로 근무했다는 사실을 참고로 하여 이 경우를 예외로 하기로 했습니다.

아무튼, 나는 여러 가지 이유로 봐서 우리대학의 새 도서관을 이 교수가 이끌 바로 적기라고 생각해요. 우선 알다시피 우리나라에서 가장 큰 거대한 도서관 건물이 이번 주말에 완공될 것이오. 그러나 우리 도서관에는 소장도서가 매우 부족해요. 나는 가능하다면 미국대학들로부터 남아도는 많은 책들을 기증받고 싶어요. 나는 이 교수가 우리 교무위원회에 참석하여 신선한 생각들을 말해 주었으면 좋겠습니다."

나는 약간 부담감을 느꼈다. 그런 반가운 소식을 듣고서 한 가지 걱정거리는 대학의 동료들이 나를 시기하지 않을까하는 염려이었다. 너무나도 빨리, 33세의 나이에 부교수가 되는 것을 동료교수들이 어떻게 생각할까? 나의 비전(vision)서에는 35세의 나이에 부교수직을 예상했었다. 나는 하나님께서 나를 확실히 이끌고 계시다는 것을 확신했다

경희대의 중앙도서관 건물은 실제적으로 우리나라에서 가장 큰 석조 건물이었다. 모든 시설 중에서 학생들이 가장 좋아하는 곳이었다. 이 일을 맡은 후, 내가 처음으로 한 일은 서울의 서점들로부터 많은 참고문헌들을 사들여서 훌륭한 참고열람실을 가진 새 도서관을 개관하는 것이었다. 두 번째로 미국으로 가서 나의 모교들을 포함한 몇 몇 큰 대학들의 도서관을 방문하여 남아도는 도서를 얻는 것이었다.

모든 미국의 큰 대학들은 중앙도서관 외에도 수많은 지점도서관들이 있었다. 좋은 책들이 출판되면 모든 지점 도서관들은 내용이 같은 책을 사서 비치하게 된다. 그리고 연말이 되면 중앙도서관만 1권을 소장하게 되고 지점도서관의 책들은 정리를 해서 버리게 된다. 이 버려진 책들은 상태가 매우 깨끗해 서로 가져가려고 했다. 나는 1년여에 걸쳐 미국의 각 대학에 찾아가서 수 만권의 책들을 수집했다. 그리고 배로 부산으로 보내면 부산에서 기차에 실어 서울까지 보냈다.

1964년 초 조 총장님은 다시 나를 사무실로 불렀다. 그는 세계가 대변혁을 겪고 있다고 지적하면서 마샬 맥루한(Marshall McLuhan)의 "세계화-globalization"이론을 힘 있게 강조했다. 맥루한의 역설은 "인간 생활의 시공간적 범위의 한계가 축소되어 세계는 하나의 지구촌이 되고 있다"는 말을 상기했다. 그러나 조 총장님은 세계 대부분의 대학이 현재 상황과 현실

에서 동떨어진 상아탑(象牙塔)에 여전히 갇혀있다는 사실이 개탄스럽다고 했다. 대학들은 상호배타적인 상아탑 속에 갇혀 있다는 지적이었다. 대학들의 국경을 초월하여 학문적, 문화적 상호교환을 하기 위하여서 그는 세계대학총장협의회(International Association of University Presidents)를 결성하는 일을 진지하게 계획하고 있었다. 나는 그의 원대한 계획에 위압감을 느꼈다.

이 때 조 총장님이 내게 요구한 것은 세계의 수 백 개 주요 대학에 세계대학총장회의를 구성하는데 동의해달라는 내용의 편지를 써달라는 부탁이었다. university는 라틴어의 universitas – the whole universe – 가 뜻하는 바대로 대학교육을 universial하게 하여야 한다는 내용의 초안을 작성하라는 것이었다. 너무나 큰 생각이어서 과연 세계의 유명한 대학 총장들이 동의해 줄까하는 염려가 편지 초안을 작성하는 내 마음을 짓눌렀다.

그러나 그 편지를 발송한 후 세계의 많은 대학 총장들이 긍정적으로 반응을 보내왔다. 그러한 착상에 감탄한 미국 뉴저지주의 페어리 디킨슨(Fairleigh Dickinson)대학의 피터 샘마티노(Peter Sammartino) 총장은 1964년 봄 조 총장님을 초청하여 명예학위를 수여했다. 이 통찰력이 있는 두 교육자들은 지역대표(동남아, 아프리카, 남미)들로 세계대학총장회의 준비위원회를 구성하고 제1차 총회를 영국에서 개최하는데 동의했다

IAUP의 개회식이 1965년 6월 29일부터 7월 1일까지 영국의 옥스퍼드의 로후드 하우스(Rhodes House)에서 21개국, 120명의 대학총장들이 모인 가운데 개최되었다. 저명한 연사들 가운데에는 세계적 역사학자인 아놀드 토인비(Arnold Toynbee)와 1952년 미국대선에 민주당 후보로 출마하였던 아드라이 스티븐슨(Adlai Stevenson)이 있었다. 나는 비록 그 역사적인 모임에 참석하지는 못했지만 그 모임의 성공에 다소나마 기여를 했다는 자부심을 가지고 기뻐했다. 매 3년 마다 개최되는 IAUP의 다음 모임은 서

울의 경희대학이라는 말을 듣고 기분이 좋았다.

옥스퍼드에서 세계대학총장협의회 창립모임이 끝난 직후, 미국 페어리 디킨슨대학의 샘마티노 총장이 경희대를 방문하여 전교생, 전교수와 직원들 앞에서 연설을 하기로 했다. 방문 총장 일행이 연단에 앉았을 때 조 총장님은 갑자기 여러 교수들 틈에 있는 나에게 손짓하며 이리 나와서 샘마티노 총장의 연설을 통역하라고 지시했다. 나는 순간 당황하였지만 마음을 가다듬고 차분히 그 총장의 연설은 통역하기 시작했다. 분명하고 우렁찬 목소리로 샘마티노총장은 새천년이 오기 전에 세계평화를 이룩하는 교육을 하자는 조 총장님의 생각에 대한 자신의 견해를 설명하면서 세계대학총장회의 출범은 대학교육의 질을 향상 시킬 뿐 아니라 세계평화를 이룩하는데 UN에 못지않은 기여를 할 것이라고 역설했다. 나는 최선을 다하여 통역했다. 그런 견지에서 볼 때 경희대학교가 세계대학총장회를 선도(先導)하고 있음에 자부심을 느꼈다. 모든 청중도 세계대학총장회가 옥스퍼드(Oxford) 대학에서 개최되고 앞날 세계고등교육을 이끌 것이라는 샘마티노 총장의 역설에 등장하는 큰 박수를 보냈다. 세계는 참으로 하나의 지구촌(A Global village)이 되고 있었다.

나는 그 당시 KBS의 대담프로그램인 "역사를 변화시킨 사람"에 3개월 동안 출연하여 증언했다. 역사의 과정을 변화시킨 사람들을 바르고 건강한 방향으로 움직이는 위대한 지도자들의 지도력을 소개하고 있었다. 한·독 직업훈련후원회의 의장으로서 나는 능력이 있는 젊은이들을 직업 훈련차 독일로 보내는데 열심히 노력했다. 여러 명의 여성들이 간호사로서 독일에 머물렀다. 그리고 나는 기독교인의 대학생들이 열심히 하나님의 말씀을 연구하여 하나님의 나라를 넓히기 위해 스스로 준비하도록 그들을 교육하는 일도 함께했다.

그 때 정부의 가장 어려운 문제는 경제발전으로 민생문제를 해결하는데 있었다. 박 정희 정부의 경제발전목표는 뚜렷했고 많은 국민의 지지를 받고 있었다 하지만 자금, 원자재, 전기, 기술자, 숙련된 기능공의 부족과 물가상승 등의 문제를 단번에 해결할 길이 보이지 않았다. 산업 건설을 위한 돈이 없는 정부는 일제 35년 동안 일본이 한국을 착취한 보상을 받기위하여 일본과 협상을 했다. 하지만 국민들의 반일감정은 강했고 반대는 거셌다. 1964년부터 1965년까지 일본으로부터 보상과 차관을 가져오는 것에 반대하는 대규모 반일 학생데모가 거세게 일어났으며 이것은 일본에 대한 대중의 자부심을 반영하는 것이었다.

이러한 반일 학생데모들은 현재 미술고등학교 교장이며 당시 경희대 제자인 이돈환과 서울시장을 거쳐 대통령 후보로 나온 고려대의 이명박 같은 학생연합 대표들이 주도적으로 이끌었다. 1964년 6월 공화당 김종필 의장이 거의 40년 동안 한국을 착취한 배상금을 받기 위한 일본의 협상을 마무리하러 일본에 갔을 때 야당들과 YMCA와 YWCA같은 사회단체들이 일본과 굴욕적인 외교를 반대하는 범투쟁위원회를 결성하자 대규모의 학생데모가 전국적으로 일어났다.

박 정권은 교육기관의 보호와 사회 안정이라는 명목으로 언론윤리에 관한법률을 제정하여 기자들뿐만 아니라 학생들의 활동에 대하여 엄하게 통제했다. 1965년 2월에 일본외상이 한국에 방문함으로써 정부와 협상을 하였을 때 우리 측 책임자는 외무부장관 이동원이었다. 폭력적인 반대데모에도 불구하고 정부는 일본과 협상을 성공적으로 마무리 지어 1965년 7월 상업차관으로 350만 달러 배상금으로 350만 달러의 거금을 확보했다. 정부는 또한 세계은행과 국제금융기관들로부터 돈을 빌렸다.

이러한 상황에서 정부는 독일에 취업한 한국광부들과 간호사들의 봉급을 보증으로 독일정부로부터 차관을 얻는데도 성공했다. 1964년 12월에 박 정희 대통령은 독일의 하인리히 뤼브케(Heinrich Lübke) 대통령을 방문했다. 상담역인 루드위그 에르하드(Ludwig Erhard)는 한국의 젊은 광부들과 간호사들과의 매월 봉급을 보증으로 하여 한국정부에게 많은 돈을 빌려주겠다는 결정을 했다. 독일지도자들과의 회담 후 박 대통령은 한국의 광부들과 간호사들이 일하는 현장을 직접방문하고 그들이 얼마나 힘들게 일하는지를 보고서 눈물을 흘렸다.

국가를 흔드는 이러한 사건들을 지켜보면서 나의 마음은 "이 나라가 어디로 갈 것인가? 성장할 것인가? 아니면 퇴보할 것인가?" 희망과 실망의 이중주(二重奏)를 자주 느꼈다.

제3장
정부에서 일하다가 다시 미국으로

1. 교육부 고등교육국장을 맡다

나의 삶은 기대하지 못했던 하나님의 이끄심과 축복으로 가득 차 있었다. 성장하면서 중학교조차도 들어갈 수 없는 시골소년이 미국의 일류대학에서 박사 학위를 받아 한국의 대학에서 역사학 교수가 되었다.

그러나 1965년 7월, 나는 갑자기 교육부의 고등교육국장으로 임명되었다. 나의 비전(vision) 기록서에는 정부에서 일하는 것은 없었다. 하나님 아버지의 이끄심이 없었다면 어떻게 이런 일이 일어날 수 있었겠는가?

어느 날 아침 내가 대학도서관 나의 사무실로 들어갔을 때 교육부장관으로부터 호출이 있었다는 소식을 한 직원으로부터 받았다. '무슨 일일까? 내가 무슨 실수라도 하였을까?'라고 걱정했다.

그 당시 교육부 장관은 권오병 장관이었다. 그는 일제강점기 동안, 일본에서 법학을 전공하고 검찰청에서 근무하다가 법무차관을 거쳐 교육부장관이 되셨다. 정직하고 공정함으로 명성이 높아 교육계에서 존경받고 있었다.

그 당시 권 장관님은 원칙적인 문제에 대하여 어떠한 타협도 절대 하지 않은 대쪽 같은 사람이었다.

내가 그의 사무실에 전화를 하였을 때 권 장관의 비서가 빨리 오라고 말했다. 그래서 나는 서둘러 그의 사무실로 급히 달려갔다. 그는 따뜻한 미소를 지으며 자리에 앉으라고 하면서 이야기를 시작했다.

"이 박사님! 우리는 초면이지요. 그러나 나는 당신을 잘 압니다. 내가 검찰청에 재직하였을 때, 때때로 경희대에서 특강을 하였지요. 나는 당신의 대학발전에 대한 헌신적인 노력, 특히 대학도서관에 대한 공헌에 대하여 많은 이야기를 들었습니다. 또 이 박사께서 미국 삼마티노(Sammartino) 총장의 연설을 통역할 때 나는 특강 차 대학에 갔다가 교수들 가운데 서서 당신이 통역하는 모습을 처음부터 끝까지 들었어요. 아주 인상적이었어요.

나는 당신을 이나라 교육부의 고등교육국장으로 임명하고 싶습니다. 박정희 대통령께도 말씀드려서 동의를 얻었습니다. 이렇게 갑자기 임명받게 되어 놀라시리라 생각합니다. 아시다시피 고등교육은 우리나라 재건을 위하여 아주 중요한 요소입니다. 박정희 대통령은 이 중요한 부분을 거듭 강조하였으며 이것이 최우선의 국가경제발전의 열쇠로 여기고 있습니다.

이 나라에는 국립, 사립의 많은 대학들이 있습니다. 하지만 대부분이 공화국이 생긴 이후 세워졌고 특히 6.25전쟁 후에 설립되었어요. 그래서 몇몇 대학은 고등교육의 원칙이 잘 지켜지지 않는다는 여론이 있습니다. 또한 서구의 발달된 나라와 비교하여 대학의 위상이 높지 않습니다. 그래서 나는 당신과 같은 학자의 도움이필요합니다. 당신이 미국에서 학사, 석사, 박사학위를 모두 받았으니 그 곳에서 쌓은 식견과 경험은 우리 고등교육의 질을 향상시키는데 큰 도움이 될 겁니다. 부디 나의 청, 곧 이 정부의 요청을 받아 주기바랍니다."

나는 조 총장님이 2년 전에 경희대의 교무위원이 되어달라고 부탁하였던 때 놀란 것 못지않게 너무나 놀랐다. 잠깐 눈을 감고 '이것이 하나님의 뜻일까? 이 나라에서 고등교육의 발전을 위하여 일하라고 하나님이 지시한 것일까?' 그리고는 눈을 뜨고 대답했다:

"존경하는 장관님! 저는 매우 영광스럽고 놀랍습니다. 정말로 무어라 말씀을 드려야할지 모르겠습니다. 저는 경희대 교수로 있기 때문에 조 총장님과 이야기를 나누고 그의 조언을 구해야만 합니다."

권 장관님은 미소를 지으며 대답했다.:

"이 박사! 나는 그 문제에 대하여 조 총장과 의논을 하였고 당신이 동의한다면 그도 좋다는 승낙을 이미 받았습니다. 교수를 고위직 정부 관리직에 임명하는 것은 흔치않은 일입니다."

학교로 돌아와 나는 조 총장님을 방문하여 이 예기치 못한 일에 대하여 자세히 말씀드렸다. 나는 결코 공직에는 꿈이 없다고 말했다. 나의 사명과 목표(Vision)은 항상 학생들을 가르치는데 있다고 말씀드렸다. 내 이야기를 듣고는 조 총장님은 말했다:

"이 박사! 만약 정부의 청을 받아들인다면 우리는 당신을 잃게 됩니다. 그러나 이것은 국가의 요청입니다. 나는 그 제안을 받아들여서 모든 고등교육기관의 교육의 질을 개선하는데 큰 도움이 있기를 바라는 마음으로 이미 권 장관님의 요청에 동의를 했어요. 내가 부탁하고 싶은 요청은 정부의 고등교육계를 대표하는 자리에서 계속적으로 세계대학총장협의회의 성장에 도움을 주길 바랍니다."

나는 그 제안에 대한 수락 통보를 교육부에 공식적으로 보낸 후 부모님께 나를 위해 기도해달라고 부탁했다. 아내는 내가 제안 받은 자리가 체력을 망가뜨릴까봐 염려했다. 하지만 아내도 나를 위하여 매우 열심히 기도했다.

내가 교육부로부터 공식임명을 기다리는 동안 고위공직에 해당하는 나의 자격을 검증하는 시험을 받으라는 통지를 행정자치부로부터 받았다. 매우 놀랐다. 권 장관님이 그의 제안을 내게 요청하였을 때 행정법과 헌법에 대한 시험을 보아야 된다는 암시가 전혀 없었다. 내가 그 시험을 꼭 봐야 하나? 내가 어떻게 해야 하나? 나는 결단을 내릴 수가 없었다.

내가 지나온 삶을 회상하여 보았을 때 하나님 아버지께서 항상 나를 이끄신다는 것을 믿고, 고난이 닥칠 때마다 하나님의 놀라우신 능력이 항상 함께 했다는 것을 알고 있었다. 그래서 나는 정부의 요청을 그대로 받아들여 시험을 보기로 결정하고 행정법, 헌법의 책들을 구입하여 공부를 하기 시작했다. 시험날짜가 얼마 남지 않아서 밤늦게까지 열심히 공부했다.

시험 보는 날 행정자치부에 도착하였을 때 책상 하나 뿐인 방으로 안내되었다. 나를 감독하는 공무원은 내게 주어진 문제의 답을 3시간 안에 써야한다고 말했다. "시간은 엄수되어야합니다. 우리는 더 이상의 시간은 줄 수 없습니다."라고 말하면서 그는 문제들을 제시했다. 잠시 나는 하나님께 도와달라는 기도를 하고 분명하게 문제들의 답을 썼다.

이 시험에 대한 에피소드를 나는 후일 들었다. 행정자치부에서 내 답안지를 검토하고 채점을 한 공무원 두 사람 중 한명이 김정열 박사였으며, 나중에 그는 나의 참 좋은 친구가 되었다. 후일 친구가 된 후 김 박사는 농담 섞인 말을 나에게 해주었다:

"이 박사! 당신이 앉을 자리는 매우 높은 자리였지. 만약 당신이 공무원 생활을 바닥에서부터 시작하여 그 자리에 오르려면 평생이 걸렸을 거야.

고등고시(高等考試)에 합격하고서도 그 자리에 설려면 10년 이상은 걸릴 거야. 그래서 당신의 경우는 우리들 사이에 굉장한 이야기 거리였지. 왜냐하면 우리는 좀처럼 그런 식으로 행정경험이 전혀 없는 사람을 국장자리에 임명한 사례를 본적이 없었거든. 내 친구와 나는 당신의 시험지에서 작은 실수라도 찾기 위하여 답안지를 열심히 검토하였어.

하지만 결국에 우리의 결론이 무엇이었겠나? 우리 둘은 놀랐어. 미국에서 이 박사의 전공이 역사였지. 그런데 어떻게 한국의 행정법과 헌법에 대하여 그렇게 잘 알 수가 있단 말인가? 우리는 감탄하였어."

그때까지 만해도 교육부는 구 일본총독부 건물 안에 있었다. 국장들 가운데 내가 가장 젊었다. 아마 중앙부처 전체에서도 내가 가장 젊었을 것이다. 나는 그 부처의 공무원들 가운데서 이야기 거리가 되었다는 것을 느꼈다. 분명히 그들은 내가 아주 특별한 가정에서 태어나 어린 나이에 미국에 가서 박사학위를 받았을 것으로 여겼을 것이다. 내가 화장실을 지나갈 때 누군가 '정말 운 좋은 놈이야.'라고 하는 소리를 듣기도 했다. 그들은 하나님께서 내 앞길을 한발 한발 인도해주고 있었다는 것을 알지 못했다. 나는 나의 젊은 시절에 공직에 있도록 기회를 열어준 분은 하나님이라고 믿었다.

내가 쓴 목표(Vision)에는 공직의 관리가 되겠다는 어떤 암시도 없었다. 하지만 만 34세에 고등교육국장이 된 후 교육부에서 내가 근무하는 동안 나는 많은 실제적인 문제들을 다루면서 나라 성장의 열쇠가 교육이라는 것을 절실하게 느꼈다.

나의 아래 직원들 중 몇 사람은 곱지 않은 시선으로 나를 보았다. 그들은 분명히 내가 청와대에 좋은 배경을 가졌다고 생각했을 것이다. 교육부에서 나의 고등교육국은 특별히 유능한 직원들로 구성되어 있었다. 나중, 그들 중에 한 명은 통신부장관이 되었다. 그중에 어느 한 과장은 나에게 악의적인 감정을 가지고 있었던 것으로 기억된다. 그는 서울대 졸업자로서 나보다 몇 살 위였다. 나는 부임 첫날부터 그가 나에게 적대감을 가지고 있다는 눈치를 챘다.

어느 날 그가 서류에 결제를 받기 위하여 내방으로 왔을 때 내가 그 제안서에 대한 설명을 요청하자 그는 비꼬는 말투로 '이 부서의 국장으로서 그런 상식적인 질문을 해서는 안 됩니다'라고 했다. '뭐라고? 이것이 당신이 상사에게 대하는 태도요?'라고 나는 큰소리를 치면서 서류를 그의 면전에 던지고 그를 노려봤다. 그러자 그는 몇 마디 사과를 하고 물러갔다. 나는 내가 클리브랜드를 떠날 때 Bruere 목사님께서 나에게 해주신 말씀을 다시금 기억했다. 그래서 좀 더 그들에게 어질게 대하여 그들을 굴복시키자고 생각하고 그들과도 잘 지내려고 노력했다. 얼마 지나지 않자 그들의 태도는 변하여 나에게 존경심을 가지고 대하기 시작했다.

II. 모든 대학을 조사하기 시작

내가 교육부에 부임한 후 특별히 생각나는 것은 박 대통령에 대한 인상이었다. 매년 초에 대통령이 각 정부 부처의 현재의 중요한 문제와 계획을 듣기 위하여 순시하는 것은 관례였다. 1966년 1월 중순 교육부는 박 대통령의 순시를 맞이하게 되었다. 모든 국장들은 장관실 앞 복도에 줄을 서서 대통령의 방문을 기다렸다. 정시에 박 대통령이 도착했다. 예상한대로 그는 키가 작았으며 자신을 잘 단련한 근엄하고 엄숙한 모습이 퍽 인상적이었다.

대통령이 장관실에 들어와 테이블 앞에 앉자 브리핑이 시작되었다. 권 장관은 지난해의 정책과 성과와 문제점들 그리고 새해의 과제들과 앞날의 계획들을 발표했다. 그때 박 대통령은 입에 담배를 물고 성냥갑에서 성냥개비 하나를 빼내어 불을 붙이려고 했다. 그 당시까지만 해도 라이터를 쉽게 구할 수가 없었다. 그러나 대통령은 성냥갑이 새 것이어서 마음대로 담뱃불을 붙이지 못하고 있었다. 나는 권 장관이 점점 긴장하고 대통령이 담배 불을 붙이는 것을 도와주어야할지 아니면 계속해서 보고를 계속해야 할지에 대하여 곤혹스러워 하는 모습을 보았다. 잠시 후 대통령이 그의 담배에 불을 붙였고 브리핑이 끝난 후 "수고하였소"라는 한마디를 남기고 오른손을 흔들며 자리를 떠났다.

내가 1965년 8월 교육부에 취임하였을 때에도 나라를 흔드는 반일데모는 계속되었다. 많은 배상금과 차관을 일본으로부터 그해 7월에 약속받았음에도 불구하고 국민의 반일감정은 수그러지지 않았고 학생 반정부데모는 계속 되었다. 나는 교육부 고등교육국장으로서 학생데모에 대하여 무언가를 해야만 했지만, 벌어지는 상황은 내 영향력 밖이었다.

하루는 내 눈으로 학생데모의 상황을 확인하기 위하여 반일 학생데모가 가장 격렬했던 그 당시 종로 5가에 있는 서울대 본부를 방문했다. 아무도 대동하지 않고 나 혼자 그곳으로 가서 학생들 사이에서 데모 광경을 목격했다. 그런데 누가 와서 내 손을 잡고 나를 대학본관 쪽으로 인도하면서 귓속말로 속삭였다. "이 국장님! 격렬한 데모를 하는 학생들 사이에서 계시는 국장님 모습을 보신 유 총장님께서 놀라시며 모시고 오라는 말씀이 있었어요."

유기춘 총장실을 방문하니 그는 반가이 맞이하면서 강력한 어조로 말했다.

"이 국장님! 학생들의 데모가 이렇게 심각할 때 정부의 고관으로 캠퍼스에 오시는 것이 얼마나 위험스러운지 아십니까? 우리 학생들은 일본과 정상외교를 한 것을 수치스럽고 부끄러운 일이라고 생각합니다. 국장께서도 알다시피 일반국민들도 학생들과 생각이 같으며 그들을 지지하고 있습니다. 제발 여기에 머물지 말고 즉시 이 캠퍼스를 떠나시기 바랍니다. 만약 국장님의 정체가 화난 학생들에게 밝혀진다면 나는 안전을 보장해 드릴 수 없습니다."

이 상황에서 국회는 교육기관들의 안전을 강화하는 법과 언론윤리에 관한 법률을 제정하여 언론뿐만 아니라 학생들의 캠퍼스활동에 대해 통제를 강화했다. 당시에 정부는 베트콩과 싸우는 미국군대를 돕기 위하여 베트남에 우리국군을 파병했다. 두 가지 일에 대해서 박 대통령의 의도는 국가경제 건설을 위한 재정을 마련하는 것이었다.

교육부에서 근무하던 나를 놀라게 한 것은 첫 째로 교육에 대한 정부의 힘이었다. 교육부는 대학들의 행정적인 모든 세부사항들을 감독했다. 대학들이 새로운 교수를 임명할 때 승인을 받기 위하여 내국에 보고해야만 했다. 물론 각 전공분야별 학생 수도 교육부에 의하여 승인 받아야만 했다. 나는 우리부서의 직원들이 가끔 밤 10시까지 열심히 일하던 모습을 지금도 잊을 수 없다.

고등교육국장으로서 이 나라의 고등교육기관들에 대한 실제적인 조사가 없었다는 것을 알고 놀랐다. 나는 조사에 착수할 것을 제안했지만 교육부 예산부서에서 이 목적에 대한 예산이 없다고 했다.

이 문제를 곰곰이 생각한 후, 나는 서울에 있는 미국의 국제개발기구(Agency for International Development)와 상의하기로 결정했다. 내가 AID의 책임자인 리들박사에게 전화를 하였을 때 그는 즉시 답을 주었다. 리들 박사는 재치가 있고 마음이 따뜻한 사람이었다. 게다가 운이 좋게도 한국 AID의 교육부장이 내가 잘 알고 있는 연세대를 졸업한 신극범 박사였다. 그는 나의 제안에 따라 리들 박사와 협의하여 모든 조사에 필요한 경비를 융자해주었다. 그 후 신 박사는 대통령 교육문화 수석, 한국교원대 총장, 광주대 총장, 대전대 총장을 역임했으며 지금도 한국교육계의 원로로서 국내외적으로 많은 일을 하고 있다.

　AID에서 보조받은 5만불의 보조금을 가지고 각 대학의 실제적인 상황을 조사하기위하여 조사팀이 조직되었다. 각 팀들은 지역별로 책임을 지고 각 대학의 모든 상황을 조사하여 결과를 은밀하게 내부서로 제출했다. 우리는 성공을 위하여 그 조사 결과를 언론에 알리지 않았다.

　1966년 봄, 조사팀은 결과를 제출했다. 국립대학들은 문제점들이 거의 없었다. 사립대학들도 교육의 질을 향상시키기 위해서 많은 노력을 한 흔적이 있었다. 그러나 사립대학들의 압도적인 문제는 학생정원에 대한 거짓 보고였다. 각 대학들은 교육부에서 승인한 정원을 지키지 않는데 문제가 있었다. 정원의 몇 배를 초과하여 학생들을 선발하고 놀랍게도 승인된 정원분만을 고등교육국에 보고했다. 나머지 금액들은 어떻게 쓴 것일까?

　역사적으로 이 문제의 원인을 추측해 볼 수 있다. 1950년 말까지 이 나라는 경제적 궁핍으로 대부분 가정에서 자녀들을 대학에 보낼 수 없었다. 그래서 교육부에서 각 대학에 승인한 학생 수는 적었다. 하지만 1960대에는 제1차 경제개발 계획의 효과로 경제상황이 호전되는 조짐이 보이기 시작했다. 그리고 급하게 시작된 산업화는 고등교육을 받은 인재들을 각 방면에서 요구하게 되었다. 따라서 고등학교졸업자들이 점점 더 많이 대학시험에 응시했다. 하지만 각 대학의 정원은 종전과 같았다. 그래서 사립대학들은 입학정원을 무시하고 가능한 많은 학생들을 받아들였다.

　나는 우선적인 책임이 정부에 있다는 것을 알았다. 이 나라가 너무나 가난하여 정부가 국민들이 요구하는 만큼 고등교육기관을 설립할 실질적인 능력이 없었다. 이 나라가 해방된 1945년 당시 고등교육기관은 남과 북을 합쳐서 7개의 전문대와 1개의 종합대학교뿐이었다. 이런 환경에서 정부가 국립대학들을 설립하지 못하자 뜻있는 유지들과 종교단체들이 사립대학들을 많이 설립하여 1966년에는 사립대가 전체 고등교육 기관의 75%이상이 되었다.

사립대학교는 정부로부터 보조금이 전혀 없었기 때문에 교육시설을 확장하기 위해서는 돈을 모아야만했다. 특히 모든 사립학교 설립자들은 계속되는 시대의 요구에 맞춰 시설들을 확충해야만 했기 때문에 그들이 비축한 여유 자금들은 교육시설에 투자되었고 항상 부족했다. 정원 이상으로 학생을 선발하여 얻은 자금은 교수 충원과 시설확장에 쓰여졌음을 고등교육국장으로서 나는 확신하게 되었다. 한국의 역사적 전통에 비추어 교육을 통하여 축재한다는 것은 생각할 수 없었다. 나는 경희대 조 총장님이 대학을 어떻게 설립하였는지를 보아왔기 때문에 이러한 내용들을 더욱 확신할 수 있었다. 그러면 이 문제를 어떻게 해결할까?

이런 예기치 못한 문제에 직면한 나는 고등교육국의 직원들과 은밀히 의논한 결과, 모든 대학에서 학사 학위를 받는 학생들은 교육부에 등록해야 학사학위가 인증된다는 새로운 규정을 만들고 사립대학들이 이 기준을 지키도록 하자는 것이다. 이 기준을 위해서는 국회에서 새로운 법을 만들어 통과시키는 번거로운 일을 피하고 "대통령 令"으로 반포하는 안이 나와서 나는 조심스럽게 권 장관님께 의논 드렸다.

법률가인 권 장관님도 여러 가지 대안을 생각하셨지만 심사숙고 끝에 나의 제안을 받아들였다. 권 장관님도 사립대학들의 학생 증원 요청을 무시해왔던 교육행정의 잘못을 인정하고 사립대학들의 잘못한 행동에 대하여 처벌하지 말자는 나의 제안에 동의했다. 이런 내용을 가지고 권장관께서 수차 청와대를 방문하여 박 대통령의 동의를 얻어냈다.

모든 대학들의 학사학위가 교육부에 등록되도록 하는 대통령령이 선포되었을 때 사립대학들은 크게 동요했다. 1966년 졸업자들부터 모든 대학의 교무처장들은 졸업생들의 명단을 내 사무실로 가지고와 등록을 했다. 나는 권 장관님의 동의를 얻어 정원이 초과된 학생들도 모두 학사로 인정해 주었다. 서울에 있는 한 대학은 정원의 6배가 넘는 학생들을 받았지만 나는 그 모든 학생을 학사로 인정하고 등록시켜주었다. 기대하였던 대로 대부분의 사립대학들은 그들의 불법을 인정하고 법을 준수할 것을 약속했다. 그 대신 교육부에서는 그들의 학생 증원 요청을 과감하게 받아들여 주었다.

이 이야기가 사회에 알려지자 많은 시민단체들이 그런 불법적인 행동을 한 사립대학들을 처벌할 것을 요구했다. 정부에서 조차도 많은 공무원들이 그런 대학들을 비난했다. 이러한 상황에서 나는 권 장관님께 박 대통령께서 사립대학에도 보조금을 지원하는 정책을 제안하도록 강하게 조언했다.

이런 제안이 알려졌을 때 경제기획원의 장기영 부총리가 강력하게 반대했다. 하지만 권 장관님의 결심은 단호했다. 결국 그는 박 대통령을 설득하여 이 제안이 받아들여졌고, 사립대학들도 국가의 보조금을 받게 되었다. 나는 장 부총리가 국회에 제출할 예산안에 사립대학 보조안이 첨가되도록 수차에 걸쳐 경제기획원을 방문하여 자료를 제출했다. 대통령께서도 장기영 경제기획원 부총리가 이 제안을 반드시 성사시키라는 자필 편지를 써서 내려 보냈다.

권 장관님은 사무실로 돌아오자마자 나에게 경제기획원에 지시하는 대통령의 지시서 사본을 보여주었다. 나는 매우 흐뭇했다. 나는 권 장관에게 수도권에 있는 사립대 총장들을 불러서 이 놀라운 정책변화를 알려주자고 조언했다. 한 시간 안에 7개의 사립 대 총장들이 장관실에 도착했다. 권 장관님은 장 부총리에게 지시하는 대통령의 지시서를 나에게 읽도록 했다. 내가 전부 읽고 나자 대학총장들은 너무나 기뻐서 어쩔 줄을 몰라 했다. 모두들 그 지시서를 만져보고 싶어 하였으며 어떤 총장은 그것에 입을 맞추기조차 했다. 국회에서 사립대에 국가보조금의 지급에 대한 예산안이 통과된 후 사립대학의 면모는 급격히 달라지기 시작했다. 회상하여 보면 이 두 가지의 변화 – 사립대학의 학생증원과 사립대학에 대한 국가보조금 – 는 내가 교육부 고등교육국장으로서 근무했던 시절 가장 주목할 만한 성과였다.

나는 정부에서 일하리라고 예상하지 않았지만 나에게 주어진 책임을 매우 즐거워한다는 것을 자각했다. 하나님께서는 내가 하나님의 나라를 확장하기 위하여 정부에서 역할을 하도록 하는 특별한 계획을 가지고 있었다고 생각했다. 특별히 나는 교육부의 공무원으로서 한국교회를 다소나마 도울 수 있었다는 점에 보람을 느꼈다.

이 나라에서 가장 유명한 신학자인 박형용 총회신학대학 총장님이 교육부의 나를 방문한 적이 있었다. 그는 이렇게 말씀했다.

"이 박사! 당신도 알다시피 총신대는 큰 학교이지요. 아마도 한국장로교 연합회에서 설립한 가장 큰 신학교일겁니다. 그러나 우리는 아직 정부로부터 인가를 못 받고 있습니다. 우리 부탁을 들어 주실 수 있습니까?"

"존경하는 박 총장님! 총장님은 우리나라에서 가장 존경받는 기독교 지도자입니다. 저 역시 총장님의 업적을 높이 평가하고 존경합니다. 총장님의 요구에 제가 할 수 있는 것은 무엇이라도 해드리겠습니다. 하지만 한 가지 조건이 있습니다. 총장님이 직접 제 사무실로 오시지 말고 대신 신학교에서 나의 가까운 친구인 김득룡 교수를 보내시기 바랍니다."

다음날 아침 김 교수가 총신대의 우수성을 입증하는 많은 서류를 가지고 찾아왔다. 며칠 후 신학교는 정부의 허가를 받았고 오늘날 총신대학교가 되었다.

또 하나의 경우는 한국장로회 신학대학교가 교육부 대학원 인가를 받은 것이다. 그 대학교의 교수 중 한철하 박사는 교계와 사회에서 존경받는 학자였다. 어느 날 나를 찾아와 이렇게 말했다.:

"이 박사! 하나님께서 당신을 교육부에 있도록 한 것은 우리 기독교 대학들을 도우라는 하나님의 명령이라고 믿어요. 당신도 아시다시피 우리는 몇 년 전에 신학대학으로서 정부의 인가를 받았어요. 하지만 지금 우리는 대학원을 시작하려합니다. 권 장관을 긴급하게 설득하여 대학원 인가를 내주기 바랍니다."

그로부터 얼마 후 장로신학대학의 대학원이 정부의 허가를 받게 되었다.

III. 두 곳에서의 초청

내가 교육부에서 고등교육국장으로 일한지 1년 반 되었을 때 또 다른 예기치 못한 일이 생겼다.

1966년 늦은 가을, 나는 미시간(Michigan)주의 애드리안(Adrian) 대학으로부터 뜻밖의 편지 한 통을 받았다. 다우슨(John H. Dawson) 총장이 그 다음해 첫 학기로부터 나를 초빙교수로 초청하고 동의하면 교수로 임명하겠다는 공식 편지를 보내왔다. 그때까지만 해도 나는 애드리안 대학(Adrian College)에 대하여 아무것도 알지 못했다. 한 번도 그 대학에 접촉한 적도 없었다. 그런데 어떻게 내가 이런 초대장을 받을 수 있었을까?

나는 예기치 못한 초대장을 받고 완전히 어리둥절했다. 도대체 어떻게 된 일인지 알 수가 없었다. 내가 쓴 비전(vision) 기록서에는 미국에서 교수경험도 하고 싶다고 쓰긴 했다. 나는 전능하신 하나님이 나를 미국으로 이끌어서 '더 많은 실질적인 교수 경험을 쌓으라' 는 것으로 생각할 수밖에 없었다.

시일이 좀 지나서 나는 박사논문 지도교수였던 케이스 웨스턴 리저브 대학교(Case Western Reserve University)의 하비 위쉬(Dr. Harvy Wish) 교수님으로부터 편지 한통을 받았다. 원래 유태인인 위시 교수님은 내가 케이스 웨스턴 리저브 대학원 재학시절 지도교수로서 나를 과분하게 사랑해 주셨기 때문에 내가 귀국하여서도 자주 편지를 드렸고 내 삶의 변화들을 보고 했었다. 내가 교육부에서 중책을 맡은 후에 일들도 보고 하였는데 특히 박 정권과 일본의 정상회담에 반대하는 학생데모에 몹시 시달리고 있다는 소식도 상세히 전한 바 있었다. 내가 서울대학교 캠퍼스에 학생데모를 구경하다가 유기춘 총장이 보고 놀라서 "위험하니 빨리 피하라는 충고"를 들었다는 이야기도 했다. 그런 편지들을 읽고 위시(Wish) 박사께서는 내가 너무 많은 임무에 시달리고 있다고 심히 걱정했다고 편지 서두에 쓰셨다.

바로 그 때 미국감리교 고등교육기관인 미시간주 애드리안 대학(Adrian college)에서 아시아 역사에 대한 강좌를 개설하기 위하여 교수를 찾고 있다는 소식을 위시(Wish) 박사는 듣게 되었다고 했다. 그 당시 베트남전쟁이 진행되고 있었고 아시아에 대하여 좀 더 많은 것을 배우고 싶어 하는 학생들의 요구에도 불구하고 그 분야에 자격이 있는 역사학자가 거의 없었다고 한다. 그래서 위시 박사께서는 역사학 분야에서 서로 가깝게 지내온 애드리안 대학의 다렐 폴라드(Darrell Pollard) 부총장에게 나를 소개했다고 한다. 그들은 30분 동안 전화 협의를 한 후, 부총장이 나의 자격에 대하여 확신을 가지고 역사학과장과 의논했다고 한다. 학과장도 동의하였고, 다우슨(John H. Dawson) 총장 역시 나를 초청하는데 동의하여 내게 아무런 서류조차도 요구하지 않고 초청장을 보내왔다. 지금까지 교수 채용에 선례는 없었다고 한다. 나는 정말로 하나님의 인도하심을 믿게 되었다.

역사학과장인 존 데이비스(Dr. John A. Davis) 박사는 내가 가르쳐야 할 과목에 대하여 편지를 보내왔고, 그의 아내가 그 도시의 부동산중개업자를 알고 있어서 우리가족이 정착하는데 도움을 주겠다고 친절하게 알려주었다.

나는 고민할 수밖에 없었다. 젊은 나이에 정부의 고급공무원 자리를 얻은 것도 너무나 과분한데 이 자리를 뒤로하고 미국의 교수로 가야하나? 친구들이 나를 얼마나 경솔한 인간으로 생각할까? 나는 국장직을 그만두면 경희대학교로 돌아가기로 양해가 되어 있었는데 조영식 총장님은 나를 어떻게 생각할까?

내가 미국의 대학에서 가르칠 기회를 갖게 되면 우리 네 명의 아이들이 영어를 자연스럽게 배울 수 있는 아주 특별한 기회라는 점에서 애드리안대학의 초청을 수락할 것을 강력히 아내는 주장했다. 그 초청은 우리 아이들을 위한 하나님의 큰 축복이라고 기뻐하며 결국 아이들의 장래를 생각하여 미국행을 결심했다.

하지만 예기치 못한 사건은 거기서 멈추지 않았다. 내가 갑자기 권오병 장관에게 사표를 제출하자 그는 매우 화를 내면서 말했다:

"교육부에서 당신의 위치가 얼마나 중요한지를 모르나? 특히 이 나라의 고등교육 비전(vision)을 달성하여서 인간의 삶의 질을 높여야만 하는 상황에서… 나는 애드리안대학에 전화해서 당신을 초청한 것을 취소하라 하겠네."

권 장관님은 나를 교육부 차관으로 추천할 생각도 가지고 있었다는 말씀도 조용히 했다. 실은 그 당시 교육부 차관은 여당에서 추천되어 온 분으로 "정치꾼"들을 별로 좋아 하지 않았던 권 장관님은 한 때 그런 생각을 했을 수도 있었다.

그러나 사임에 관한 내 결심이 단호한 것을 보고 1967년 초 권 장관님은 박 대통령을 뵈러 청와대에 가서 말씀드렸다. 놀랍게도 대통령께서는 나를 부대사관급인 미국대사관 소속 교육관으로 임명하기로 결정했다. 뿐만 아니라 미국에 가서 처음 한 학기 동안은 3일은 강의하고 2일은 워싱턴 대사관에서 근무할 수 있도록 배려되었다. 그해 봄 학기가 끝난 후 전적으로 대사관에서 일을 해야 한다는 결정이 내게 전해졌다. 그때부터 지금까지 이러한 예외적이고 변칙적이며 특별한 임명을 들어본 적이 없다. 나는 나의 미래에 대하여 혼란스러웠다.

바로 이러한 특별하고 전례 없는 임명은 나와 가깝게 지냈던 옥스퍼드대학 출신인 이동원 외무부장관으로부터 확인되었다. 미국 교육감 자리가 한국계 미국인으로 채워지는 시점에서 주미 워싱턴 한국대사관에서 누군가가 그들의 자녀들을 돌보아야 한다고 생각한 것이다. 이 장관은 워싱턴에 있는 김은철 대사에게 이 특별한 인사를 이해해 달라고 지시했다고 내게 말해 주었다. 나중에 나는 김 대사가 '유망한 지도자' 라는 것을 알았다. 그는 1933년에 미국에서 박사학위를 받고 중국임시정부에서 봉사했다. 세계 2차 대전이 끝나 후 고국으로 돌아와 1950년대에 정부의 재무장관을 지냈고 1960년에 경제기획원장관을 거쳐 1964년에 주미한국대사로 워싱턴에 갔다.

나와 아내는 3년 동안 미국에서 교수를 하고 고국으로 다시 돌아올 것을 다짐했다. 특히 나의 사명은 하나님의 나라를 확장하기 위하여 한국에서 아이들을 가르쳐 미래의 지도자들을 양성하는데 있었기 때문이다.

IV. 미국에서 교수생활

1967년 1월 내 가족은 미국으로 가게 되었다. 1955년 여의도 임시비행장에서 미국으로 향하는 비행기에 탑승할 때와 비교해서 얼마나 많은 변화인가! 그 당시엔 내 호주머니에 155불밖에 없는 가난한 청년이었다. 그때와 비교하면 지금은 김포국제공항에서 나와 가족의 출국은 거창했다. 우리가 떠나는 것을 보기위해 배웅하는 사람들이 많이 나왔다. 그 가운데는 AID의 리들 박사도 있었다.

처음으로 비행기에 탑승한 아이들은 아주 흥분했다. 비행기가 이륙하여 구름 사이로 힘차게 솟아오르자 아이들은 창가로 가서 시야로부터 점점 멀어지는 서울을 내려다보고 있었다. 그들은 또한 기내에서 제공하는 점심을 즐겁게 먹었다. 나는 그들을 보면서 매우 행복해 했다. 내 오른쪽에 앉은 아내도 매우 행복해 보였다. 그 당시 미국을 향하는 비행기들은 알라스카 앵커리지에서 기름을 급유하기 위하여 일시 착륙했다. 비행기가 알라스카 상공을 날고 있을 때 나는 기내방송을 듣고 매우 놀랐다.:

"승객여러분! 우리는 앵커리지에서 급유를 할 예정이며 우리는 여기서 1시간동안 머무를 겁니다. 탑승하신 승객 가운데는 한국의 고위 외교관리직으로 워싱턴으로 가시는 이원설 박사님이 가족과 함께 탑승하여 계십니다. 다른 승객분들은 이 박사님의 가족 일행이 내린 후 차례로 내리시기 바랍니다."

전혀 예상치 못한 특별대우를 받게 되어 나는 좀 당황했다. 내 가족이 일어서자 출입문 쪽으로 이어지는 복도는 완전히 열려있었다. 승객들이 앉아서 주시하는 눈초리 속에 내 가족은 입구를 향하여 가급적 빨리 걸어갔다. 그 때까지 몰랐던 일이지만 아마도 고급 공무원들이 출입국할 때는 그런 예우가 통상적으로 있어 온 것으로 인식되었다.

미시간주의 애드리안 시는 워싱턴행 비행기가 경유하는 오하이오주 톨레도(Toledo)시와 매우 가까운 곳이었다. 우리 가족이 톨레도 비행장에 내려서 짐을 찾자 대학의 직원이 친절하게도 우리 가족을 마중하려고 공항에 작은 트럭을 가지고 나와 있었다. 애드리안 시에 도착하자 그 직원은 역사학과장의 부인이 도시 외곽에 있는 농장 주택을 임대하여 주었다고 말하면서 우리를 안내해 주었다. 그 농장주택은 큰 정원이 있고 방도 여러 개가 있어 우리가족이 짐을 풀고 정착하는데 아무런 어려움이 없었다.

다음날 대학 캠퍼스로 가서 내가 제일 먼저 인사를 한 곳은 부총장실이었다. 다렐 폴라드(Darrel Pollard) 부총장께서는 나를 반가이 맞아 주셨다.

지금같이 교수 채용을 한 일은 없었다고 미소를 지으며 말했다. 학부와 대학원에서 내 성적표와 신뢰할만한 교수님들의 추천서도 없이 초빙 결정을 했다는 것은 대단히 이례적이라고 말했다. 그러나 나를 전화로 추천하신 위시박사는 미국역사학회에서는 가장 존경받는 학자이고 그의 높은 인품은 미국 사학계에서 학자들의 선망의 대상이라고 말했다. 그러니 위시 박사의 후배로서 그는 나에 관한 그 어른의 말씀을 전적으로 신뢰하고 사학과 교수들을 설득했다고 했다. 미국 대학교육의 가장 큰 약점은 서양문명에만 중점을 두고 공부한 결과, 동양을 너무 모르는데 있다는 견해였다. 일본이 이미 전후 복구를 하여 세계 최대 경제 대국중의 하나가 되었고 중국도 힘차게 성장하고 있는데 미국학생들은 미군이 월남전에서 싸우고 있는데도 불구하고 동양연구에 관심이 없다는 것이 문제라는 것이었다.

부총장님께 감사하고 나는 존 도우슨(John Dawson) 총장님께 인사드리려고 총장실로 찾아 갔다. 노년기에 들어선 도우슨 총장님도 온화한 웃음으로 나를 환영해 주셨다. 그도 미국 대학교육에 관하여 폴라드 부총장과 같은 말을 했다. 모쪼록 내 강의는 사학과 학생들 뿐 아니라 많은 학생들이 수강하게 될 것이라는 격려의 말씀이었다.

역사학과 과장 존 데이비스(John Davis) 박사는 친절하게 대학본관 안에 내 연구실을 마련해주었다. 중국역사 개관, 현대의 일본, 동남아시아, 그리고 르네상스 이후의 영국의 역사 과목 등을 배정받았다. 내 전공분야가 '미국의 해외정책'이기 때문에 영국의 역사를 가르치는 데에는 문제가 없었다. 또한 나는 일본어에 능통하기 때문에 당시의 일본에 대하여 가르치는 데에도 문제가 없었다. 하지만 동남아시아 역사와 중국역사를 가르치는 데에는 많은 준비를 해야만 했다.

애드리안 대학은 비교적 길고 찬란한 역사를 가졌다. 1859년에 미국감리교회에 의하여 설립되어서 기숙사, 천문관측소, 체육관, 컴퓨터실을 포함한 21개의 건물이 있는 웅장한 교정을 가지고 있는 대학이었다. 등록한 학생 수는 약 2000명 정도이고 40개 이상의 전문적인 프로그램을 갖고 있었다. 그리고 음악공연그룹, 교내 체육대회 등을 포함하여 60개 이상의 클럽과 조직들, 그리고 과외활동들도 있었다. 놀랍게도 흑인인 제임스 코흔(James Kohn) 종교학 조교수와 중국인으로서 생물학과에 우칭쿠 조교수를 빼고는 모든 교수들과 학생들이 백인들이었다.

역사학과의 교수진들은 Dr. John A. Davis, Dr. Donald Cone, Dr. Kenneth R. Davis, Dr. Paul deLespinasse, Dr. Douglas MacNaughton, and Dr. Willard I. Toussaint으로 구성되어 있었다. 내가 사학과에 합류하자 전체인원이 7명이 되었다. 역사학과 교수들이 모두 기독교인이었고 따뜻한 분위기여서 적응하는 데는 어려움이 없었다.

나는 또 반가운 소식을 듣게 되었다. 오하이오 노던 대학교(Ohio Northern University)에서 내가 공부할 수 있도록 후원해 주신 태거트(Wilfred P. Taggart) 부인이 우리 가족을 보러 오겠다는 소식이 왔다. 1955년에 그 부인이 재정보증서에 서명을 하지 않았더라면 나는 미국에서 학위를 할 수가 없었을 것이다. 사실 그녀는 나의 미국 어머니였다.

어느 날 오후 그분이 택시를 타고 우리가 살고 있는 농장주택으로 왔다. 그녀는 나의 손을 잡고서 눈물을 흘렸다. 그 당시에 그녀는 70살 가까운 나이였다. 내 아이들을 붙잡고 매우 기뻐했다. 자식이 없고 남편과 사별하여 혼자 살면서 재정보증이 없어 입학허가를 받고도 주한 미대사관에서 비자를 못 받는 학생들이 있다는 오하이오 노던대학교의 보도를 신문에서 보고 그 학생들 중 약력에 기독교인이라고 쓴 나를 선택하여 재정보증을 해 주었다. 그렇게 어려웠던 한국학생이 박사학위를 받고 이제는 미국대학에 교수로 왔다니 기쁘고 자랑스러웠음에 틀림없었다. 그러나 나의 미국 어머니는 그 후 몇 달이 지나서 세상을 떠났다. 나와 아내는 빈소로 달려가서

아드리안 대학교 교수 시절 역사학 강의

애도의 눈물을 쏟았다. 오늘날까지 그녀의 사랑에 대한 기억은 나의 삶의 원천이다.

1967년 2월 봄 학기부터 강의를 시작했다. 그래서 내가 가르치는 과목들은 대부분 새로운 과목이기 때문에 많은 학생들이 강의실로 모여들었다. 그들 중 많은 학생들이 역사를 전공하지 않았지만 베트남 전쟁에 대한 뉴스가 항상 방송중이어서 점점 더 많은 학생들이 나의 과목을 수강하고 싶어 했다. 얼마 지나지 않아 몇 몇 시민들도 나의 강의를 듣고 싶어 하여 저녁 강의를 개설했다. 저녁 강의를 하는 동안 나는 이 마을의 유력한 사람들과 친구가 되었다.

나는 그와 동시에 한국대사관 교육관의 일도 해야만 하기 때문에 역사학과장 존 데이비드(John Davis) 박사에게 그 일을 털어놓고 상의를 했다.

그래서 월요일부터 수요일까지 3일 동안은 대학에서 강의를 하고 목요일 아침에 일찍 비행기로 워싱턴으로 가서 2일 동안 대사관 근무를 했다. 데이비스 학과장은 나를 이해해 주고 이중으로 일을 할 수 있게 비밀을 지켜 주었다. 워싱턴에서 김 대사님도 목요일과 금요일에 일하도록 허락해 주었다. 그래서 토요일에 다시 애드리안으로 돌아 갈 수 있었다. 주미대사관의 초대 장학관으로 취임하고 보니 할 일이 너무나 과중했다. 한국 이민자들이 미국으로 막 쏟아져 들어오기 시작했기 때문이다.

1924년 개정된 미국 이민법은 그 당시 각 나라의 이민자들이 몇 명인가를 조사하고 그 수에 따라 매년 이민자 수를 할당했다. 그때까지 한국 이민자수는 극소수여서 한국인에 대한 이민 지분(持分)은 전혀 없었다. 1945년 남한은 미국군사정부 아래 있고 또 6.25 전쟁이 일어나자 많은 미군병사들이 우리 국군을 도와 공산군과 싸우면서 미군과 결혼한 한국여성들이 많아졌다. 그 여성들은 결혼하고 남편을 따라 미국으로 이민하는 일이 자주 있었다.

그러나 1965년 미국의회를 통과한 새로운 이민과 귀화법령은 1924년 미국이민법에 있었던 국적할당 이민제도를 폐지하여 1966년 한국계 미국인의 수가 빠른속도로 증가하게 되었다. 하지만 내가 미국 대사관에 초대 장학관으로 취임한 1967년부터는 한국 사람들이 이 제도의 취지에 따라 미국으로 많이 들어오게 되었다. 자신들과 2세들이 미국에서 좋은 교육을 받는 것이 주된 이유였다. 장학관으로서 나의 일은 매일매일 중요한 사항들을 모으고 대처하는 것이었다. 나는 미국정부의 교육부를 방문하여 미국대학에서 한국학생들의 입학이 용이하도록 논의했다. 그리고 한국계 미국인 지도자들을 만나 한국으로부터 더 많은 학생들이 올 수 있는 길을 열어주도록 그들에게 부탁을 했다. 자주 미국의 큰 한인교회의 목사들을 방문하여 한국계 미국인 2세들의 2개 언어습득의 중요성을 계몽했다.

그리고 내 가족이 새로운 환경에 빨리 적응하도록 하는 가장 좋은 방법은 아이들을 학교에 보내는 것이었다. 나이 때문에 큰 애들 3명 – 영란 13세, 미란 11세, 기한 8세 – 은 시내에 있는 초등학교에 입학했다. 6살의 경한이는 유치원에 들어갔다. 애드리안시에는 실제로 한국계 미국인 가정이 없었기 때문에 우리 애들은 집밖에서는 한국말을 할 기회가 전혀 없었다. 그래서 그들의 영어실력은 매우 빠르게 발전했다. 이듬해 봄이 되자 미란은 집근처 교회의 초청을 받아 영어로 한국과 한국문화를 소개하는 시간을 맡기도 하였다. 기한은 마당의 개집 위에 올라가서 미국 애들에게 연설조로 한국을 소개하기도하고, 영란과 경한이는 영어로 재미있는 경험들에 대하여 쓰기 시작했다.

집에서 아내와 나는 한국어와 한국문화를 사용하도록 하는 엄격하게 규칙을 정했다. 시간이 지남에 따라 아이들은 한국어를 유지면서도 영어실력이 늘어서 두 언어 사용을 잘하게 되었다.

아내는 아이들의 용돈 문제를 다루는데 있어서는 매우 엄격한 교사이었다. 그녀는 항상 과일 쥬스를 혼합한 물을 준비했다. 결코 아이들에게 콜라를 사 준적이 없었다. 어느 날은 기한이는 "나의 장래 희망은 콜라를 사기 위하여 돈을 버는 것이라고 쓴 것"을 그의 일기장에서 발견하고 아내와 한참 웃었다. 영란은 엄마에게 이렇게 말했다. "어머니 왜 저의 점심을 매일 준비하세요. 저에게 일주일에 2달러만 주세요. 제가 학교식당에서 먹고 싶은 것을 사먹을 수 있도록요."

우리가족이 애드리안에서 살던 기간은 하나님께서 축복하시는 시간이었다. 나는 아이들과 함께 많은 시간을 보낼 수 있었다. 주말마다 나는 가족들을 데리고 미시간주의 여러 호수로 소풍을 가서 피크닉을 즐기고 수영을 했다. 나는 네 아이들 모두를 한명씩 직접 붙들고 수영을 가르치는 열성을 보였고 덕분에 아이들은 기본기를 잘 갖춘 수영실력을 갖게 되었다. 아내와 나는 아이들을 잘 알게 되었다.

아내는 집에서 혼자 머무르기보다는 양복점에서 재봉사로 일을 했다. 그녀는 바느질에 특별한 재능을 가졌다. 가게 주인은 아내가 작업한 모든 제품을 고객들이 매우 만족스럽게 여긴다고 아내를 매우 칭찬했다. 주일이면 모두들 지역교회에서 예배를 드렸고 아이들은 주일학교에서 미국인 동료들과 함께 어울렸다. 나는 자주 그 교회교인들에게 복음이 한국에 어떻게 전파되고, 한국이 어떻게 변해 왔는지를 역설했다. 또 개인적인 신앙 간증도 했다. 그들은 한국교회가 미국 선교사들에 의해서 시작되었다는 것을 알고 기뻐했다.

1967년 봄 애드리안 대학에서 첫 학기를 마칠 무렵 고국으로부터 좋은 소식이 전해졌다. 교육부의 권오병 장관이 내각의 법무부 장관으로 자리를 옮겼다는 소식이었다. 새로 부임하는 교육부장관은 미국에서 나의 두 가지 임무를 이해하지 못할 것이므로 나는 워싱턴의 한국대사관 교육감 자리의 사표를 교육부와 외교부에 제출하기로 마음먹었다. 사표를 보낸 3주 후 사표가 받아들여졌다는 소식을 접했다.

내가 이 소식을 애드리안 대학의 사학과 주임교수 존 데이비스 박사에게 전하자 그 역시 매우 즐거워했다. 며칠 후 데이비스 부인은 아내에게 영구히 정착할 집을 장만할 것을 제안했다. 아내는 짧은 기간이라도 집을 소유하기를 원했다. 우리가 한국에서 가지고 온 돈과 아내가 부업으로 번 돈을으로 우리는 약 40,000불짜리 작은 집을 살 수 있었다. 방이 3개 부엌 하나, 화장실 하나가 있는 집이었다. 아이들은 매우 행복해 보였다.

나는 가끔 시민들의 집회에 연사로 초빙 되어 아시아와 한국의 현 상황에 대하여 강연을 했다. 그리고 미시간주의 다른 고등교육 기관들도 나를 초대하여 학생들에게 특별강의를 부탁했다. 특히 앤아버의 미시간대학의 기독학생회와 스프링 아버대학(Spring Arbor College)의 애드 콜레슨 총장은 전교생에게 강의를 해달라고 나를 특별히 초대했다.

　1967년 봄 학기가 끝나자 과거 미국 군수송선을 타고 한국으로 우리가 돌아갈 수 있도록 도움을 준 뉴욕의 한국인의 기관(The Korean Agency) 책임자로부터 편지 한 통을 받았다. 1961년 한국에 돌아간 이후로 나의 활동에 대하여 그에게 계속하여 소식을 전했었다. 나는 매달 대학신문에 쓴 나의 영문기사들을 그에게 편지로 보내곤 했다. 그는 뉴욕에 있는 롱 아일랜드(Long Island) 대학원의 여름학교에서 몇 강좌를 가르칠 것을 요청했다. 그해 여름방학 1달 동안은 뉴욕에 머물면서 여름학교 강의를 했다.

　롱아일랜드 대학원에서 강의를 받은 대다수의 학생들이 유대인이었다. 그들과 친밀하게 지내면서 나는 뉴욕(New York)에서 유대인들의 힘이 의외로 막강하다는 것을 알았다. 나는 한국이 일제식민지 기간 동안 지독한 고봉을 겪었기 때문에 고난의 민족 유태인들을 좋아하게 되었다. 그 여름학교에서 "동남아시아의 역사와 아시아의 정치적 문제"라는 제목의 두 과목을 가르쳤다. 그 대학원에서는 내가 그곳에 머무르는 동안 대학교의 교수 아파트를 제공하여주었다.

　나는 롱아일랜드 대학원에서 여름학교 강의를 하는 동안 뉴욕에 있는 유명한 유대인 지도자들과 사귀었다. 경희대학교의 조영식 총장님은 미국에 있는 그의 몇몇 친구들이 경희대 미국 후원회를 조직하였고 후원회회장이 유명한 사업가인 마틴 웨이너(Martin Weiner)라는 소식을 편지로 전해왔다. 조 총장님의 권유로 나는 엠파이어 스테이트빌딩에 찾아 갔는데 그 빌딩의 대표회장은 놀랍게도 마틴 웨인어씨였고 그는 50세 정도의 활력이 넘치는 사람이었다.

　며칠 후 웨인어 회장은 나를 롱비치에 있는 그의 빌라에 초대했다. 내가 수영을 즐기고 있을 때 그는 보트를 타고서 나를 따라왔다. 한번은 그가 수상스키 타는 법을 내게 가르쳐주었다. 나는 그가 유대인이라는 것을 알았는데 그는 유태교 신앙을 저버린 사람이었다. 그는 하나님을 믿지 않았다. 그러나 그의 빌라 입구에는 십일조 상자가 있었다. 매일 저녁 그가 들어갈 때마다 그는 그가 얼마나 벌었는가를 계산하여 그 수입의 십분의 일을 그 상자에 넣었다. 그는 매달 말일에 저축한 상자를 꺼내 거리에서 가난한사람 들에게 그것을 나누어 주었다. "회장님은 하나님을 믿지 않는다고 하셨지요." "그렇다면 왜 십일조를 합니까?"라고 물었다.

"이 박사! 당신은 십일조가 이스라엘사람들의 훌륭한 전통이라는 것을 이해해야 합니다. 우리는 서로 재산을 나눕니다. 어린 시절부터 우리는 습관적으로 십일조를 하는 것을 배웠습니다. 과거 2000년 동안 우리민족은 세계의 각지로 흩어져 살았습니다. 하지만 유대인 거지가 있다는 말을 들어본 적이 있습니까?

나는 와인어 회장의 십일조의 중요성을 들은 이후로 나의 서재에 십일조 상자를 만들어 놓았다. 물론 아내는 내 봉급에서 십일조를 교회에 바치지만 나는 매달 내가 수시로 십일조함에 모으는 십일조는로 여러 사역에서 하나님께 감사드린다. 나는 우리 민족들도 매일 삶에서 십일조를 실행하는 것을 배우기를 바란다. 다음해 여름에도 롱아일랜드 대학에서 강의를 함으로써 참으로 유익한 교수생활을 미국에서 했다. 그리고 1969년의 초여름에 나는 경희대학교 조영식 총장님으로부터 한국으로 돌아와서 경희대의 정경대(政經大) 학장으로 일해 달라는 서한을 받았다. 아이들이 학교에서 잘 지내고 있고 아내는 나름대로 미국생활에 적응되어 그녀의 삶을 즐기고 있었기에 혼란스러웠다.

마음을 진정시키고 내가 세웠던 비전(vision)을 상기했다. 나는 그것이 하나님의 부름이라는 것을 깨닫게 되었고, 그 비전(vision)에서 나는 50대에 대학 학장이 되는 것이었다. 그러나 하나님께서 내가 만 39세에 내가 갈 길을 열어주셨다. 기도로 나의 마음을 정한 후 애드리안대학에 사표를 제출했다. 역사학부의 모든 동료들은 내가 경희대의 초청을 거절할 것을 설득했다.

그 당시에 존 다우슨 총장은 매우 친절하고 품위가 있는 분이었다. 그와 그의 부인은 나와 아내를 그들의 관사에 저녁 초대를 했다. 총장은 나의 남은 생애를 애드리안 대학에서 있어주기를 솔직하게 요청했다. 그는 대학이 이민국에 요청하여 내 가족에게 영주권을 주도록 하겠다고 말했다. 나는 총장의 배려에 매우 감사했다. 하지만 그의 제안을 거절했다. 이야기를 들은 역사학과 동료들도 하나 같이 손을 잡고 그들과 같이 대학에 있어 주기를 간청했다. 비록 내가 고국으로 돌아가는 근본적인 이유를 그들에게 설명하지는 않았지만 나는 이것이 하나님의 나라를 넓히기 위하여 나의 민족에게 봉사하라는 하나님의 부르심이라고 확신했다.

아이들은 그들이 좋아하게 된 애드리안을 떠나는 것이 슬픈 것처럼 보였다. 하지만 그 당시에 아이들은 하나님의 계시인 "예수-한국 비전"(The Jesus-Korea Vision)을 잘 이해하고 있었다. 어떤 반대도 없이 아이들은 고국으로 돌아갈 준비를 했다. 고국행이 확정되자 애드리안 대학의 역사교수들은 "원설! 애드리안 대학을 잊지 말기를"이라고 씌어진 기념품을 주었다. 또 그분들은 짤막한 편지들을 써서 주었다.

존 다우슨(John Dawson) 총장은 "이 박사께서 우리에게 베풀어준 지성, 열성 그리고 크나큰 정성은 우리 마음속에 항상 살아 있을 소중한 보화입니다."

존 데이비스(Dr. John A. Davis) 역사학과장의 편지에는 "루야드 키플링(Rudyard Kipling)은 동양은 동양이고 서양은 서양이며 둘은 서로 만날 수가 없을 것이다"라고 말했지만 이 박사는 동양과 서양이 서로 만나게 해준 최고의 대사였습니다."

윌라드 토우세인트(Willard Toussaint)교수의 편지에서는 "우리는 당신과 깊은 우정을 나누었습니다. 이제 우리가 수천마일을 떨어져 있어야하나 우리는 당신과 당신의 가족들을 언제나 기억할 것입니다."

도날드 콘(Donald Cone) 교수는 "당신을 친구로 동료로 그리고 이웃으로 알게 되어 정말로 즐거운 시간이었습니다. 애드리안에 있는 우리는 당신과의 우정을 잊지 못할 것입니다."

찰스 킨퀘트(Charles Kinquet)교수는 "당신을 알게 되어 정말로 기뻤습니다. 당신의 우정과 교수로서 모범은 대단히 훌륭했습니다."

도글라스 맥나우톤(Douglas MacNaughton) 교수는 "당신을 알게 되어 우리는 행복하였습니다. 우리는 당신이 우리대학 학생들과 애드리안 시민들이 세계를 볼 수 있는 지성의 눈을 뜨게 해 주었습니다. 언젠가는 다시 보기를 바랍니다. 행운이 있기를 빕니다."라고 썼다.

학생들과 그곳의 지인들도 그들의 우정을 편지로 전해왔다. 내 가족은 69년 여름 그곳을 떠나 왔지만 30년 후인 1999년 애드리안 대학은 나를 다시 불러 명예법학박사 학위를 주었다. 그때 가보니 대부분의 동료들은 만날 수 없었으며 그때 당시의 내 제자들이 교수로서 또는 대학의 이사로서 나를 반겨 주었다.

제4장
대학학장으로서

1. 비전(vision)- 중점교육

귀국 후 내가 참으로 감사하게 받은 선물은 쌀 한가마니와 김치 한 박스였다. 이 귀한 선물은 내가 교육부에서 모셨던 권오병 장관님 댁으로 부터였다. 나는 그 어른의 뜻을 어기고 도미했었지만 나를 잊지 않으시고 귀국 후 우리 집에서 가장 필요한 선물을 보내주셨다. 아내와 나는 우리의 삶을 한발 한발 인도하여주시고 있는 하나님께 감사했다. 우리 아이들은 약 3년 동안 미국에서 학교를 다닌 덕택으로 영어에 능숙했다. 대학에서 나의 위치가 경희대학교 정경대학장으로 완전히 확보된 상태로 한국으로 돌아오게 되어 매우 행복했다.

내가 미국에서 귀국하고 얼마 후 어머님은 시골에서 병환으로 누우셨다. 내가 급히 차로 모시고 올라와서 서울대학병원에 입원 시켜드렸다. 하지만 어머님의 병환은 간과 폐가 같이 상한 중환자여서 회복하기 어렵다는 진단이었다. 어머니 침대 옆에서 나는 하나님께 며칠동안 간절히 기도했다. 그러나 병원 주치의의 판단으로는 지방으로 내려가셔서 쉬시는 것이 어머님 병환에 좋을 것이라고 했다. 나는 어머님을 모시고 전라북도 삼례읍 근처에 아버님이 목회하시는 시골 교회로 내려갔다. 어머님은 고통 속에서도 나를 격려하시는 말씀을 종종 하셨다.

"원설아! 나는 네가 어릴 때를 생각을 하면 집이 가난하여 세금을 못 내고 너를 중학교에도 못 보낸 일이 지금도 가슴 아프다. 해방 후 네가 만 16세의 어린 소년으로 혼자서 38선을 넘어 서울로 가겠다고 떠날 때 너를 옹진 근방 38선까지 데려다 주고서는 울면서 집으로 돌아 왔다. 네 아버님도 너를 위해 할 수 있는 일은 하나님께 간구하는 기도뿐이었다. 그러나 오늘의 네 모습은? 네 부모가 주야로 간구한 기도의 응답이라는 것을 잊지 말아라. 앞으로 일생을 하나님의 뜻만 따라 열심히 일하여라. 이것이 네 어미가 네게 바라는 마지막 소원이다."

그로부터 약 1개월 후에 어머니는 하나님의 부르심을 받고 하늘나라로 가셨다. 1903년 태어나 온갖 고생 다 겪으시며 67년동안 머무시다가 떠나 가셨다. 나와 아내는 시골 교회에서 장례를 치룬 후 파주군 금촌 근방의 감리교 공동묘지에 모셨다. 어머님은 30대 초 아버지와 더불어 주님을 영접한 후, 항상 쾌활하고 기쁨이 있는 삶을 사셨다.

그 후 나는 경희대학교 정경대학장으로서 나의 책임을 다하기 위하여 노력했다. 내가 1958년 27세의 나이에 나의 인생 목표를 썼을 때 나는 대학에서 학장의 역할이 무엇인지 아는 것이 없었다. 교육자로서 하나님이 주신 임무를 좀 더 효과적으로 수행하여 유능한 인재들을 많이 양성하기 위해서는 영향력 있는 보직이 필요하다고 생각해서 나의 목표에서 50세에 대학학장이 되는 희망을 썼다. 그러나 하나님은 내가 만 39세 때에 정경대학장으로 임명되는 길을 열어 주셨다. 10년을 줄여주신 것이다.

이러한 임명은 두 가지 면에서 아주 특별한 경우이다. 첫 째는 나의 최종학위가 역사분야이고 1960년 초 수년간 경희대에서 역사학 교수로 근무한 경력이 있었다. 둘째는 정경대의 교수 대부분이 나보다 연장자였다. 그런데 왜 나에게 이런 특별한 지위가 맡겨진 것일까? 아마도 그때에 정경대 학장 자리가 비어 있었고 또 나는 미국대학 학부에서 정치학사와 대학원에서 국제정치학석사를 취득한 후 역사학으로 전공을 바꾼 경력을 조 총장님께서는 임명의 구실로 삼았던 것으로 안다. 정경대 교수들은 참으로 점잖은 신사들이었다. 내가 처음 교수회의를 소집하고 인사 드렸을 때 모두 일어서서 박수로써 나를 환영해 주었다.

내가 '예수-한국 비전'(The Jesus-Korea Vision)을 위하여 일하는 결심을 재삼 다짐하면서 하나님께 감사 기도를 하였을 때 머리 속에서 기억나는 성경구절은 로마서 13:11절 말씀, "또한 너희가 이시기를 알거니와 자다가 깰 때가 벌써 되었으니"였다. 내가 그 때 이 성경구절을 놓고 생각한 것은 토론토 대학교의 마셀 랙루한(Marchall LacLuhan)교수가 1960년대 초에 주장한 것과 같이 세계가 "지구촌화(地球村化)"하는데 한국의 학생들의 시야도 세계를 바라보며 미래를 준비해야 한다는 깨달음이 있었다.

나는 학장으로서 학생들이 이 나라와 세계의 상황을 이해하는 범위를 넓히기 위하여 정경대 화요 특별강연을 준비했다. 매주 화요일 오전 11시부터 13시30분까지 우리나라의 저명한 지성들을 초빙하여 정경대 전 학생들에게 정치, 경제, 사회 등의 긴박한 문제들을 놓고 특강을 듣도록 했다. 정경대 학생들은 특별강의에 참석하는 것이 필수였다. 가끔 강의의 내용을 학기 숙제로서 리포트를 작성하라고 했다. 시간이 지나면서 다른 전공의 학생들도 이 특별 강의에 참석했다.

또 나는 역사학이 전공이었지만 당시 세계를 풍미하던 미래학(Futurology)의 과목을 신설하고 내가 직접 강의했다. 역사가로서 나는 과거에 대한 학문을 가르쳤지만 점점 더 역사의 변화속도가 빨라짐으로써 우리의 미래의 창고에 무엇이 있을 것인지에 관심을 갖게 되었다. 나는 수업 중에 미래는 어느 누구도 보장해 주지 않는다는 점을 강조했다. 나는 1971년 「혁명시대의 미래관(未來觀)」을 저술하여 출판했다. 이 책에서 나는 많은 세계적 미래학자들 - 다니엘 벨(Daniel Bell), 피터 드러커(Peter Drucker), 에이리 프롬(Erich Fromm), 허먼 칸(Herman Kahn) 등 - 의 견해를 학생들에게 소개하고 토의했다. 또한 각자는 세계와 우리나라의 미래뿐만 아니라 자신의 미래에 대한 분명한 비전(vision)을 가져야 한다고 강조했다.

사람들은 자주 마음속에서 일어나는 꿈에 대하여 이야기하지만 그것은 백일몽(白日夢)이 되기 쉽다. 일부 사람들은 희망에 대하여 이야기하는 것을 더 좋아한다. 희망이라는 것은 일어났으면 하는 어떤 것에 대한 바램이다. 꿈과 희망에 비해 비전(vision)은 사람의 "마음의 눈"을 가지고 미래를 보는 능력이다. 이것은 하나님의 형상으로 특별히 창조된 인간에게만 미래를 보는 통찰력을 부여받았다는 의미이다. 나는 학생들이 자신의 미래에 대한 분명한 비전(vision)을 가졌을 때만 뜨거운 불꽃을 가지고 앞으로 나아갈 수 있다고 역설했다. 비전을 가진 사람은 정신과 육체적으로 왕성한 활동력을 갖게 될 것이다.

나는 항상 학생들에게 강조했다. 삶에서 비전이 없다면 그 삶은 목적지를 정하지 않은 여행과 같을 것이다. 그러므로 인간의 잠재력을 발휘하게 하는 요소는 비전(vision)이다. 비전의 불이 불꽃을 일으킬 때 인간의 모든 잠재력이 폭발하기 시작한다. 비전은 사람들의 마음속에서 인생을 이끌고 갈 것이다. 그러나 비전(vision)은 이기주의, 자기중심주의가 되어서는 안 된다. 만약 한 젊은이가 민족의 발전을 위해 일하겠다는 웅대한 비전(vision)을 지니고 노력한다면 그의 성공은 이 나라의 많은 사람들에게 혜택을 줄 것이다. 그런 강의를 하면서 나는 학생들이 앨버트 슈바이쩌, 마더

테레사(Albert Schweitzer, Mother Teresa)와 같은 성자들의 생애도 폭넓게 읽고 서평을 쓰도록 했다. 하지만 내가 모든 강의에서 진정으로 기초한 것은 성경이었다.

이 기간 동안 나의 비전(vision)과 글들 속에서 비전(vision)의 중요성에 대하여 매우 강조를 하였던 축복할 일들 가운데 대표적 사례는 제자인 경제학과의 강헌구 학생의 성장이었다. 그는 빈곤한 가정에서 자라면서 그의 꿈을 실현시키기 위해 노력할 때 좌절의 경험도 적지 않았다. 그는 삶의 고난에 대처하기 위하여 춘천의 고향 동료들을 중심으로 학생단체를 조직하고 서울에서 저명한 교수들을 초대하여 젊은이들이 고난 속에서도 좌절 않고 일어서는 강의를 들었다. 이들로 부터 초빙 받은 교수들은 대체로 사례금을 받지 않았다.

한번은 내가 그들에게 초청되어 성경구절이 말씀하는 분명한 목표(Vision)를 갖는 것의 중요성에 대해 학생들에게 강의를 했다.

"계시가 없으면 백성은 방자해지나, 율법을 지키는 사람은 복을 받는다."(잠언 29:18)

"인생의 목표를 써라. 반드시 이루어질 것이다."(하박국 2:2-3)

강의 내용은 내 자신의 경험을 이야기하는 것이었다. 나는 어려서 일제 하에 가난한 집에서 성장하여 중학교 진학도 못했다. 8.15 해방이 되었지만 가난을 못 벗어나고 서울의 어느 부잣집에 하우스 보이가 되어 야간 학교를 다녔다. 그러나 6.25 전쟁이 발발하자 공산당원들에게 잡혀서 이북에서 남하한 반공주의자라는 구실로서 사형장으로 끌려가면서 총을 맞았다. 부상을 입고 사경을 헤매는 중 마음의 문을 열고 주님을 나의 구주로 영접했다. 교회에서 성경을 읽으면서 위의 두 구절을 상고하면서 '예수-한국 비전'(The Jesus-Korea Vision)를 가지게 되었다. 자신의 "마음의 눈"으로 보는 미래상을 한 장의 종이에 썼다. '하나님은 한 걸음 한 걸음 나를 인도하여 주셨다' 라는 간증을 했다.

강헌구 학생은 비전(vision)의 중요성을 인식하고 자기의 목표(Vision)를 확립하여 그것을 이루기 위하여 열심히 공부하여 박사학위를 받고 교수가 되었다. 그는 1990년대에 수원에 뜻을 같이하는 교수들과 목표(Vision) 스쿨을 세워 학생들의 마음에 '목표(Vision)를 심는 사역'을 시작하고 목표(Vision)에 관한 여러 권의 저서를 출간했다. 특기할만한 일은 강 박사는 2000년「아들아, 머뭇거리기에는 인생이 너무 짧다」를 시작으로 연속하여 4권의 책을 출간하였는데 100만권 이상이 팔리는 베스트셀러가 되었다. 강 박사가 운영하는 목표(Vision)스쿨은 여러 교회, 고등학교와 대학들로 파급되었을 뿐 아니라 중국과 터키 등 여러 나라로 퍼져나가고 있다.

내가 자랑할 만한 제자들 중 또 한 사람은 최근까지 대전특별시 시장이었던 염홍철 시장이다. 그는 재학시절 정치학공부를 열심히 했고, 지적 시야를 범 세계로 넓혀 행정관으로 일할 목표(Vision)를 확고히 가지고 있었으며, 역사학에도 큰 관심을 가지고 연구하는 모습이었다. 그가 1972년 경희대를 졸업할 때 나는 그를 경남대학교에 추천하였으며 그는 거기서 극동문제연구소장으로 많은 일을 하였고, 1988년부터 93년까지 청와대 정무비서관으로 활약했다. 때때로 그는 세계 여러 지역의 정치 사정에 관한 강의도 대통령께 했다. 몇 년 후 그는 국립 한밭대학교 총장을 역임한 후 대전광역시장으로 많은 업적을 남겼다. 당시 어느 스승의 날에 그는 대전일보의 한 면을 차지하는 "나의 존경하는 스승 이원설 박사님"이라는 제목의 장문의 글을 썼다. 그 요지의 중요한 부분은 자기도 대학시절 내 강의를 듣고 확고한 목표(Vision)를 마음에 두고 집중적으로 노력한 결과 오늘의 자기가 있다는 감사의 글이었다. 지금도 국가적 지도자로서 대통령 직속 중소기

업특별위원회 위원장으로 활약하고 있다.

　자랑스러운 또 한사람의 제자는 경희대학교에서 경제학과를 졸업하고 미국으로 이민을 가서 뉴욕에서 큰 기업가로서 활약하고 있는 김영길 회장이다. 재학 중 독실한 크리스천으로 나와는 가깝게 지내던 그는 졸업 후 사무실로 찾아와 친척들의 초청으로 미국에 이민 갈 준비를 하고 있으니 좋은 조언을 부탁드린다고 했다. 그는 실업가가 되어 하나님의 나라가 지구에 널리 퍼져 나가는데 힘을 보태고 싶다는 희망도 이야기 했다. 김 군의 이야기를 듣는 중에 나는 아주 아름답고 총명한 한 여자 졸업생의 웃는 모습이 머리에 떠올랐다. 영문과에서 우수한 성적으로 졸업한 그 여학생, 김선향은 동남아 라오스 대사관에 직원으로 선발되어 일하다가 그 대사관이 문을 닫게 되어 경희대학교 총장실의 비서로 근무하고 있었다. 그녀도 진실한 기독교 신자로서 미국에 유학 가서 세계문제를 연구하고 싶다는 뜻을 이야기한 적이 있었다.

　나는 이 두 사람을 내 사무실로 같은 시간에 불러서 서로 인사하게 했다. 두 사람이 내 뜻을 알고 그 후 여러 번 만나던 중 서로 사랑하게 되어 양가 부모님들과 친지들의 축복 속에 결혼하고 미국으로 같이 떠났다. 그들은 마음을 합하여 봉제공장을 시작하더니 사업이 과테말라까지 연계되어 신장하였고, 오늘날에는 미국군부의 군복을 만드는 중요한 업무를 담당하여 큰 건물에서 250명의 고용원들이 일하고 있다. 남편은 회장, 부인은 사장으로 합력하여 회사를 키웠고 두 아들들도 일류대학에서 공부하고 큰 미국회사에서 열심히 일하고 있다. 김 회장 부부는 교회에서도 열심히 봉사하며 한국 유학생들과 세계 여러 나라에서 수고하시는 한국선교사들을 돕고 있다.

　1970년대 전반기에 내가 강단에서 비전(vision)의 중요성을 강조하던 당시에도 우리나라의 상황은 혼란스러워 개인적으로나 국가적으로 확고한 비전(vision)을 갖는다는 것은 결코 쉬운 일이 아니었다. 1971년 대통령 선거에서 아주 근소한 표차로 두 번째 당선된 박정희 대통령은 장기집권의 방법으로 1972년 10월 17일 국회를 해산하고 새로운 헌법을 국민투표에 부쳐 이른바 "유신(維新)정권"을 수립했다. 이백오십만의 향토예비군이 창설 되었고, 정부는 대학생들에게도 군사훈련을 하게했다. 이에 대해 대학생들은 박 정권에 대항하는 데모를 격렬하게 시작했다. 교회 지도자들은 맨 앞에서 유신반대 시위를 했다. 함석헌 선생과 30여명의 기독교 지도자들은 유신을 반대하고 새 헌법제정을 요구하는 운동을 시작했다. 안기부는 북한의 조종을 받고 학생들이 데모를 한다는 이유로 당시 서울대생 이철, 유인태 등 많은 학생들을 감금했다.

이렇게 복잡한 환경에서 학생들의 과도한 행동으로 사상자들이 발생하지 않도록 대학들은 학사업무를 엄하게 하여 학점과 과제물 심사를 강화했다. 이 시점에서 조 총장님은 나를 정경대 학장 겸 대학행정관으로 임명하여 대학의 모든 행정과 학사업무를 돌보도록 했다. 나는 그 임무를 수행하는 것을 주저 했다. 그 당시 나는 KBS로부터 자주 전화를 받고 있었다. 정경대학장으로서 TV에 나와서 국민들에게 왜 유신이 꼭 필요 한지를 설명해 달라는 부탁이었다. 과거 일본도 명치유신(明治維新)으로 구세대를 벗어나 새 나라를 만들었다는 설명을 정치학 교수로서 국민들이 속 시원하게 해달라는 부탁이었다. 나는 그런 요청이 있을 때마다 몸의 병환이라든가 또 다른 구실로 거절했다. 나중에 KBS가 너무나 강력하게 요구할 때는 아내와 수유동의 호텔에 수일간씩 머물면서 요청을 거부했다. 그러나 대학에서 학생 수업이 잘 진행되도록 교무행정을 조정하라는 조 총장님의 명령은 거부할 수 없었다.

어느날 나는 아침 일찍부터 대학의 모든 학장들이 정부의 정책과 학생들의 수업상태를 함께 점검하고 협력하는 모임을 권장해야 했다. 교육발전을 위하여 창의적인 정책결정 과정과 규칙을 설정했다. 내 능력으로는 감당하기 힘든 짐들이 었다.

조 총장님은 대학 행정직에 유능한 보조원을 채용할 수 있는 권한을 내게 주었다. 그래서 경제학과를 졸업하고 대기업에 취직하여 일을 잘하고 있는 경제학부의 졸업생인 서청석이라는 제자가 생각나서 그에게 직장을 그만두고 모교의 후배들을 위하여 나와 같이 일하자고 설득했다. 그는 처음에는 약간 주저하였지만 심사숙고 끝에 나와 같이 일하게 되었다. 내가 그의 능력을 높이 평가하는 것은 1971년 졸업 때였다. 정경대 각 학과의 졸업반 학생들이 각 교실에 모여서 교수들이 방문하여 "여러분 졸업을 축하합니다! (Congratulations on your graduation!)"하면 "선생님 고맙습니다!" 하는 인사로써 헤어졌다. 그러나 웬일일까? 우리 교수단이 경영학과 졸업반이 있는 교실 가까이 가니 스승님의 은혜라는 노래가 창문을 넘어 은은하게 우리에게 들려왔다. 우리가 교실로 들어서니 모든 학생들이 일어나서 우리를 향해 큰절을 하며 "교수님 감사합니다."를 일제히 큰소리로 외쳤다. 알고 보니 서청석 군이 그 학과의 대표로서 우리 교수들을 맞이할 준비를 했던 것이다. 가슴이 뭉클한 순간이었다. 후에 나는 서청석 군의 주례도 했다.

대학교에서 정경대학장직과 대학행정관의 2중직을 맡고 있었으며 행정에 관한 사항들은 가급적 서청석 보좌관에게 위임하는 경우가 많았다. 타 대학에서 사건이 일어나면 서 보좌관이 그곳을 방문하고 대책을 세웠다. 1970년대 초 경희대학교에는 행정상의 문제가 일어나지 않았다. 1974년 내가 1년간 벨기에 루벤(Louven)대학교에서 강의를 하게되어 경희대를 떠나있게 되었다. 그래서 대학행정관직제는 없애고 서청석 보좌관은 필리핀으로 가서 공부를 하고 나중에 경희대 교수로 돌아왔다. 그는 내가 집무했던 정경대학 학장으로 근무하다가 지금은 대학원장으로 재직 중이다.

1970년대 초 내가 학장과 대학행정관의 이중직책을 맡은 후 몇 년간 했던 일은 국제 교환학생 프로그램이었다. 나는 경희대에서 국제교류위원회 위원장으로서 처음으로 학생교환을 시행한 곳은 필리핀의 세인트루이스 대학교(St. Louis University)이었다. 나는 필리핀이 여러 가지 면에서 우리 학생들이 유학하기에 이상적인 나라라고 생각했다. 필리핀은 원래 수세기 동안 스페인의 식민지이었다. 그리고 1898년 미국과 스페인의 전쟁이 있은 후 미국이 스페인으로부터 필리핀을 샀다. 그래서 1898-1946년 7월까지 약 48년동안 미국의 식민지로 있다가 독립했다. 그래서 그 나라는 동·서양의 양쪽 문화적 유산을 가지고 있다. 또한 대학교육의 교재는 영어로 되어있다. 나는 세인트루이스 대학교의 폴 즈웨메포엘(Paul Zwaenepoe) 총장과 개인적으로 가까운 사이였기 때문에 1973년 1월 10일 경희대학교와 세인트루이스 대학교 간의 협력프로그램을 추진하였고 결국 두 대학 이사회에서 승인되었다. 봄 학기에는 엄격하게 선발된 여러 명의 경희대 학생들이 필리핀 자매대학으로 1년간 유학을 갔다. 그해 가을 여러 명의 필리핀 학생들이 같은 조건으로 경희대에 등록하였는데 그 학생들은 그해 겨울눈이 내리자 생전 처음 보는 광경이라며 흥분하여 교정을 뛰어 다녔고, 눈 조각을 잡으려고 흥분하던 모습이 지금도 잊어지지 않는다.

나는 또 같은 해에 8명의 경희대 졸업생들을 선발하여 장학생으로 필리핀의 산토 토마스대학교(Santo Thomas University)로 보냈다. 미국의 하버드대학보다 26년 먼저 1610년에 세워진 산토토마스대학은 양과 질에 있어서 동양의 대표적 대학이었다. 그 대학교 총장 초청으로 대학원 학생 전체에게 "아시아의 미래"에 관한 특강도 하였고, 대학의 교수들과도 친교를 맺었다. 내가 필리핀을 자주 방문함에 따라 경희대는 이스트 대학교(East University), 필리핀여자 대학교(the Philippine Woman's University)과도 자매결연을 맺고 학생교환을 시작했다.

그리고 이어서 다니던 서울 장충교회에서 한 유망한 젊은이, 김성철 군을 관심을 가지고 지켜보았다. 그는 신앙심이 깊었고, 한국외국어대학교를 졸업한 후 외국에 나가 공부를 더하고 싶어 했다. 그러나 그렇게 할 재정적 수단이 없었다. 그의 아버지가 지방의 전 경찰서장이었는데 너무나 청렴결백하여 모아놓은 돈이 없다는 것을 알고, 성철군에게 마닐라의 필리핀국립대학을 추천했다. 필리핀은 서양과 동양의 문화적 유산을 공유한 나라일 뿐 아니라 미국에 비하여 학비가 싸니, 그 나라에서 문화인류학을 전공하면 어느 다른 나라에서 공부하는 것보다 유리할 것이라고 말해 주었다. 나의 강력한 추천으로 그는 음악을 전공한 아내와 함께 필리핀 국립대학으로 유학 가게 되었다. 그는 문화인류학 박사학위를 받은 후 귀국하여 아내와 더불어 전주대학에서 오랫동안 교수로 있다가 지금은 캄보디아에 있는 과학기술대학총장으로 재직 중이다.

하나님은 우리 가족에게 집을 지을 수 있도록 은총을 내려주셨다. 지난 날을 돌아보면 1955년에 내가 유학차 미국으로 떠날 때 비행기표를 사주고 도와 준 장무광 형님이 또 다시 우리 가족이 살 집을 마련하는데 큰 도움을 주셨다.

1966년 가족을 데리고 교육부 고등교육장직을 사임하고 애드리안 대학의 교수로 떠나기 전에 장무광 형님을 작별 인사차 갔었다. 그 때 장형은 나에게 다음과 같이 말했다.:

"원설! 미국으로 떠나기 전에 가능하면 서울에 작은 땅을 사라. 왜냐하면 자네가 한국에 어떤 자산을 소유하고 있지 않으면 다시 한국으로 돌아오고 싶지 않을 것이고, 미국에 정착 할지 모른다. 그렇게 되면 너의 삶은 우리형제의 '예수-한국 비전'(The Jesus-Korea Vision)을 배반하게 될 것이다. 마침 내 집 근방에 좋고 싼 땅이 공매될 것이야."

그때 장형의 집은 한강이 내려다보이는 서울의 남쪽 언덕 꼭대기인 금호동에 있었다. 그 때까지 금호동은 빈민들이 모여서 사는 "산동네"였고, 땅 값이 싼 곳이었다. 장형이 말하는 집터를 가보니 높은 언덕에서 한강이 내려다보이는 전망이 좋은 곳이었다. 탁 트인 전망이 인상적이어서 땅주인에게 값을 물으니 내가 교수 신분임을 알고 땅 값을 싸게 하여 한 평에 만원으로 결정해 주었다. 땅 값이 싸서 나는 140평의 대지를 소유하게 되었다. 1969년 가을 우리가족이 서울로 돌아왔을 때 우리가족은 미국에서 저축한 돈으로 4개의 침실이 있는 2층집을 지을 수 있었다. 나는 대학일로 바빠서 집 건축은 아내의 몫이었다. 그 집은 서까래, 선반 그리고 그물침대가 있는 아름다운 집이었다. 많은 배수관, 현관, 셔터들과 굴뚝이 있었다. 아이들-영란은 15세, 미란은 13세, 기한은 10세, 경한은 9세-은 무척 행복해 보였다. 앞뜰에는 팬지, 호랑가시나무, 선인장이 있는 정원이 있었고 우리 아이들은 정원에 개집을 만들었다. 그들이 방과 후에 집에 돌아오면 강아지와 뛰면서 기뻐했다. 그러나 한번은 강아지가 죽어서 아이들은 슬퍼했으며, 죽은 강아지는 정원 한구석에 묻었고 다른 강아지를 사다 키웠다.

귀국 후 네 아이들은 모두 경희대 캠퍼스 안에 있는 경희초등학교, 경희여중, 경희여고로 진학하였다. 나는 아침에 아이들을 학교까지 차에 태우고 데려다주면서 차안에서 아이들이 자신의 생각들을 영어로 표현하도록 시켰다. 1970년초는 지금과는 달리 언어실력을 유지해나갈 방법이 별로 없던 시절이라 아버지로서 직접 도와주어야 한다는 책임감을 갖고 있었다. 집에서는 매주 영어성경을 몇 장씩 읽고 주일저녁 가정예배 시간에 아이들이 직접 돌아가면서 사회를 보고 말씀을 함께 나누는 기회를 만들었다. 나중에 들어보니 당시엔 학교 수업만으로도 벅찼던 딸들이 아버지의 강요된 영어훈련 때문에 스트레스가 많았다고 얘기했지만 그때 아버지의 훈련 덕분에 영어실력을 유지할 수 있어 감사하다고도 한다.

우리 가족은 하나님으로부터 충만한 축복을 받았음으로 우리는 교회에 더욱더 충실했다. 1950년대 후반, 내가 미국에서 유학중 나와 아내는 클리브랜드의 갈보리(Calvary) 장로교회에서 많은 도움을 받고 나는 그 교회 집사와 당 위원으로 일했다. 백인교회이었지만 흑인들이 참석하는 것을 환영하였고, 나와 같은 해외 유학생들을 더욱 환영했다. 나는 한국에도 그런 교회가 설립되어 주변에 주님을 알면서도 아직 교회를 정하지 않은 교수 학생들이 교회 생활을 하기를 원하던 차에 총신대학교의 김득룡 교수도 나와 같은 생각을 갖고 있다는 것을 알게 되었다.

김 교수님의 주선으로 마포 한강 주변에 어느 장로님 소유의 건물 하나를 빌려서 서울 갈보리 장로교회를 설립했다. 비록 규모는 작았지만 나의 학생들과 대학의 교수들이 갈보리 교회에 출석하고 같이 성경공부를 하였으며 하나님이 주신 각자의 사명을 확인 했다. 교회에 나오는 학생들과 각자의 비전(vision)을 점검하는 일도 있었다. 그 교회의 합창단들은 가끔은 몇몇 다른 교회들에 초대되어 주님을 찬양했다. 인천대의 영문학 교수 문영식 박사가 그 성가대의 지휘자였다. 또 주일학교 교사로는 연세대 법대의 이형국 교수, 경희대 사학과의 이석우 교수 등이 있었다.

II. 벨기에의 루벤대학에서의 교수활동

대학의 학장으로서 나는 매우 바빴으나 1972년 봄부터 서울 용산의 미 8군 부대 본부에서 운영하고 있는 메리랜드 대학교(University of Maryland)의 분교(分校)에서 미국사 과목을 강의를 맡아 달라는 요청을 받았다. 미국 정부는 이렇게 대학분교를 미군 주둔지에 세워서 자국 군인들이 대학의 야간 수업을 듣고 학위를 받을 수 있는 기회를 주고 있었다. 아마도 메리랜드 대학 본부에서 나를 초청한 것은 내가 애드리안 대학에서 교수시절 매 여름마다 메리랜드 대학교 대학원에서 강의한 기록이 있었기 때문으로 생각 되었다. 매우 바쁜 생활을 하고 있었지만 메리랜드 대학에서의 초청을 거절할 수가 없었다. 미국에서의 교수생활을 너무나 좋아했기 때문일 것이다. 또 그때까지도 한국대학의 교수봉급은 너무나 적었기 때문에 새집을 짓고 가정 경제를 돕자는 생각도 있었다. 그래서 저녁에 경희대에서 퇴근하면 용산 미군기지로 달려가서 장교식당에서 저녁을 먹고 7시부터 9시까지 강의를 했다. 식당에서 다시 먹는 햄버거도 맛이 있었지만 때때로 나는 비싼 스테이크도 주문했는데 혼자 먹는 것이 가족에게 미안했다.

강의실에서는 많은 미국 군인들이 미국 역사를 한국인 교수에게 들으면서 좋아하는 것을 보고 매우 감명 받았다. 그들은 그들 나라의 역사에 대해 한국인이 매우 잘 알고 있다는 것에 매우 놀란 것처럼 보였다. 1736년부터 99년까지 미국 혁명 시기의 정치적 지도자인 패트릭 헨리(Patrick Henry)가 1776년 대륙회의에서 행한 연설, "자유가 아니면 죽음을 달라"(Give me liberty or give me death)를 언급했을 때에는 나는 그의 연설의 중요한 부분을 그대로 암기로 인용했던바 미국 군인들에게서 Wonderful! 하는 함성이 터져 나왔다.

나는 토마스 제퍼슨(Thomas Jefferson)의 경우도 그가 32세 때 제 2회 대륙회의에서 미국 독립선언문의 초안을 이야기 할 때에도 그 선언문의 일부를 암기하여 인용했다. 언젠가 내 강의실에는 군에서 전역한 대령이 등록했다. 내가 과거 일본이 1945년에 연합군에게 무조건 항복을 했을 때 더글라스 맥아더 장군이 점령군 사령관으로 동경에 입성한 이야기를 했더니 그 대령은 울리는 목소리로 소리쳤다: "교수님! 나는 그때 맥아더 장군님 휘하에서 그를 모시고 있었습니다." 그래서 나는 그 대령에게 앞으로 나와서 반원들에게 맥아더 장군과의 그의 경험담을 이야기해 달라고 요청했다. 1972년 4월 16일, 나는 세계 국제학자임명부로부터 내 이름이 그 명부에 기록되었다는 소식을 받았다.

그 당시 벨기에 카톨릭 루벤대학교(Katholike Universteit Leuven)의 소머(D. Somer)총장과 밴 거빈(Van Gervean)부총장이 경희대를 방문했다. 루벤대학이 IAUP(세계대학 총장회)에 가입함으로써 한국과 학문·학생 교류의 문을 열기 위해 온 것이었다. 그분들은 유럽파의 가톨릭대학들을 대표하는 대학의 행정 책임자들로서 주님을 향한 신앙이 깊었다. 그러니 나와는 쉽게 말이 통했다. 그분들도 루벤 대학교도 1960년대 미국의 대학들처럼 동양사 강의 과정이 별로 없었다고 개탄했다. 약 2일간 자주 만나서 대화하는 중 내가 애드리안 대학에서 동양역사를 강의한 경험이 있다는 사실과 또한 한국에서 서양사를 가르치면서도 유럽을 방문한 경험이 없다는 이야기를 듣고 나에게 1974년 여름 학기를 시작으로 1년 간 교환교수로 와 달라는 초청을 했다. 이 말을 들은 조 총장님은 1년이라도 경희대에서 내가 없는 것 때문에 다소 망설이기는 하였지만 내가 1년 동안 유럽 체재하는 것이 세계대학총장협회(IAUP)를 강화시킬 수 있을 기회라고 생각하고 그 제안을 받아들였다.

그 후 카톨릭 루벤대학교에서 강의하는 문제는 쉽고 급하게 결정되었다. 밴 거빈 부총장은 나에게 그곳에서 가르칠 강좌에 대한 개요를 보내달라고 했다. 내가 그 강좌에 대한 개요를 보낸 후 그의 역사학부 교수들이 1년 동안 그곳에서 내가 할 일에 대한 것을 예상하고 매우 기뻐했다는 이야기를 내게 편지로 전해왔다. 또 내가 그곳에 유하는 동안은 대학에서 좋은 아파트를 제공할 것이며 보수도 후하게 준다고 통보해 왔다. 계약기간은 1974년 6월 1일부터 1975년 6월 30일까지였다. 이런 예기치 않은 일은 내가 글로 적은 나의 비전(vision)에는 없었던 것이었다. 하나님이 나의 세계관의 영역을 넓히도록 유럽으로 나를 인도하신 것이 틀림없었다. 나는 무릎을 꿇고 전능하신 하나님께 감사 기도를 드렸다.

1974년 봄 벨기에 루벤 대학으로부터 공식적인 초대장을 받았을 때 나는 매우 기뻐했다. 그 대학은 동아시아 역사 두 강좌를 맡도록 개설했다. 당시, 벨기에 왕국 인구는 약 1000만 이었다. 국경은 북해와 네덜란드, 서독, 룩셈부르크, 프랑스와 경계를 이루었다. 그 나라는 북쪽으로는 플레미쉬(Flemish)어를 사용하는 플랜더스 사람들과 남쪽으로는 프랑스 말을 하는 왈로니아(Wallonia) 사람들로 이루어져 있었다. 전 인구는 로마 가톨릭 신자였다. 1830년까지 네덜란드 지배하에 있었던 벨기에 사람들은 1830년 독립투쟁을 벌여 벨기에 왕국을 수립했다. 레오폴드 1세와 레오폴드 2세 통치 하에 급격한 산업화를 성취하였고 아프리카 콩고를 식민지화 했다. 오늘날 벨기에의 수도 브뤼셀은 유럽공동시장(European Common Market)의 본부이며 또한 유럽연합군 사령부(Supreme Headquarters Allied Powers Europe(Shape)가 있다. 나는 아내와 유럽 중심지에서 1년을 보내게 되어 매우 기뻤다. 루벤은 벨기에 수도 브뤼셀에서 가장 가까운 도시의 하나였다.

또한 루벤 대학교는 서유럽에서 가장 오래된 대학 중의 하나이다. 그곳은 엄격한 가톨릭 대학으로서 신학과 율법 그리고 철학에서 강한 전통을 가지고 있다. 세계화의 빠른 경향에 발맞추어 그 대학은 석·박사 수준의 전공 프로그램을 영어로 진행했다. 그리고 국제학생들과 방문교수들을 환영하는 전통을 가지고 있었다. 나는 사회과학분야에 속했다.

1974년 6월에 강의시작 전에 루벤에 도착하자 총장과 부총장은 나를 오랜 친구처럼 환영해주었다. 사회과학부의 교수들 또한 나를 반갑게 맞아 주었다. 그들은 30명이 넘는 학생들이 내 강의를 등록했다고 말해 주었다. 한달 후 아내가 벨기에에 합류했다. 그때쯤 우리 큰 딸은 20살이었고, 둘째는 18살이어서 동생들을 돌보고 자신들의 생활을 해나가는데 아무런 문제가 없었다.

약 3년 동안 미국대학에서 가르친 경험이 있어서 나는 동아시아 과목들을 영어로 가르치는 데에는 문제가 없었다. 놀랍게도 벨기에 학생들은 영어를 매우 잘했다. 그들은 다소 내성적이어서 미국학생들처럼 내 강의내용에 대하여 질문을 하는데 적극적이지는 않았다. 그들은 내 설명이 그들을 기쁘게 할 때는 박수를 쳤다. 내 클래스에는 콩고로부터 온 2명의 아프리카 학생들이 있었다. 나중에 나는 벨기에 정부가 의도적으로 콩고학생들에게 장학금을 주어 공부하도록 해주어 옛날 식민지와의 특별한 관계를 유지하려고 노력하고 있음을 알았다. 벨기에 학위를 가지고 콩고학생들이 자기들 나라로 돌아가면 그들 국민들 가운데 영향력 있는 지도자가 됨으로서 벨기에는 콩고에 영향력을 유지할 수 있었다.

루벤은 오래된 교회들로 유명하다. 그 도시의 가장 오래된 교회당은 1448-63년 사이에 지어졌으며 유럽의 고딕 건물의 대표적 건물 중 하나이다. 루벤 대학은 1425년에 세워졌다. 내가 그곳에 머무는 동안 그 대학에서 두 강좌만을 가르치게 되면서 나는 처음으로 내 삶에서 지루한 시간을 보냈다. 강의가 끝나면 어떤 다른 할일이 없었다. 처음에 나는 아내와 그 나라의 많은 곳들을 구경했다. 주말에는 차를 빌려서 앤트위펜, 브르게, 나므르(Antwerpen, Bruge, Namur) 등 여러 도시도 돌아보았다. 나와 아내는 프랑스 근처에 있는 남부의 아르데네를 자주 찾았다. 그곳의 경치는 정말 환상적으로 아름다웠다.

어느 주말에 우리 부부는 처음으로 런던을 방문하고 정말 기뻤다. 그곳에서 아내와 나는 성 바울의 대성당(Saint Paul's Cathedral), 대영박물관(Brish Museum), 국립미술관(Natinal Gallery)을 급히 보고 벨기에로 돌아갔다. 그 다음 금요일 오후에는 배를 타고 다시 영국으로 갔는데 배안에서 일본 학생을 만났다. 대학에서 서양사를 전공하는데 런던을 꼭 가보고 싶어 혼자서 유럽까지 왔다고 말했다. 사실 그때까지도 일본 사람들은 겨우 전후복구를 한 상태여서 해외여행을 하는 사람들이 많지 않았다. 나와 아내는 그 학생과 배안에서 간단한 점심을 같이한 후 $100불을 여비에 보태라고 주었다. 런던에서는 버킹험 궁전(Buckingham Palace), 성 베드로 성당, 대영박물관, 런던 타워(Tower of London), 그리고 웨스트민스터 대성당(Westerminister Abbey)을 구경하고 돌아 다녔다. 런던대학도 방문했다. 그 다음 주말에는 파리에 가서 아내와 나는 개선문(the Arc de Triomphe), 콘코드 궁전(Place de la Concorde), 루부르 박물관(the Louvre)을 방문했다.

이탈리아에서 우리는 로마를 구경했다. 유럽문명이 로마에서 탄생하였기 때문에 그 도시에는 볼 것이 너무나 많았다. 포럼, 콜롯세움(Forum, Colosseum), 그리고 성 베드로성당 등이 참으로 훌륭했다. 그러나 교황이 있는 바디칸 시티(Vatican city)는 이태리 내에서도 독립된 주권국가였다. 교황청 내에는 우리에게 흥미를 주는 곳이 많이 있었지만 내 관심은 시스틴 성당(Sistine Chapel)이었다. 그곳에는 유명한 보티첼리와 페루기노(Botticelli와 Perugino)등의 작품들이 우리의 눈길을 끌었지만 우리의 관심은 미켈란젤로(Michelangelo)가 성당 천정에 그린 "최후의 심판"이었다. 창세기 1장에 기록된 9가지 천지창조의 광경은 모두 놀라운 걸작품이었다. 그 중에서도 하나님께서 아담에게 생명을 주시는 광경이었다. 하나님의 손이 아담의 손에 닿으려는 순간을 그린 것이다. 너무나 아름답고 감격스러운 장면이었다.

이렇게 유럽에서의 반년을 보내고 나니 아내는 피곤에 지쳤다. 좀 조용히 시간을 보내기를 원했다. 그래서 아내가 좋아하는 루벤 예술학교에 등록하여 공부하기를 권했다. 아내는 예술학교에 등록하여 자수(刺繡)를 공부했다. 원래 천성적으로 손재주가 있는 터에 그는 예수님의 모습을 수놓는 공부를 하였는데 오늘날 아내가 수놓은 예수상은 색칠한 초상으로 착각하는 사람이 많다.

나는 역사가로서 르네상스에 대하여 관심이 매우 많아 그 발원지인 플로렌스를 방문하지 않고 한국으로 돌아 갈 수 없었다. 그래서 어느 주말 혼자서 그 르네상스의 발원지인 플로렌스를 방문하여 2일간 머물렀다. 로마의 북쪽에 위치한 이 도시에서는 14-15세기의 단테, 보카치오, 도나텔로, 레오나르도 다빈치, 그리고 미켈란젤로 등의 작품들이 여러 곳에 잘 보전되어 있었다. 르네상스 건축물로는 산타마리아 플로레(Santa Maria del Flore)교회, 산크로세(San Crose)교회, 피티 궁전(Pitti Palace), 그리고 플라조 베치오(Plazzo Vecchio)등이 즐비하게 있었다. 나는 단테의 생가를 방문하고 방명록에 이름을 적고 그가 나를 기억하기를 희망한다고 기록했다.

그 후 나는 밀라노를 향하여 발걸음을 옮겼다. 그 도시를 방문한 유일한 목적은 레오나르도 다빈치(Leonardo da Vinci)가 그린 "최후의 만찬"을 보기 위해서였다. 산타마리아 델라 그래티(Santa Maria de la Gratie)교회 벽에 그린 이 유명한 그림 앞에서 나는 머리를 숙였다. 우리 주님께서 십자가를 지시기전 제자들과 최후의 만찬을 하시며 "너희들 안에는 나를 배반할 자가 있어"라고 말씀 하시니 제자들이 놀라서 "누가?"하는 눈으로 서로 쳐다보는 광경이었다. 나는 이 질문을 오늘의 기독교 지도자들도 자신들에게 물어야 하지 않을까? 나는 그 명화 앞에서 그 질문을 나 자신에게도 물어야 한다고 생각 했다.

우리가 한국으로 돌아가는 시간이 점점 다가옴에 따라 한국의 국내사정에 점점 더 관심을 가지게 되었다. 나는 TV에서 영어방송을 듣고 시간이 나는 대로 브루쉘에 있는 한국대사관을 자주 방문하여 한국 신문을 읽었다.

이때쯤에 북한은 또 바보같은 비인간적인 사건을 시도했다. 1974년 8월 15일에 일본에서 온 한 북한찬양자가 박 대통령을 암살하려 했다. 박 대통령은 무사했지만 영부인이 서거했다. 육영수 여사의 죽음은 많은 사람들로 하여금 박 대통령을 동정하게 만들었다. 김일성 집단의 테러 행위는 박 대통령의 정치생명을 연장하는데 도움을 준 역설적(逆說的) 결과를 초래했다고 기억된다.

그 당시 벨기에 대학들에서 한국 유학생을 만났던 기억은 없다. 독일 대학에는 상당히 많은 유학생들이 공부하고 있다는 소식을 듣고 있었다. 그런데 1974년 가을 세계적으로 알려진 독일의 하이델베르크(Heidelberg)대학에서 한 유학생이 박사학위를 취득했는데 축하회가 있으니 참석해달라는 소식을 듣고, 독일 구경도 할 겸 기꺼이 응답하고 하이델베르크로 갔다.

하이델베르크 대학원에서 철학박사 학위를 취득한 김영한 박사를 만나 기쁨으로 축하해 주었다. 그 모임에서 나에게 축사를 해달라는 요청이 있어 영어로 축사를 했다. 그 축사 내용은 영어의 Congratulations의 라틴어의 어원을 보면 com= together + gratulari = to manifest joy 곧 "더불어 기뻐하다"를 뜻하는바 "오늘의 기쁨은 김 박사 본인과 그의 가족 뿐 아니라 여기에 모인 우리 모두와, 또한 한국에 있는 동포 모두가 기뻐할 일이다"라는 줄거리의 축사였다. 김 박사는 독일에서 계속 신학을 더 공부하여 2년 후 마르 브르그(Marburg)대학교에서 신학박사를 받은 후 고국으로 돌아와 숭실대학교에서 교편을 잡으며 지금은 기독교학대학원장으로 열심히 일하고 있다.

아내와 함께 1974년 여름부터 1년간 유럽에서 살았다는 것은 너무나 예기치 못한 하나님의 축복이었다. 학생들과의 많은 추억도 좋았고, 대학 교수들과의 관계도 그 후 수십 년 간 계속되었다. 루벤대와 경희대와의 자매관계도 가까워져 여러 명의 경희대학교 졸업생들이 그 유명한 대학원에서 최종학위를 취득하였고, 그들 중 조영식 총장의 장남 조정원 박사는 귀국하여 모교의 총장으로 재직했다.

Ⅲ. 경희대학원 학원장으로서

1975년 7월 중순, 아내와 나는 한국으로 돌아왔다. 놀랍게도 벨기에 항공사는 아내가 등록하고 공부했던 예술학원의 학생으로 대우를 하여주어 비행기 요금을 정상가의 절반으로 깎아 주었다. 내가 그녀의 남편이라는 것을 알고 그들은 나의 비행기 요금도 할인해주었다. 벨기에의 학생들은 재학 중 국가와 사회로 부터 특별한 배려를 항상 받고 있음을 알게 되었다.

아내와 내가 서울에 도착했을 때 우리 아이들은 참으로 기뻐했다. 우리 딸들은 동생들과 자신들의 일을 돌보느라 어렵고 힘든 시간을 보냈음에 틀림없었다. 그사이에 큰딸 영란은 이미 경희대학교 치과대학에 다니고 있었고 작은딸 미란도 경희대학교 약학대학에 들어 갈 준비를 하고 있었다. 두 아들은 고등학교에 다니는 중이었다.

놀랍게도 대학에서는 나를 대학원장으로 임명했다. 모든 행정적 위치 가운데 나는 대학원장의 직위를 가장 좋아 했다. 대학원 학생들은 성인들이며 몇몇은 기업에서 높은 자리에 있는 사람들이었다. 또는 다른 대학의 교수들로서 최종학위를 취득하기 위해 공부하고 있는 분들이 많았다. 그들 중 몇 명은 경희대학원에서 박사학위를 받고 여러 해가 지난 후 그들이 근무하던 대학의 총장이 되기도 했다.

내가 대학원장을 할 때까지 만해도 우리나라에는 대학원 교육체제가 확립되지 못했다. 학생들이 지도교수의 선택, 학위 논문제목 결정, 논문에서 참고문헌을 배열하는 순서, 일차적인 자료와 이차적인 자료의 구분 등이 대학원들 간에 차이가 많았다. 대학원장직은 대부분의 대학교에서 원로교수를 우대하는 자리같이 되어 있었고 그들 대부분은 일본식민지 기간 동안에 학위를 받았기 때문에 서구식 대학원 규정을 잘 알지 못하는 경우가 많았다. 그래서 나는 자주 박사논문이나 일반논문을 어떻게 쓸 것인가에 대한 특별강의를 학생들에게 하였고, 때때로 다른 대학원에 초빙되어 강연을 하기도 했다. 결국 다른 대학원들도 경희대의 규칙을 모델로 하는 경우가 많았다.

그러나 내가 대학원장으로서 해결해야 할 중요한 국가적 문제는 동양의학(東洋醫學)에 대한 박사학위를 개설하는 문제였다. 1960년대 초기까지 동양의학은 학문으로 완전히 인식되지 않았다. 전국에는 수많은 한의원들이 있어서, 많은 사람들이 한의사에게 치료 받는 것을 좋아했다. 비록 한의대가 있어도 그들의 학위는 정부로부터 인정되지 않았다. 그러나 이러한 배경에도 불구하고 조 총장님은 한국동양의대를 경희대에 합병시켰다. 그의 선견지명과 통찰력은 1969년 미국의 리처드 닉슨(Richard Nixon) 대통령이 중국을 방문했을 때 그의 수행원 중 한명이 신체적으로 문제가 생겨 중국 의사들이 침술로써 환자를 성공적으로 치료했다는 사실이 매스컴을 통해 보도 되자 전 세계가 깜짝 놀랐고, 경희동양의대에는 우수한 학생들이 많이 몰려오고 있었다.

내가 대학원장에 취임하였을 때 조 총장님은 동양의학 박사학위에 대하여 정부의 승인을 받게 하라고 강력하게 요구했다. 교육부에서 고등교육국장을 하였던 경력 때문에 교육부 관리들을 설득하는 데 별로 어려움이 없었다. 그러나 전 대학원장회와 의학박사협의회로부터 강력한 반대에 부딪쳤다.

나는 가끔 대학원학장회에서 한의학 박사학위를 반대하는 원장들과 언쟁도 했다. 그러나 곧 유력한 대중매체들이 서양의학과 동양의학의 효율성을 비교하여 보도함으로써 힘을 얻었다. 마침내 교육부가 동양의학의 박사학위를 인정함으로써 그 싸움에서 내가 이기게 되었다.

Ⅳ. 세계대학총장협회 사무총장으로서

대학원장으로서 재직하면서 1975년 초가을, IAUP(International Association of University Presidents)의 사무총장으로 임명되었다. 그 배경 이야기는 아주 복잡하다. 1965년 Oxford대학교에서 창설된 세계대학총장협의회(IAUP)는 매우 빠르게 성장했다. 두 번째 회의는 1968년 박정희 대통령이 참석한 가운데 경희대학교에서 열렸다. 나는 그때 미국에 있었기 때문에 참석하지는 못했지만 수백 명의 대학총장들이 세계각지에서 모여들어 성공적인 집회가 되었다. 세 번째 회의는 1971년 아프리카 라이베리아에서 열렸다. 그러나 라이베리아 회의는 실패했다고 들었다. 회원들이 50명도 안되었지만 그 회의에서 IAUP의 새로운 회장으로 라이베리아 대학의 로체포르테 엘 윅스(Rocheforte L. Weeks)총장이 선출되었다. 하지만 윅스총장은 곧 라이베리아의 외무부장관이 되었고 차기회의를 준비해 주지 않았다. 이런 중요한 상황에서 IAUP의 집행위원회는 조영식 총장님을 임시대표로 임명하여 3년마다 열리는 IAUP회의 4차 회의를 준비하라고 요청했다.

조 총장님은 IAUP 임시대표로서 나를 사무총장으로 임명하였고 1975년 가을 초부터 나는 경희대 대학원장과 IAUP의 사무총장의 두 가지의 역할을 해야만 했다. 다가오는 IAUP의 회의는 벨기에, 대만, 그리고 이스라엘 같은 나라에서 열릴 것을 예상하고 그 나라 대학총장들과 접촉을 시작했다. 그러나 미국의 주립대학연합(Association of American State Colleges and Universities)의 사무총장 노스개롤라이나 센트럴 대학의 앨버트 파이팅 총장이 미국건국 200주년기념을 하는 AASCU와 IAUP의 연합대회를 보스턴에서 개최하자는 제안을 해왔다.

새로운 IAUP의 사무총장으로서 나는 AASCU+IAUP 보스턴대회의 세부사항들을 계획하는 책임을 맡아야만 했다. 오늘날과는 달리 그때는 세계적인 인터넷 통신망이 없었다. 나는 전화에 의존해야 만 했다. 그리고 IAUP회원들 사이에서 최상의 의사소통 수단은 출판물인 룩스 문디(Lux Mundi)와 소식지(News Letter)였다. 시간이 촉박하여 밤에 잠을 못 잘 정도였다. 나는 경희대에 IAUP의 사무국을 두어 윤세원, 이명식과 같은 동료들과 일을 했다. 우리는 다음과 같은 계획을 세웠다.

1. 회의의 주제는 "교육의 목적과 교육을 통한 세계재건" – 부제는 "21세기를 향한 고등교육의 새로운 방향;"
2. 주요사항 발표자들로는 유엔의 전 의장인 칼로스(Dr. Carlos P. Romulo)와 콜롬비아대학의 윌리엄 맥길(William McGill) 총장, 그리고 노벨상 수상자인 케네스(Dr. Kenneth Joseph Arrow);
3. 약 36개의 논문이 토의 될 수 있도록 논문을 요청하기; 그리고
4. 여성 토론자들은 디킨슨(Fairleigh Dickinson)대학의 피터 삼마티노(Mrs. Peter Sammartino)의 지도를 받을 것.

다행스럽게도 경희대 통신학부의 우현원 교수가 보스턴대학에서 연구하고 있었다. 몇 달 동안 그는 모든 지시에 따라 숙박, 음식, 회의장, 음악프로그램 교통, 통역시설, 그리고 AASCU와 협의 같은 회의 세부 사항을 준비하기 위하여 분주히 움직였다. 회의를 준비하는데 드는 비용은 IAUP의 집행위원회의 회원들에 의하여 충당되지만 큰 재정적 부담은 조 총장님이 감당했다. 곧 우리는 세계의 모든 곳의 대학총장들로 부터 많은 호의적인 답변을 받았으며 몇 몇 교육부 장관들로부터는 미국의 독립 200주년을 기념하는 ACUCA와 함께 열리는 IAUP 보스턴 회의에 참석하겠다는 약속을 했다.

IAUP 4차 회의는 1975년 11월10일부터 13일에 미국 혁명의 역사적인

1981년 세계대학 총장회의

전당인 보스톤 패늘전당에서 열렸다. AASCU의 Warren G. Lovinger 회장인 의장의 개회사와 IAUP의 조영식 회장님의 환영사로 시작되었다. 조 총장님은 세계의 현 상황을 설명하면서 교육자들은 삶의 현실의 문제와 동떨어진 상아탑(象牙塔)에 머물러 있어서는 안 된다고 말씀하셨다. 첫날 주제 강연에서 필리핀의 전 대통령 디오스다도 매캐패갈(Diosdado Macapagal)은 '교육을 통해서 세계를 재건'이라는 연설에서 물질적 지향이 근본이 된 현대문명에서 고등교육은 인간의 타고난 정신을 소생시키도록 노력해야 한다고 강조했다.

   조 총장님은 이 보스턴 회의에서 공식적으로 IAUP 회장으로 선출되었고 나도 사무총장으로 임명되었다. 첫날 회의에서 내 역할은 세부적인 계획을 보고하는 것이었다. 이 역사적 대회에는 세계의 각처에서 600명 이상의 총장들이 참석했음을 알고 모두 기뻐했다. AASCU의 집행이사인 알란

(Allan W. Ostar)과, 집행위원인 메리 캄벨(Mary S. Campbell)은 나와 긴밀하게 협조하며 일했다. 본회와 사업회의 만찬 그리고 소그룹회의 토의 등이 진행되었다. 폐회에서 보스턴선언이 만장일치로 채택되었다:

인류사회의 평화, 복지 그리고 안전에 관한 대학들의 역할에 대해서 토론한 후 우리는 만장일치로 새로운 비전(vision)으로 세계인들에게 다음의 5가지원칙들을 선포하기로 결의했다.:

    1. 교육을 통한 인간 존중
    2. 민주적 평화주의
    3. 과학기술의 통제
    4. 건전한 인간정신의 배양
    5. 인간적인 의식

IAUP와 AASCU 공동회의의 성공에 대한 좋은 기억들을 마음속에 담고 나는 한국 참석자들과 함께 11월 말에 돌아왔다. IAUP의 회장으로서 조 총장님 밑에서 사무총장으로서 한국의 교육자들이 세계의 모든 대학들을 이끌고 있다고 자부심을 갖게 되었고 하나님께 감사했다.

그 후 나는 동아시아 국가의 대표들을 만나는 기회가 있었다. 그 저명한 교육자들과 함께 필리핀의 마르코스 대통령의 초대를 받았다. 대통령궁에서 우리는 그와 몇 가지 대화를 나누었다. 그는 1972년 계엄을 선포하고 새로운 헌법 아래서 실제적인 독재정치를 하고 있었음을 알고 있어서 그에 대한 첫인상은 좋지 않았다. 그러나 마르코스 대통령은 오찬에서 산악지대에서 준동하는 이슬람 반군과 공산주의 무력집단들 때문에 필리핀 정부가 얼마나 고생하고 있는지를 이해해 달라고 호소했다. 내가 귀국 하였을 때 마르코스 대통령으로부터 브리태니카 백과사전 전권이 선물로 보내와서 더욱 놀랐다. 그러나 그가 남긴 독재자의 종말은 너무나도 슬프다.

더욱 놀라운 것은 이란의 왕궁의 이란 왕을 방문한 일이었다. 1976년 초에 조 총장님과 나는 이란 수상인 A.A. Hoveyda의 초청을 받았다. 3년마다 열리는 5차 IAUP회의를 테헤란에서 열 것을 논의하자는 것이었다. 사실상 그 문제는 이란의 교육장관인 Dr. Parsay와 나 사이에 보스턴 대회에서 얘기되었던 것이었다. 보스턴 회의에서 나는 회교국에서 장관자리를 맡고 있는 특별한 여성을 만났다. 그녀는 자주 IAUP 토론회에서 회교국들에서의 고등교육상태를 이야기했다. 한번은 내가 이란에서 IAUP 회의를 개최하는 가능성을 그녀에게 물었다. 이러한 비공식적인 토론의 결과로서 이란의 수상이 우리를 초대한 것이다.

1976년 테헤란으로 가는 길에 잠깐 조 총장님과 나는 델리대학의 메흐로트라(Mehrotra) 부총장을 방문하기로 했다. 그는 보스턴회의를 참석한 사람으로서 우리를 환영하였고 다음 회의에서 많은 인도대학들이 참석하도록 할 것을 다짐했다.

1976년 5월 우리가 이란의 테헤란에 도착한 다음날 조 총장님과 나는 왕궁 비서실장의 사무실로 초대를 받았다. 비서실장의 첫마디는 "당신들은 국왕폐하인 Shah가 누구인지를 알아야 합니다. 그 어른은 '왕 중의 왕'으로서 우리의 국가이며 우리의 생명이고 우리의 신입니다." 조 총장님과 나는 너무나 놀랐다. 그러나 우리의 기대와는 달리 이란국왕 Shah는 온화하고 친절했다. 우리는 국왕에 대해서 IAUP 세계문화상을 수여했다.

국왕은 우리에게 이란을 현대화 하기위한 "The White Revolution" 정책에 대한 이야기를 했다. 그리고 나서 갑자기 국왕은 물었다:

"한국에는 문맹의 문제가 전혀 없다고 들었습니다. 모든 사람이 읽고 쓸 수 있다는 것이지요?"

나는 국왕의 말을 듣고 순간적으로 세종임금이 창제하신 한글의 중요성에 대하여 설명하고 싶은 충동을 느꼈다. 하지만 한글에 대하여 설명할 시간이 없어서 질문을 했다:

"국왕폐하! 폐하의 국민들 가운데 몇 %가 글을 읽고 쓰지 못합니까?

그러자 국왕은 전체인구의 40%라고 말했다.

나중에 나는 테헤란에 있는 한국대사관 직원으로부터 국민의 55%가 읽지도 쓰지도 못한다는 말을 들었다. 어쨌든 이란 국왕과의 만남은 대단한 성공이었다. 조 총장님이 테헤란에서 다음 IAUP회의를 열고자하는 희망을 말하자 국왕은 즉시 그 계획을 승인했다. 복도를 걸어 나오면서 왕비를 만났다. 그녀 또한 품위가 있었다.

한국으로 돌아온 후 1976년 7월 16일부터 22일에 있을 차기 IAUP집행위원회 모임을 준비해야만 했다. 그것은 나를 포함하여 13명으로 이루어져 있다. 그 모임의 중요한 관심 중에 하나는 IAUP유럽협회와 IAUP북미협회 같은 지역적인 모임을 받아들인 것이다. 결국 1978년 7월 25일-27일까지 5차 세계대학 총장 협의회를 테헤란에서 열기로 완전히 승인했다.

그러나 아쉽게도 세계의 상황은 복잡하고 어려웠다. 베트남에서 남쪽의 응오딘지엠(Ngo Dinh Diem) 정권이 북베트남 공산주의 정권에게 완전히 점령되었다. 그리고 1975년 라오스에서는 공산주의자 파테트 라오(Pathet Lao)가 정부를 이양 받아서 군주제를 폐지했다. 또한 1975년 캄보디아에서는 공산주의자인 크메르 루즈(Khmer Rouge) 시민전쟁을 일으켜 론놀(Lon Nol) 정부를 무너뜨렸다.

전 인도차이나가 공산주의 세력에게 점령되어질 위험에 치해 있었다. 이러한 배경은 한국 국민들로 하여금 심리적으로 불안하고 신체적으로 쇠약하게 하는 공포의 먹구름이라는 것을 느꼈다. 북한 공산주의 독재자들이 우리나라에서 언제 대량학살을 일으킬지 아무도 장담할 수 없는 처지이다. 판문점의 안전지대에서 미군장교 아서 보니훼스(Capt. Arthur Bonifas)와 마크 배레트 중위(Lt. Mark Barrett)가 북한경비병에게 살해된 것은 우리를 공포의 충격으로 몰아넣었다.

나는 이러한 상황속에서 한국의 두 영자일간지 중 하나인 코리아 헤럴드(The Korea Herald)의 칼럼에 매주 논설을 쓰는 정기기고자가 되기를 결심했다. 내 배경을 알고는 그 신문의 편집장은 진심으로 환영했다. 나는 경희대대학원장과 IAUP의 사무총장을 하면서 너무나 바쁘지만 이 나라에서 주님의 작은 "등불"의 역할을 하여야 한다고 확신했다. 우리 주님은 말씀하신다:

"너희는 세상의 빛이다. 산위에 세운 마을은 숨길 수 없다. 또 사람이 등불을 켜서 말 아래 에다 내려놓지 아니하고, 등경 위에 놓아둔다. 그래야 등불이 집안에 있는 모든 사람에게 환히 비친다"(마 5:14-15).

우리 국민이 다가오는 위험에 맞서 싸울 수 있는 용기를 기르기 위해서는 사람들에게 미래의 좋은 징조를 인식하도록 해야 한다고 생각했다. 1976년 2월 21일에 내가 코리아헤럴드에 첫 번째로 기고한 칼럼은 "우리가 두려워할 것은 아무것도 없다(We have nothing to fear but fear itself)였다. 1933년 미국이 대공황으로 심하게 타격을 받고 있을 때 루즈벨트 대통령은 국민들에게 이 격언을 대담하게 소개하여 큰 용기를 불러 일으켰다.

사람은 위험에 대한 분명한 지식이 없을 때 극도로 무기력하게 된다. 두려움의 반대말은 용기이다. 그 말은 문제와 어려움들을 용감하게 맞서나가는 정신 상태를 의미한다. 나는 이 칼럼에서 "우리민족은 역사상 931번의 침략을 받았지만 용기를 가지고 모두 이겨낸 위대한 민족이니 이 나라가 1970년대에 겪고 있는 위기도 용기로 극복할 것이다"라고 강조했다. 나는 그 후 이런 칼럼을 코리아 헤럴드에 20여 년간 매주 기고했고 그 칼럼들은 6권의 책으로 출판되었다.

나는 대학교육에서 IAUP보스턴 선언과 같은 교육철학을 강조하기 시작했다. 나는 우리 나라의 교육이 주로 지식을 학생들의 머릿속에 집어넣는 주입식교육으로 맞추어져있다는 것을 알았다. 솔로몬 왕이 하나님께 요구하였던 옳고 그름을 구별하는 마음의 지혜가 무시되었다. 그래서 나는 1976년 3월 13일 코리아헤럴드의 칼럼에 '지식과 지혜' 라는 제목의 글을 썼고 대학원 학생들에게 읽으라고 권유했다. 우리의 현실은 지식은 풍부하고 지혜는 메말라가고 있다는 점도 지적했다. 플라톤의 「*Charmides*」에서 소크라테스는 '지혜는 지식의 지식이다' 라고 말했다. 대학에서 나와 신앙생활을 같이하는 동료교수들은 가끔 윤영춘 교수님을 모시고 기도회를 가지면서 지혜를 키우는 교육의 중요성에 동감했다.

1976년 봄 학기에는 한국에서 가장 큰 다국적 재벌그룹인 현대 그룹창업자인 정주영(1915-2001) 회장에게 명예박사 학위를 주었다. 대학원 운영위원회에서 누군가 조 총장과 나에게 그 제안을 했을 때 대학운영위원들 중 한명이 정주영 회장은 가정이 너무 가난하여 중학교 교육을 받지 못했다고 지적했다. 나는 그 말에 대하여 정 회장님은 지혜와 용기를 겸비한 분으로 '정말로 대학원의 학위를 받을만한 자격이 있는 기업가' 라고 강조했다. 그가 명예박사학위를 수여받은 후 거금을 대학에 기부하였고 대학은 그 돈을 우수한 학생들에게 수여하는 장학기금으로 사용했다.

나는 IAUP를 홍보하기 위하여 여러 나라의 대학들을 방문하였고 독일의 하이델베르크 대학의 하버트 니더랜더(Hubert Niederlander)총장, 알스카대학의 윌리엄 우드(William Wood) 총장, 텍사스 휴스턴대학의 프레드 데 모니(Fred De Money) 총장, 태국의 니혼드 새시돈(Nihond Sasidon) 교육부장관 등을 만났다. 가끔 나는 요청을 받고 그 대학들의 학생들에게 특별강연을 하기도했다. 특히 필리핀 산토 토마스대학의 레오나르드 지 레개십(Leonardo Z. Legasip) 총장의 초대를 받고 나는 그 대학의 대학원생들에게 1976년 11월에 '아시아 - 황혼인가 여명인가?'라는 제목으로 두 차례 특별강연을 한 기억이 지금도 생생하다. 그래서 1975년과 1979년 사이에는 경희대에서 강의를 할 시간이 없었다.

나는 하나님이 IAUP의 사무총장 역할을 활용하고 계시다는 것을 인지하게 되었다. 미국 죠지아주 아틀랜타에 본부를 두고 하와이와 싱가폴에 훈련원을 둔 하가이리더십연구원(Haggai Christian Leadership Institute)에서 태국의 파타야 해변에 있는 로얄클리프호텔에서 개최되는 태국 지도자 훈련 세미나에 와서 리더십에 관한 강연을 해달라는 부탁이 왔다. 그때가 1976년 초였다. 나는 마침 IAUP일로 인도를 가는 길이였기 때문에 수락했다. 그 연수원에서 나를 초대한 것은 1950년대 초 한국에 선교사로 있으면서 나와 친밀한 교분을 가졌던 그 기관의 부회장으로 더글라스 코자트(Dr. Douglas Cozart)박사가 나를 추천한 것이었다. 그곳에 참가한 태국 기독교 지도자들의 수는 적었지만 교양과 지식수준이 높은 인재들이었고 강의 도중 질문과 토의도 즐거웠다. 그 연수원의 설립자 존 하가이(Dr. John Haggai)박사는 내 강의를 듣고 만족하는 것 같았다. 그는 1976년 5월 일주일동안 싱가폴에 있는 하가이 연수원에서 특별강의를 해줄 것을 부탁했다. IAUP 업무를 보니 내가 말레시아의 대학교들을 방문할 시기여서 싱가폴에 들려 하가이연수원에서 강의를 할 수 있었다. 제 3세계에서 참가한 여러 기독교 지도들과 사귐을 가질 수 있었다.

내가 세계역사에서 위대한 지도자들의 삶을 연구하면서도 그때까지는 리더십이라는 개념에 대한 특별한 연구를 하지 못하고 있었다. 하가이 연수원 강의를 준비하는 동안에 우리에게 가장 필요한 것이 진정한 지도자 정신이라는 것을 확신했다. 싱가폴에서의 강의내용 일부는 다음과 같다:

"최근 런던의 경제전문지는 흥미로운 질문을 가지고 기사를 썼다. '당신의 대통령, 장관, 수상들 중 마음으로부터 존경하는 지도자가 있습니까?' 만약 이 질문에 대하여 'Yes'라는 대답은 하시면 당신은 이 세계에서 가장 작은 소수파에 속할 것입니다."

예수 그리스도는 요한복음 10:1-13절 말씀에서 대부분 나라의 높은 자리에는 '삯군, 도둑, 강도' 들이 너무나 많습니다.

그러면 지도자 정신의 가장 중요한 특징은 무엇일까요? 용기일까요? 지성일까요? 자기 통제력일까요? 아니면 창조성일까요?

우리 주님은 말씀하십니다. "나는 선한 목자라 선한 목자는 양들을 위하여 목숨을 버리거니와."(요한 10:11) 사람은 생래적으로 이기(利己)적 본성을 가지고 있는데 어떻게 자기 희생정신을 지닐 수 있다는 말입니까?

"나는 선한 목자라 내가 내 양을 알고 양도 나를 아는 것이 아버지께서 나를 아시고 내가 아버지를 아는 것 같으니 나는 양을 위하여 목숨을 버리노라.(요한 10:14-15)" 즉 하나님으로부터 받은 사명의 확신, 하나님나라 확장을 위한 확실한 비전(vision), 바른 상황판단과 구체적인 비전(vision)들의 설정, 그리고 다른 사람들과 협력을 하는 지도자는 희생정신을 가질 수 있다는 주님의 가르침입니다.

존 하가이(Johh Haggai) 박사와의 만남은 지도자로서의 그의 인품을 분명히 알게 했다. 그는 시리아 이민자의 후손으로서 폭넓은 지적 통찰력을 가진 헌신적인 기독교인이 되었다. 전 세계에 복음전파를 목표로 하는 웅대한 목표(Vision)를 가지고 주로 제 3세계 기독교인을 대상으로 지도자 정신 교육을 시작했다. 훈련생으로 선발되면 싱가폴에서 1달 동안 숙박과 항공권을 포함한 일체의 경비는 그 연수원에서 충당했다. 수백 명의 한국인을

아드리안 대학교 졸업식

포함하여 수만 명의 기독교지도자들이 그곳에서 연수를 받았다. 나는 틈이 있을 때마다 싱가폴과 하와이에서 하가이 리더십 훈련강의를 했다.

V. 모교로부터 명예박사학위

많은 IAUP의 지도자들과 또 하가이리더십연구원(Haggai Leadership Institute)에서 만났던 제3세계 지도자들과 계속 교류하기 위하여 나는 코리아 헤렐드의 내 칼럼, 「창조적 반응」(Creative Response)을 세계의 많은 친구들에게 보내기 시작했다. IAUP는 아직 초창기였기 때문에 각 나라 회원대학들을 사무총장이 방문하기를 원하였고, 또 하가이 훈련원은 세계 어느 나라에서든지 단기 리더십 훈련과정을 신청하면 허락을 해주었기 때문에 1970년대 후반기에는 한국에 있는 시간 보다 해외여행을 하는 시간이 더 많았다고 하여도 과언이 아니었다. 주로 동남아, 남미, 중동, 아프리카의 여러 나라들을 방문했다. 여행비용은 IAUP와 하가이연구원(Haggai Institute)에서 전적으로 지원했다.

수십 개의 나라들을 방문하다보니 코리아헤럴드 논설에 실을 논제와 화제들이 무궁무진했다. 1976년에는 중국 상해와 북경에서 강의하면서 모택동 수석이 사망하자 류소기(Liu Shao-chi), 린 피아오(Lin Piao), 등소평(Teng Hsiao-ping)등이 권력투쟁에 몰두하는 상황으로부터 많은 착상(着想)을 얻었고 한국의 자유 민주주의를 지키기 위해서 한국주둔 미군을 철수를 반대하는 주장을 코리아헤럴드에 써서 보냈다. 나는 세계의 여러 곳의 세계적 석학들 – 케네스 불딩(Kenneth E. Boulding), 폴 케네디(Paul Kennedy) – 등을 만나서 이야기 했는데 특히 허만 칸(Herman Khan)과는 약 30분 이상 세계의 앞날에 관하여 의견을 나누었고 그분들의 식견도 내 논설의 주제가 되었다. 가끔 나는 여러 친구들로부터 내가 쓴 칼럼에 대한 의견을 전해 받기도 했다. 아래 편지는 나의 클리브랜드대학원 시절에 친구가 된 영문학교수 레이몬드 그리휘트(Raymond Griffith)의 글이다.

"원설! 코리아헤럴드에 네가 쓴 3개의 칼럼을 고맙게 잘 받았어. 그것들은 훌륭한 수필이며 잘 짜여 진 칼럼이었어. 서두부터 결론까지 논리적이며 흥미로웠어. 매주 이런 칼럼을 쓰고 있다니 정말 대단해! 솔직한 성품과 삶에서 다양한 경험과 관심을 가졌기 때문에 사람들을 즐겁게 하고 가르칠 수 있다고 믿어! 축하해!"

얼마 후 서울에 있는 미국대사관에서 문화관계 전문가로 근무하는 정동섭이 나에게 편지를 보내 왔다:

"내 편지를 받고 박사님께서 놀라리라 생각합니다. 나는 교수님이 코리아 헤럴드에 매주 기고를 한 '창조적 반응(Creative Response)' 이라는 칼럼의 정기독자 입니다. 영어를 배우는 학생으로서 그 칼럼에서 매우 격려를 받고 있습니다."

"저를 간단히 소개하자면 1968년 경희대학교 영문학부를 졸업하였으며, 2학년 때에는 한 학기동안 서구문명에 대한 교수님의 강의를 들었습니다. 교수님 지식과 포용적인 성품에 매우 감명을 받았으며 나는 마음속 깊이 교수님을 존경합니다."

1980년 3월 19일 타이페이 의과대학 뭉-싱(Mung-Shiung Shieh) 총장으로부터는 다음과 같은 편지를 받았다:

"나는 코리아 헤럴드에 기고되는 동아시아의 미래에 대한 당신의 의견을 중국어로 번역하여 여기서 활용하고 있습니다. 사전에 승낙을 받지 않은 것에 대하여 사과드립니다. 동봉된 '오늘의 삶' 이라는 기사 5페이지는 박사님의 최근 칼럼을 내가 한문으로 번역한 것입니다."

이런 뜻하지 않은 소식들이 나를 놀라게 하며 가슴을 뛰게 했다. 나는 특히 1977년 2월 22일 모교인 오하이오 노던 대학교(Ohio Northern University)의 마이에이어(Samuel L. Myeyer)총장으로부터 뜻밖의 편지를 받았다. 편지의 내용은 대학원 위원회에서 만장일치로 자랑스러운 동문으로서 나에게 명예박사학위를 수여하기로 결정했다는 것이었다.

회상해 보건데 나는 1955년 한국의 유학생으로서 주머니에 단돈 $155를 가지고 그 캠퍼스에 도착했다. 태거트 부인(Mrs. Jay P. Taggart)을 비롯하여 그 도시에 사람들은 너그러운 도움을 베풀었으며 그 도움으로 내가 대학을 졸업할 수 있었다. 정확히 20년 후 모교는 다시 나를 캠퍼스로 불러 분에 넘치는 영광을 부족한 동문에게 주겠다는 소식이었다. 사실 모교에서 명예박사 학위를 받는 것은 어떤 세계 어느 명문 대학에서 받는 것보다 귀하고 어려운 일이다. 그 많은 동문들 가운데 한 사람을 뽑아 명박을 수여한다는 일은 대단이 어려운 결정이다. 나는 모교의 대학원위원회가 그런 결정을 하도록 한 것은 하나님의 뜻이라고 믿고 있다.

연락을 받고 나는 1977년 5월 오하이오주에 있는 모교에 도착했다. 그곳에 도착하자마자 메이어총장님을 방문했다. 머리를 숙이고 "감사의 말씀을 무엇이라고 표현할 수 없습니다."라고 말씀드렸다. 총장께서는 내가 IAUP 사무총장으로서 세계에 있는 대학을 하나로 뭉쳐 평화, 조화, 화해의 정신으로 미래의 지도자들을 교육시키는데 열심히 일하고 있다고 칭찬해주었다. IAUP의 회원으로서 그는 보스톤대회에 참석하였고 또 나의 코리아헤럴드 칼럼을 통해 최근의 활동상황을 잘 알고 있다고 말했다.

나는 갑자기 일어서서 "내가 명예박사를 받기 전에 인사해야 할 분이 있는데 잠깐 다녀오겠으니 용서해 주십시오."라고 말했다.

"아! 그 분이 누군인지 알아요. 1955년 이 학교에 올수 있도록 재정 보증을 서주신 태거트부인에게 인사를 해야 한다는 말이지요."

그러자 메이어 총장은 비서를 불러 말했다.:

"이 박사님을 시의 외곽에 있는 공원묘지로 안내하여 태거트 부인의 묘를 가르쳐 주세요"

나는 그녀의 묘 앞에서 무릎을 꿇고 눈물을 흘리며 작은 소리로 말했다.

"오! 나의 미국 어머님! 어머님께서 나의 재정보증서에 서명하지 않았더라면 나는 이 나라에 와서 공부할 수 있는 비자를 받지 못했을 겁니다. 어머님은 모든 방법으로 나를 도우려고 애를 쓰셨습니다. 어머님의 사랑이 없었다면 나는 이 나라에서 박사학위를 받지도 못하고 교수도 되지 못했을 것입니다. 제가 어떻게 어머님의 은혜를 갚을 수 있겠습니까?"

오하이오 노던대학의 명예박사 학위수여식은 다음 일정표와 같이 5월 22일에 예정되었다.

9:00-10:00 a.m. Coffee house in McIntosh Center
10:30 a.m. Worship Service in Wesley Center and the Confirment of the Honorary Degree
12:00 noon. Luncheon in the ballroom of McIntosh Center
2:00 p.m. Platform party to assemble students on lounge of King-Horn Center

학위수여식에서 나는 명예박사 학위를 받고 너무나 기뻤다. 학위 수여식이 끝난 후 애다시에서 하루를 더 머물며 기억나는 여러 주민들과 교수들에게 감사를 표했다. 그 후 오늘까지 나는 모교와의 연락을 계속하며 후배들을 위한 장학금도 내고 있다.

서울로 돌아와서는 1978년 7월 25-27일까지 이란의 테헤란에서 열리기로 되어있는 5차 IAUP회의를 준비하는 것이었다. 이란의 준비위원회와 밀접하게 협력하여 우리는 400명 이상의 참석자와 그의 배우자들을 수용할 수 있는 호텔을 준비했다. 나는 이란 준비위원회에서 그들이 직접 참석대상자들에게 초대장을 보내도록 했다. 그 회의의 세부분과 토의 사항들도 합의되었고 발표자들도 결정되었다. 참석자들이 관광을 하는 문제까지도 폭넓게 논의되었다.

테헤란에서 5차 IAUP회의는 1978년 7월15일-27일까지 이란 국회의사당에서 열렸다. 이란의 국왕과 왕비가 개회사를 해주었다. 국왕은 일 년 전의 만남을 기억하여 미소 지으면서 나에게 악수를 청했다. 그 회의는 49개 나라에서 560개 대학총장들이 참석했다. 회의주제는 '고등교육을 통하여 국가발전과 세계평화'였다. 그리고 세부토론 주제는 a)고등교육과 국가발전 b)인간적발전과 과학기술교육의 통합 c)국제간 교육증진 이었다. 국왕의 기조연설이 있었고 영국의 해롤드 윌슨(Harold Wilson) 전 수상, 아우렐리오 페세이(Aurelio Pecceii) 미래학회 로마클럽의 회장 등의 강연이 인상적이었다.

그리고 4그룹으로 나누어서 주어진 시간 동안 주제에 대하여 토의했다. 21세기를 맞이하면서 현재 세계의 위기에 반응하는 고등교육의 방향을 수정하는 것이 매우 필요한 시점이었다. 다음날 저녁 이란의 주요한 4개 대학에서 모든 참석자들을 초대하여 4그룹으로 나누어 저녁식사를 대접했다. 마지막 날 저녁에는 국왕과 왕비가 왕궁에서 송별파티를 열어주었다. 그 모임의 하이라이트는 조영식 회장님이 다시 세계대학총장협의회 회장으로 선출된 것이다.

나 역시도 6명의 부회장과 회계감사와 함께 사무총장으로 다시 뽑혔다. 한 가지 주목할 만한 변화는 3년 주기인 다음 회의의 준비 책임을 맡을 총장을 선출하는 것이었다. 미국의 부릿짓포트 대학교(Bridgeport University)의 레랜드 밀레스(Leland Miles)총장이 뽑혔다. 이 모임을 재정적으로 강화하기위하여 앨버트 화이트(Albert White) 박사의 2백5십만 달러를 모금하자는 제안을 하였고 채택되었다. 또한 세계평화정신을 따르는 미래지도자들을 기르자는 결의안도 채택되었다. 또한 나는 이란 국왕으로부터 국가훈장을 수여 받았다.

테헤란으로부터 한국으로 돌아오는 길에 경희대에서 명예박사학위를 받은 인도 하원의장 헤지(K.S. Hedge)의 초대를 받아 뉴델리에 들렸다. 나는 인도의회에 초대되어 센지바 레디(Sanjiva Reddy) 대통령의 연설을 귀빈

석에 앉아서 들었다. 인도의 정치지도자들이 매우 웅변적이고 토론에 능숙한 것을 보고 감명 받았다. 특히 인상 깊은 것은 데사이(Desai) 수상의 행동이었다. 공산당원의 한사람이 힌디말로 그에게 소리쳤을 때 82세인 그는 이성을 잃지 않았다. 오후에는 헤지(Hedge) 의장의 관저로 저녁식사 초대를 받았다.

이란의 테헤란과 인도의 뉴델리에서는 즐겁고 기억할만한 시간을 보냈다. 그리고 이어서 세계 여러 나라를 계속 방문했다. 1979년 6월, 조 총장님과 같이 태국의 교육자들이 모여 있는 방콕에 초대되어 크리앤새크 초맨앤(Kriansak Chomanan) 수상을 만났다. 그는 매우진지하고 생동감 있는 유머를 가진 보기 드문 정치가이었다. 그 모임은 전통 태국노래들을 학생들이 공연하는 스리나크 하린위로트(Srinakharinwirot) 대학에서 시작되었다. 수상이 갑자기 일어나 마이크를 잡고 아리랑을 부르자 나는 정말 깜짝 놀랐다. 그는 한국인인 우리를 부추겨 유명한 한국의 전통음악인 아리랑을 함께 부르자고 제안했다. 그는 1950년도에 한국전쟁에 참전한 태국의 젊은 군인으로 공산군침입을 막으려고 우리와 같이 싸웠다고 했다.

1979년 7월에 나는 스리랑카의 콜롬보대학을 방문하고 있었다. 9월에는 브라질과 케냐에 있었으며 세계의 여러 곳을 계속하여 돌아다녔다. 이렇게 무리를 하는 동안 가슴에 통증이 생겨, 미국에서 공부하는 동안 친하게 지냈던 유명한 심장병전문가 프라우드 피트 박사의 클래브랜드 병원으로 찾아가 만났다. 그는 나를 반갑게 맞이했다. 인사말을 주고받은 후 그에게 나의 가슴통증을 말했다.

"요즘 나는 가슴통증을 느낍니다. 아마도 내가 심장병을 앓고 있는 것 같습니다. 나의 상태를 검사 해 주실 수 있습니까?"

나의 설명을 듣자마자 프라우드 피트는 웃음을 터뜨리며 말했다.

"원설! 만약 자네가 심장병을 앓고 있다면 자네가 세계를 돌아다닐 수 없지! 가슴의 근육통증일 것이야. 어디 내가 검사를 한번 해볼까?"

청진기로 나의 가슴을 검사해본 후 그는 웃으면서 내 손을 꽉 잡고 건강상태에 대해서 걱정하지 말라고 했다. 가끔 가슴근육 통증이 있을 수 있으니 너무 염려하지 말고 식사와 운동을 균형 있게 잘하라는 충고를 했다.

그에게 감사하다는 말을 하고 노스웨스트 비행기를 타고 한국으로 돌아왔다. 비행기에서 나는 다시 가슴에 통증을 느꼈다. 불안한 느낌이 계속 나를 괴롭혔다. 누군가 그런 고통을 이겨내는데 필요한 것은 규칙적인 운동을 함으로써 건강을 강화시키는 것이라고 말해주었다. 하지만 어떤 운동을 해야 하나?

나는 1970년대 말이 되면서 IAUP 테헤란 대회를 성공적으로 치른 후에 IAUP 차기대회 준비는 Miles총장이 책임을 맡아 준비 하도록 되어 있기 때문에 1979년에는 좀 더 국내에 머물면서 교내 강좌와 미8군 연합사에 있는 메릴랜드대학의 한국분교에서 강의를 다시 시작했다. 이번에도 미국 외교사를 가르쳤다. 자주 미군 대령급들도 내 과정에 등록을 해서 내 강의를 듣곤 했다. 누군가 내 가슴통증을 듣고 말했다:

"이 교수님! 신체를 훈련시키는 가장 좋은 방법은 달리기입니다. 선생께서는 일주일에 최소한 3번을 시간을 내어 경희대체육관에 가서 반시간 동안 운동장을 천천히 달려야합니다. 너무 빨리 뛰려고 해서는 안 됩니다. 가슴통증이 있는 신체를 강화시켜 줄 겁니다."

실제로 나는 그때부터 계속하여 오후 3시 30분이 되면 사무실을 나와서 운동장에서 1.5마일을 12분의 속도로 뛰기 시작했다. 한 중년 뚱뚱한 남자가 그러한 속도로 달리는 것을 보고 놀라서 반농담조로 말하기도하고, 학생들은 박수를 쳐 주었다. 내가 하루도 거르지 않고 계속 이 속도로 1년 동안 운동하는 것을 보고 몇몇 학생들은 나와 같이 뛰기 시작했다. 이제는 어느 누구도 나를 비웃지 않았다. 나는 내 나이의 남자에게 달리기가 가장 좋은 운동이라는 것을 알았다.

1970년대 말의 시점에 이르자 내 인생에서 또 하나의 새로운 변화가 시작되었는데 이는 아이들이 자라서 성년이 되었다는 것이다. 1978년이 되자 큰 딸 영란이는 25살로 경희대 치대를 졸업반으로 결혼 적령기가 되었다. 그녀는 치대 재학 중 학업뿐 아니라 의료봉사활동도 열심히 하는 성실한 학생이었다.

믿음의 가정을 만날 수 있길 소망하던 그즈음 소망교회에 시무하시던 곽선희 목사께서 장로회신학교에 계시는 장로님의 아들을 소개하셨다. 서울대학교 공대를 졸업한 김성철과 영란은 순조롭게 교제하였고 감사하게도 경희대 조영식 총장님이 직접 주례를 자청해 주셔서 그해 12월에 많은 하객들의 축하를 받으며 결혼하였다.

둘째 딸 미란이는 경희대 약대생이었다. 자기의 직업에 대한 꿈이 있었고 더 많이 공부하기 위하여 미국유학을 원했다. 그래서 나는 뉴욕에 있는 롱아일랜드내에 있는 브루클린약대를 추천했고 미란이는 나의 추천을 받아들여 한국에서 약사면허를 취득한 후 미국약대로 학사편입을 하였다

큰 아들 기한은 경기고등학교 재학시 학교 영자신문 편집장을 하면서 영문학자가 되는 확실한 목표를 갖게 되었다. 그는 미국에서 영문학을 공부하기 전에 한국에서 군복무를 먼저 마치고 떠나기 위해 군복무를 지원했다. 아내와 나는 그의 결심을 알고 그의 생각을 지지했다. 바른 성품과 깊은 신앙을 가지고 자기의 이름 기한(基韓)(the Jesus- Korea Vision)에 합당한 삶을 살 것으로 믿어졌다. 그는 1980년 초 군대에 입대했다.

막내인 경한이는 1979년에 19살이었다. 그는 과학분야 뿐 아니라 음악과 미술에도 소질을 보였고 고등학교에서 열심히 공부하였으나 서울의대에 입학시험을 보러갈 때 심한 독감을 앓았다. 그래서 나는 그에게 전기입학 시험인 서울대를 포기하고 후기에 시험을 치르는 의대에 지원할 것을 제안했으나 그는 나의 제안을 과감히 뿌리치고 병중에도 서울대 입학시험을 보았고, 높은 점수로 합격했다.

나는 네 아이들이 올바르게 자라서 본인이 잘할 수 있는 분야에서 성실히 공부하게 된 것을 무엇보다 아내에게 고맙게 생각한다,. 아내는 쾌활한 외향적인 성격을 가졌지만 세심하게 가정 일을 돌보는 훌륭한 아내이며 어머니였다. 너무나 바쁜 나는 아내와 아이들과 같이 하는 시간을 거의 가질 수 가 없었다. 아내는 재정적 문제나 다른 가정 문제들을 해결하는데 내가 신경을 안 쓰도록 세심하게 주의를 했다.

제5장
경희대학교 부총장으로서

1. 대학교총장 제의를 사절

1970년대 우리나라는 박정희 대통령 정권 아래서 눈부신 경제발전을 하였음에도 불구하고 정치적인 상황은 극도로 혼란했다. 박 대통령은 그의 목표(vision)를 실현시킬 수 있는 SMART한 특별한(Specific), 측정할 수 있는(Measurable), 얻을 수 있는(Attainable), 현실적인(Realistic), 분명한(Tangible) 목표(Vision)를 가지고 국가발전을 위하여 노력했다. 박 대통령이 1963년 대통령에 취임할 때 1인당 소득이 100달러였는데 그가 서거한 1979년에는 1,640달러로 치솟았다.

그러나 박정희 대통령은 자기의 권력을 유지에 너무나 강한 야망을 가졌다. 그는 1978년 7월에 통일주체국민회의에 의해서 6년 임기의 대통령직에 다시 선출되었다. 반대 시위운동이 거세게 일어났다. 특히 박 대통령이 새 민주당 김영삼 총재를 정치권에서 제명시킴으로써 학생시위가 부산과 마산에서 거세게 일어났다. 서울에서도 대학생들이 거리에서 반정부시위운동을 격렬하게 시작했다. 이러한 상황에서 1979년 10월 26일 김재규 중앙정보부장은 박 대통령을 총을 쏘아 시해(弑害)했다.

박정희 대통령의 갑작스런 죽음으로 정치적 위기에 직면한 통일주체 국민회의는 1979년 12월6일 이 나라의 대통령으로 최규하 국무총리를 선출했다. 유신헌법이 폐지되고, 민주 새 헌법이 국민투표로 채택되어 민주주의의 새로운 아침이 동트는 것 같았다. 그러나 최 대통령은 익숙한 행정가였지 정치적 지도자는 아니었다. 12월 12일 새 대통령이 선출되고 나서 겨우 1주일 만에 보안사령관 전두환 장군이 군사 쿠데타를 일으켜 박대통령 시해사건에 정승화 계엄사령관이 관련되었다고 그를 기소했다. 그것은 군사반란이었다. 최 대통령은 전두환 장군을 처벌하는 대신 그를 군인 신분을 유지한 채 중앙정보부장으로 임명했다. 그는 두 자리를 동시에 갖게 되었다. 이런 경우는 과거의 전통을 무시한 일이었다. 최 대통령은 진정한 의미에서 결정권을 갖지 못한 실권 없는 대통령이었다.

이러한 전환기에 나는 1979년 12월 15일 '코리아 헤럴드'에 '헌법에서 현실주의' 라는 제목으로 다음과 같이 글을 썼다:

> "이러한 역사의 전환기에서 우리 민족에게 중대한 일은 새로 출현한 4공화국의 청사진이 될 새로운 헌법의 입법이다. 그리고 3권 분립의 적절한 분배가 어떻게 되어야 하는가? 새로운 헌법은 인간의 권리를 어떻게 지켜줄 것인가? 그 헌법이 우리나라의 빠른 사회 정치적 변화를 어떻게 반영할 것인가?
>
> 만약 우리가 민주적인 헌법을 만든다면 그 과정에서 사회 모든 분야의 의견을 자유롭게 표현할 수 있는 기회가 주어져야 한다. 나는 국민들에게 고대 로마가 그런 안정된 사회를 만들 수 있었던 것은 자연법에 대한 그들의 믿음 때문이었다는 것을 상기 시켜주고 싶다. 중세에 토마스

아퀴나스는 자연법보다도 훨씬 높은 또 다른 법을 생각했다. 그것은 자연법보다 더 높은 하나님의 법이었다. 우리는 우리의 새로운 헌법에 이러한 불멸의 높은 법이 반영되도록 하기위해서 정부의 결정권자들이 정신을 바짝 차리도록 해야만 한다."

1980년 봄, 국내 정치, 사회적인 사정은 새로운 위기에 처해 있었다. 전두환 장군이 군부를 장악하면서 원로 장성들 다수를 퇴역시키고 자기가 주도해 온 군부내의 비공식 조직인 하나회의 다수를 군부 고위직에 승진-배치 시켰다. 4공화국의 새로운 청사진이 펼쳐지기를 국민들은 기대했지만 곧 실망했다. 군부요직에는 하나회 출신들이 배치되었다. 차규헌, 유학성, 황영시, 노태우 등이었다. 최규하 대통령은 상징적 존재에 지나지 않았고, 실제는 전두환 장군이 중앙정보부장(KCIA)을 겸임하면서 정부전체를 통제하는 권력자가 되었다.

1980년 초 우리 사회는 많이 현대화 되어 지식층, 노동조합, 농민연합 등 다양한 사회세력이 민주화를 요청하기에 이르렀다. 특히 학생집단의 민주화 요구가 강력했다. 학생들의 반정부 시위는 갈수록 거세졌다. 마침내 1980년 5월 17일, 정부는 그간 시행하고 있던 계엄령을 전국적으로 확대 강화하면서, 김대중, 김영삼, 김종필을 포함한 30명의 정치지도자들을 가택연금 시켰다. 국회는 휴회되고 대학교에는 휴교령이 내려졌다. 정치활동이나 시위활동은 모두 금지 되었다.

이와 같은 조치에도 불구하고, 1980년 5월18일 광주와 주변 도시의 학생들이 크게 시위활동을 벌렸다. 무장한 공수부대가 조선대학교 교정에 투입되어 데모하는 학생들을 체포하였다. 그 광경을 바라본 시민들은 반정부 데모에 합세 했다. 다음날 군부의 탱크들이 광주시내로 진입했다. 시민들도 총을 가지고 시가전을 벌렸다. 총성이 사방에서 울려 퍼졌다. 그때 부터 5월 27일까지 피비린내 나는 광주 민주항쟁이 계속되었다.

이런 위급한 상황 가운데서 전두환 장군은 김대중과 문익환 등 37명을 광주사태의 주범으로 체포하여 감옥에 가두었다. 광주시내의 총성은 27일까지 계속되고 보도된 바에 의하면 1,200명의 시민들이 사망했다.

최규하 대통령은 이런 사태가 다른 도시로 확산될 조짐이 나타나고, 자기의 능력으로는 사태를 수습하기 어렵다고 판단되자 1980년 8월 16일 대통령직을 사임했다. 통일주체국민회의는 전두환을 대통령으로 뽑았다. 그는 9월 1일에 대통령으로 취임했다. 광주사태를 일으킨 김대중 같은 정치인들은 군사재판에서 사형을 선고받았다. 유신헌법이 폐지되고 새 헌법이 국민투표에 의해서 채택되었다. 군사정권은 이전 보다 더 강화되었다. 그 뒤 81명으로 구성된 통일주체국민회의는 국가 안보 입법회의로 입법부를 대신했고, 그 회의는 모두 전두환 대통령이 지명한 인사들로 구성되었다. 곧 이어 모든 정당은 해산되었고, 11월 12일에는 555명의 정치인들이 앞으로 8년 동안 정치활동을 못하게 하는 정치 정화법을 만들었다. 그리고 937명의 언론기관원과 라디오 방송국을 통폐합하고, 5,278명으로 이루어진 대통령 선거인단을 만들어 통일주체국민회의를 대신하게 했다. 그 선거인단은 1981년 2월 25일에 전두환을 제 5공화국의 7년 단임제 대통령으로 선출했다. 그 과정에서 민주적인 절차는 찾아보기 어려웠다.

이런 살벌한 사태 속에서 전두환 정부는 사립대학을 설립한 총장들을 모두 현직에서 물러나라는 긴급명령을 내렸다. 그 명분은 박정희 대통령 시기와 같이 사립대학들이 재정적인 부정을 저질렀다는 증거를 찾았기 때문이라고 했다. 그러나 선교사들이 설립한 연세대, 숭실대, 한남대 등은 한국인 교주가 없었기 때문에 그 명령에서 제외되었다.

이런 상황속에서 1980년 8월 말 나는 조영식 총장님의 긴급한 부름을 받고 총장실로 갔다. 총장님께 인사드리고 자리에 앉자마자 조 총장님은 급히 말씀하셨다:

"이 학장! 나를 이어서 우리대학의 총장직을 맡으시오. 알다시피 군사독재정권이 사립대학의 모든 설립자들에게 퇴임을 명령했오. 기억하는 것처럼 군부는 쿠데타 후 바로 하는 일은 언제나 똑같아. 1961년 당시 그들은 재정의 편법을 밝혀내기 위하여 할 수 있는 모든 것을 조사하였지. 하지만 실제적으로는 아무것도 찾지 못하였고, 마지막에는 대학총장과 운영위원장들을 다시 대학으로 돌아와 대학을 더 크고 아름다운 교육장으로 운영하라고 했지. 오늘의 군사정부는 과거의 기억에도 불구하고 또 다시 우리에게 물러나라고 하고 있지. 이번에는 그들이 우리를 처벌하여 국민들에게 이 나라를 통제하는 힘을 과시하려는 것이지. 나는 내 뒤를 이어서 이 대학의 총장으로 누군가를 선택하여야하는 문제에 대하여 매우 깊이 생각해왔어. 나는 이 학장을 전적으로 신뢰할 수 있는 사람이라고 확신했오. 학자로서 흠집이 없는 배경과 능력을 가지고 있고 교육자로서 학생들로부터 매우 존경받고 있고, 게다가 교육부의 고등교육 국장을 지냈으며, 세계대학총장협의회(IAUP)의 사무총장으로서 폭넓은 경험을 가지고 있으므로 내 제안을 받아주시기 바라네."

조 총장님이 말씀 하시는 동안 나는 천장을 응시하고 있었다. 그가 총장직을 나에게 제안할 때 사실 나는 놀랐다. 내가 침묵을 지키고 있자 조 총장님은 목소리를 높여 고함을 치다시피 말했다:

"이 학장! 내가 당신의 침묵이 내 제안을 받아들이는 것으로 여겨도 될까?"

마침내 나는 입을 열어 조용히 말했다:

"총장님! 저에 대한 총장님의 신뢰에 대하여 말로 표현할 수 없을 정도로 깊이 감사드립니다. 하지만 분명히 말씀드리지만 저의 대답은 'NO' 입니다."

우리 둘의 논쟁이 한 시간 이상 지속되었지만 나는 계속해서 거절했다. 조 총장님은 나의 마음을 바꾸게 할 수 없다는 것을 알고 마침내 말씀했다.:

"이 학장! 만약 당신이 개인적인 이유로 나의 제안을 받아들일 수 없다면 이 대학을 효과적으로 운영할 수 있는 이상적인 인물이 누구라고 생각하나?"

의자에서 일어나면서 조 총장님에게 말했다. "총장님! 저의 소견으로는 경희의과대학의 학장인 안치열 박사가 인격이나 경륜을 갖춘 적임자라고 생각됩니다." 나는 안 박사께서 지니고 있는 겸손과 부드러운 성품을 좋아했다. 만약 조 총장님의 뒤를 이을 사람이 어떤 지나친 야망을 가진 사람이라면 군사정권과 깊은 관계를 맺어 조 총장님의 대학내의 위치를 손상 시킬까 두려웠다. 안 박사는 결코 그런 야심가가 아니었다. 조 총장님이 내가 안 박사를 추천하자 아무런 반대의 말을 하지 않았다. 나는 편안한 마음으로 인사를 드리고 총장실을 나왔다.

며칠 후 조 총장님이 대학의 총장자리에서 두 번째로 물러났다. 1980년 8월, 경희대의 총장으로 안치열 박사가 임명되었다. 의과대학의 교수들은 진심으로 환영하는 것 같았다. 경희대 교수 가운데 조 총장님께서 처음에 나를 총장으로 지명했다는 사실을 아는 사람은 아무도 없었다. 안 박사도 눈치 채지 못했다.

경희대학교 설립자 조 총장님은 경희 학원장이라는 새로운 직위를 가지고 유치원, 중,고등학교, 대학교, 대학원까지 돌보는 일을 했다. 그는 1988년까지 총장직에 복귀하지 못했다. 그래서 그는 교육을 통하여 세계평화를 증진시키는 일에 좀 더 관심을 가졌다. 1981년 한영(韓英)으로 「*Peace is More Precious Than A Triumphal Celebration*」을 집필을 하여 출판 했다. 1986년에는 영어로 「*Proposal for Peace*」를 출판했다. 또 그분은 국제 평화연구소를 설립하여 나를 첫 번째 이사로 임명했다. 그래서 나는 안 총장 밑에서 대학원장직과 조 학원장님 밑에서 평화연구소의 이사로 두 가지의 일을 하게 되었다.

II. 대학부총장으로서 독특한 역할

나는 1980년 가을부터 대학원장직과 평화연구소 이사의 두 가지 일로 학교생활이 매우 바빴다. 매주 목요일에는 세계평화에 대한 세미나가 있었다. 조 학원장님이 간단한 개회사를 하고, 주로 경희대 학자들과 다른 대학의 저명한 학자들이 강연을 했다.

세계 평화에 대한 세미나에 깊이 관여하면서, 코리아 헤럴드 칼럼에도 세계평화에 대해 논설을 자주 썼다. 1980년 대통령선거에서 레이건이 승리하는 것을 보고나서, 나는 1980년 12월 17일자 코리아 헤럴드 칼럼에 나의 소감을 썼다:

> 레이건은 1981년 1월 20일 그의 어깨에 크고 무거운 책무를 지고 워싱턴정부의 열쇠를 넘겨받을 것이다. 나는 그가 세계평화를 안전하게 지키기 위하여 강한 방위정책을 고수하기를 바란다. 미국의 해외정책은 동맹국들의 신뢰를 빨리 회복해야 한다.

나는 개인적으로 레이건의 한국의 안보에 대한 태도를 환영했다. 분명히 그는 한반도에서 냉전이 아직 끝나지 않았다는 인식을 충분히 갖고 있었다. 1981년 3월 21일자 나의 칼럼의 제목은 'H. G. Well's Prophecy'이었다. 일부를 소개하면:

영국의 허버트 죠지 웰즈(H.G. Wells (1866-1946))는 소설가, 저널리스트 그리고 인기 있는 역사가로서 세계적인 명성을 얻었다. 그는 1981년의 세계는 어둠의 장막이 겹겹이 쌓여 퇴보하는 시대가 될 것이라고 예언했다. 그는 1981년은 폭력이 널리 퍼져서 사람들이 매우 고통 받을 것이라고 경고 했다. 게다가 세계적인 대재앙이 다가왔음을 미리 알아차렸다. 그는 1981년의 세계는 의심과 미움 그리고 계층 간의 심한갈등과 새로운 세계전쟁의 가능성이 짙어가는 죠지 오웰(George Orwell)의 명저 「1984」로 나아갈 위험성이 있다고 경고했다.

사실, 1981년 초의 한국 상황은 허버트 죠지 웰즈의 경고를 그대로 나타내는 것 같았다. 전두환 대통령은 정부의 우두머리로써 국민의 뜻에 무감각했다. 하지만 1980년대의 한국사회는 1960-70년대의 사회와는 더 이상 같지 않았다. 학생들의 데모들은 일반국민들과 근로자들의 지지를 받았다. 경희대도 마찬가지로 법과 질서를 유지하기가 점점 어려워지기 시작했다.

이러한 환경에 대처하기 위해 조 학원장님은 1981년 봄에 나를 그의 사무실로 불렀다. 내가 그의 사무실을 두드리자 안 총장도 그 방에 와 있었다. 그들은 나에게 "경희대학 부총장직을 맡아주기를 바란다"고 말했다. 나에게는 전혀 뜻밖의 이야기였다. 그러나 나는 그 제안을 받아들이고 깊은 감사를 드리며 최선을 다하여 믿음에 보답하겠다고 했다.

경희대의 총장직을 절대적으로 거절했던 내가 왜 그런 결정을 내렸을까? 안 총장 밑에서 부총장직을 기꺼이 맡기로 한 결정을 아내와 친지들에게 어떻게 설명할 수 있을까? 그 대답은 오히려 간단하다. 조 총장님이 군사정부에 의해서 그 자리를 물러나기 전까지만 해도 경희대와 조 총장님은 거의 한 몸이나 다름없었다. 그 두 이름 – 경희대와 조영식 총장 – 은 서로 띄어놓고는 존재할 수가 없었다. 그가 29세부터 가지고 있는 돈, 시간, 재능, 육체적인 힘, 지식 그리고 지혜 등 모든 것을 쏟아부어 오늘의 경희대를 만들었다. 그래서 나는 이 대학의 총장이 되는 것을 사절(謝絶)했다. 그러나 지금은 상황이 변하여 이제는 내가 대학의 부총장이 되더라도 조 총장님의 감정을 아프게 하지는 않을 것이라고 생각했다.

나는 1981년 4월 14일에, 경희대의 부총장으로 취임했다. 그 당시에 내 나이는 50세이었다. 나의 기록된 비전(vision)에는 부 총장에 대한 말이 전혀 없었다. 그러나 아주 만족스럽게도 역할분담은 안 총장은 대학내부의 모든 행정적인 일을 맡게 되었고 반면에 나는 교육부 고등교육국장의 근무배경을 갖고 정부의 문제를 다루며 IAUP의 사무총장으로서 국제 교류를 다루는 외부 일을 맡게 되었다. 안 총장은 합리적이고 판단력이 있으며 공평한 사람이었다. 그는 나와 일의 분담이라는 이례적인 일을 기꺼이 받아들였다.

IAUP 6차 회의는 세계평화교육이라는 제목으로 1981년 6월 28일부터 7월 3일까지 코스타리카의 산체스에서 열렸다. 그 당시에 세계평화는 소련과 미국 사이의 무기 경쟁뿐만 아니라 이 지구상의 많은 나라들 사이에서의 경제적 경쟁 정치적 갈등 그리고 사회적인 불안들에 의해서 매우 심각한 위협을 받고 있었다. 나는 IAUP의 사무총장으로서 코스타리카 회의를 계획 하는데 전념했다. 과거 두 차례나 IAUP 총회를 계획하고 주도한 경험을 바탕으로 종합적인 계획을 세웠다.

그리고 세부사항을 다듬는 일은 차기 총장 리렌드 마일즈(President-elect Leland Miles) 총장 책임 하에 이루어졌다. IAUP 테헤란회의에서 차기총장으로 선출된 리렌드 마일즈 박사는 미국의 브리지포트대학의 총장이었다. 현명하고 통찰력이 있는 그는 IAUP의 일에 전념했다. 코스타리카의 로드리고 카라조 오디오(Rodrigo Carazo Odio)대통령 도 그 회의를 개최하는 데 매우 협조적이었다. 그래서 49개 나라, 800명의 대표들이 모여 회의를 할 수 있었다.

　조 총장은 코스타리카 회의 회장으로서 '교육을 통한 세계평화 실현' 이라는 제목으로 다음 세 가지를 제안하며 개회 연설을 했다: 1) 유엔총회에 유엔평화의 해와 평화의 날을 정하도록 제의하자; 2) 세계 모든 정부가 평화 교육과정을 개설하도록 촉구하자; 3) 전쟁보다는 문화에 집중 하도록 세계역사 교과서를 다시 쓰는 특별위원회를 설치하자.
　조 총장님은 이런 강한 메시지를 전달 하고나서 회장직에서 물러났다. 이어서 리랜드 마일스 총장이 IAUP 회장으로 취임했다. 나도 코스타리카 회의에서 사무총장직에서 물러났다. IAUP에서는 나에게 감사표시로 공로상을 주었다.
　그 회의를 마치고나서 조 총장님은 멕시코, 콜롬비아, 에콰도르, 그리고 페루 등 여러 나라들을 방문했다. 그는 IAUP의 코스타리카 결의안을 가지고 여러 나라들의 지지를 받은 다음, 뉴욕에 있는 유엔 본부로 갔다. 그는 유엔총회에서 평화의 해, 그리고 평화의 날을 제정 하는데 성공했다. 코스타리카 공화국의 로드리고 카라조 오디오 대통령과 많은 라틴 아메리카 나라들의 지지가 있었기 때문이다. 많은 사람들이 조총장님의 세계평화를 위한 남다른 성과에 놀라워했다.

나는 경희대의 안 총장을 도와 계속 바쁜 나날을 보냈다. 우수한 학생들을 유치하기 위하여 뜻이 맞는 교수들과 함께 국내의 우수한 고등학교들을 방문했다. 많은 학교의 교장들의 협조아래 학생들을 강당에 모아 놓고 나와 동료교수들이 그들에게 경희대학교 교육의 우수성을 설명했다.

1982년 초, 경희대 의료봉사팀이 방콕에서 거의 10,000명에 달하는 빈민들을 치료하는 해외봉사를 실시했다. 그 일은 우연히 시작되었다. 1981년 나의 친구인 방콕대학의 촤로엔 칸타우옹스(Charoen Kanthawongs) 총장이 예기치 않게 나를 방문했다. '어떻게 여기를 오셨소' 라고 소리치면서 반갑게 그를 맞이했다. 그는 프렘(Prem) 수상의 수행원으로 한국을 방문했다고 말했다. 우리는 인사를 나누고 나서 두 나라에 이익이 되는 일을 계획해서 함께하자고 했다. 그래서 한국에서는 태국의 빈민들에게 의료봉사를 제공할 수 있는 한국 봉사 팀을 조직하기로 했다. 그리고 그는 태국의 의료봉사단체를 구성할 것을 약속했다.

내 생각을 안 총장께 이야기 했다. 그는 적극적으로 찬성하여 경희대학 해외의료팀의 구성을 약속하고 조 이사장님도 태국의 대학총장들에게 편지를 썼다. 그 계획이 알려지자 교육부도 그 계획을 돕기로 했다. 대한항공에서는 비행기 항공권을 제공했다. 방콕에 있는 한국대사는 우리에게 지역 상황에 대한 정보를 제공했다. 경희대의료센터는 교수와 약사 등 대규모 의료봉사 팀을 구성하게 되었다. 내 기억으로 총 인원이 나를 포함하여 36명으로 이루어진 팀이 1982년 봄에 방콕에 도착했다.

우리는 방콕 빈민 지역에 살고 있는 주민들로서 병원에 가서 치료를 받을 수 없는 가난한 환자들을 치료하기 시작했다. 첫째 날에 1,000명의 환자를 치료했고, 그 다음 날부터 태국의 의대 팀도 우리와 합류했다. 우리 팀이 10일 동안 그곳에 있으면서 10,000명 이상을 치료했다. 어느 날 아침 태국정부의 코만(Khoman) 부수상이 우리 팀을 방문했다. 그가 우리 팀과 담소하는 중 T.V카메라가 나타나서 우리 팀을 태국국민들에게 소개했고 그는 한국국민에게 텔레비전 앞에서 감사의 절을 했다. 프렘 수상은 우리 팀 전체와 태국의 지도자들, 학생들을 저녁식사에 함께 초대했다. 왕립무용단은 우리를 위하여 태국전통춤을 공연했다. 그때의 즐거웠던 기억이 아직도 생생하다.

한국으로 돌아와 보니 한국대학들의 관심은 한국대학교육협의회를 만들어 집단적으로 정부에 요구사항들을 요구했다. 그 때까지도 대학들은 그들의 요구사항을 대변해 줄 단체가 없었다. 한국의 여러 대학총장들이 IAUP에 참가하여 세계 여러 나라를 방문하면서부터 그런 생각이 떠오르게 된 것이다. 대학교총장들은 자기들의 공통된 계획을 스스로 도울 수 있는 기관을 자기나라에 세울 필요성을 느꼈다. 그 계획을 실현하기 위한 기획위원회가 이루어졌다. 나는 그 회원으로 선정되었다. 교육부는 한국대학교육협의회의를 합법적인 단체로 지원하게 되었다. 한국대학교육협의회는 공식적으로 1982년 4월 2일에 시작되었다. 나는 초기에 부회장으로 일했다.

한국대학교육협의회는 다음과 같이 고등교육을 개선하기위한 아이디어와 지혜를 모았다. 1) 각 대학이 더 많은 자율성을 갖도록 정부에 요구, 2) 입학시험 개선, 3) IT기술을 사용함으로써 교수법 개선, 4) 직원들을 훈련을 위한 프로그램개발, 5) 각 대학들의 자체평가 방법들 개발, 6) 정부의 더 많은 재정지원 요구.

이 때 쯤에 아내는 미국 롱 아일랜드(Long Island)대학원에서 약사가 되기 위해 공부에 전념하고 있는 미란의 결혼에 대하여 걱정하고 있었다.

그녀는 같은 또래의 남자에 관심을 보이지 않았다. 아내는 걱정이 되어서 그 애를 결혼시킬 방법을 궁리 했다. 그래서 미란이가 여름방학 동안 한국에 와서 쉬도록 여비를 보냈다. 아내는 미란이가 한국에 도착하자 그 애를 붙잡고 선을 보지 않으면 뉴욕으로 가는 것을 허락할 수 없다고 했다. 결국, 미란이는 아내의 말에 동의를 하고 한양대 경영학부를 졸업한 엄영호라는 청년과 선을 보았다. 당시 아세아연합신학교 교수로 재직중이던 김성철 교수가 소개한 것이다. 영호의 외조부는 한국에서 처음으로 텔레비전을 생산한 전자회사를 창업하신 유명한 사업가였다. 부친 엄규진씨는 젊었을 때 반공단체에서 활동 했고, 기독교 단체에서 영어와 한국어로 다락방(Upper Room)의 출판자로 유명했다.

미란은 영호의 성격이 너그럽고 개방적이며 친절하다는 것을 알고 좋아했다. 그 둘은 사랑에 빠지게 되었고 영호도 공부를 하기 위해 미국으로 갈 계획을 세우고 롱아일랜드 대학원에서 입학 허가를 받았다. 그들은 1981년 12월 9일, 동신교회에서 결혼식을 마치고 학업을 계속하기 위해 미국으로 갔다.

III. 즐거운 긴 휴가

이즈음, 국내 정치상황은 암울한 위기로 빠져들고 있었다. 전두환 체제 하에서는 새로운 헌법이 제정되어 대통령을 선출하던 통일주체국민회가 해체되고, 5,278명의 새로운 대의원이 선출되어 1981년 1월 25일에 7년 단임의 새로운 대통령으로 전두환을 선출했다. 그 당시 정치판에서는 민주적인 절차란 없었다.

이러한 사회-정치적 상황 때문에 반정부 학생운동이 전보다 더 격렬하게 일어났다. 1980년 가을부터 반 군사독재 전단지들이 경희대 안에 뿌려지기 시작했다. 그리고 산발적인 소규모 학생데모가 한신대, 동국대, 연세대 등으로 확산되기 시작했다. 강경한 학생단체들이 일어나서 전두환 정부를 독재 정부로 비난하기 시작했다. 또한 학생데모에서는 미국을 반대하는 구호가 겉으로 나타나기 시작했다. 반미 정서의 주요원인은 광주사태 때 미국정부가 침묵을 했다는 것에서 비롯되었다. 1982년 3월 18일에는 부산 미국문화원이 불에 탔다. 정부는 학생들의 데모를 통제하기 위해 모든 대학교에 사복경찰관들을 배치했다.

이러한 상황에서 경희대의 부총장인 나는 마음이 무거웠다. 나는 학교에서 '법을 지키면서 자유' 라는 주제로 강연을 했다. 일반적으로 학생들은 복종한다는 것은 자유에 대한 굴복으로 생각한다. 하지만 자유로워진다는 것은 제멋대로 행동하는 것만을 뜻하지는 않는다. 다른 사람들의 자유를 존중하면서 동시에 법도 지켜야 한다는 내용이었다. 그리고 자유로운 사람은 다른 사람에게 그의 자유를 위해 폭력을 휘둘러서도 안 된다. 위대한 철학자 칸트는 자기의 행동을 잘 훈련하여 그가 산책을 할 때 사람들은 그를 보고 그들의 시계를 맞추었다는 일화가 있다. 이런 식의 대화로 반정부 대규모 데모에 이끌려가는 학생들에게 충고했다.

반면에 전두환 정부를 질책하는 글을 코리아 헤럴드의 '창조적인 반응'(Creative Response)에 썼다. 그 당시 정부의 지도자들은 우리가 선진국대열에 서기 위해서는 우리 국민들의 정신풍토를 변화시킬 필요성이 있다고 자주 주장했다. 그러나 어떻게 총칼로 국민들의 정신을 변화시키겠다는 말인가?

나는 교회와 다른 사회의 대중 강의에서 이런 문제에 대하여 자주이야기를 했다.

"최근에 정부는 국민의 의식개혁을 주장했다. 그러나 의식개혁은 정부의 강요로 이루어지지 않는다. 민간인들 안에서 지각과 애국심이 있는 인사들이 정부의 잘못을 자유롭게 공격하는 풍토가 선행되어야 한다. 언론의 자유는 의식개혁의 필수 조건이다. 현 정부는 이 점을 명심하고 의식개혁을 추진해야한다. 여러분도 동감하면 이 점을 정부에 강력히 요구해야 한다".

1982년 10월에 안 총장이 사표를 제출했다. 안 총장의 사임이유는 알 수 없었다. 그가 이 대학교를 빠른 시일 안에 최고의 위치로 끌어올리기 위해서 너무나 과로한 것 같았다. 어쩌면 그는 대학의 이사장이신 조영식 박사와 관계가 원만하지 못했는지도 모른다. 어째든 나도 안 총장과 동시에 부총장직을 물러났다. 원래 부총장 자리는 총장과 행동을 같이 하는 것으로 알고 있었고, 그것이 여러 대학교에서 하나의 관례처럼 되어왔기 때문이다.

안 총장과 내가 사임한 후, 법과대 교수가 새로운 총장으로 취임했다. 나는 역사학과로 돌아가서 2-3과목을 맡아 강의를 했다. 다시 강의실에서 학생들과 같이 생활하게 되어 기뻤다. 나는 그때부터 몇 권의 책을 쓸 생각을 했다.

그러나 나 때문에 교수들 사이에서 새 총장 임명에 대한 말썽이 생기고 있다는 소문을 들을 때 괴로웠다. 교양학부, 정경대학 등에서 나와 가깝게 지내온 여러 교수들은 내가 총장으로 승진되지 못한 것에 대하여 다소 아쉬워 한다는 소문이었다. 나는 매우 불편함을 느꼈다. 내가 새로운 총장에게 장애가 된다고 생각했다. 잠시 내 자신을 재충전하기 위해서라도 일 년 동안 미국으로 나가있을까? 하는 생각을 했다.

이상하게도 그런 요구가 내 가정에서부터 일어났다. 그해 겨울에 큰아들 기한이가 제대할 예정 이었다. 기(基)+한(韓)은 이름의 뜻을 따라 살려고 하는 비전(vision)을 갖고 있었다. 미국에서 영문학박사 학위를 받아 대학교수가 되어 학생들을 가르치고 영문학에 관한 책들을 써서 한국 국민의 세계화를 도우려는 것이었다.

그래서 나는 대학교본관 건물에 있는 이사장 사무실의 조 이사장님을 만나러 갔다. 나는 1962년부터 경희대에서 학생들을 가르치면서 한 번도 안식년(sabbatical year)을 갖지 못했다고 말씀드렸다. 내 자신의 재충전을 위하여 일 년 동안 아들과 함께 미국에 객원교수로 가기를 원한다고 했다. 조 이사장님은 나의 말에 동의했고, 새로운 총장도 기꺼이 나에게 일 년 간의 안식년을 허가해 주었다.

아내와 기한은 그 소식을 듣고 매우 기뻐했다. 그때 기한은 미국에 가서 같이 공부할 사람이 있다고 했다. 아내와 나는 관심을 가지고 들었다. 그녀는 이화여대생, 유화영이었다. 그녀를 내 아내와 함께 만나보니 기독교인으로 미모와 성격 그리고 인간성이 미음에 들었다. 그래서 두 젊은이의 결혼을 허락했다.

그때부터 모든 것이, 내가 생각했던 것보다도 더 빠르게 진행되었다. 미국 동북부의 중앙 코네티컷 주립대학교(Central Connecticut State University)에서 안식년을 보낼 뜻을 전했다. 나는 1972년 그 대학교 정치학부 교수로 있는 고광림 교수의 초청으로 그 대학교에서 특강을 한 적이 있었다. 그리고 그 대학의 돈 제임스 총장과도 IAUP를 통하여 친한 사이였다. 그는 IAUP에서 북아메리카 협의회소식지(North American Council Newsletter)의 편집에 관여했다. 그는 내 요청서를 받고 나를 초빙교수로 초청한다는 공문을 보내 왔다. 그 대학에서는 교정에서 멀지 않은 곳에 우리가 살 아파트도 계약했다. 기한이는 제대 후 이 주일 만에 유학길에 올랐다. 시간은 그렇게 매우 빨리 지나갔다. 아내와 나는 경한이를 위해서 서울에 하숙집을 찾고 난 후, 1983년 1월에 미국으로 떠났다.

우리 부부는 코네티컷으로 가면서 미래학자의 가장 큰 모임인 로마클럽

(The Club of Rome)의 도쿄모임에 참석했다. 나는 1971년 「혁명시대의 미래관」을 출판함으로써 미래학에 관심을 갖게 되었다. 그 회의 주제는 '21세기를 맞는 세계적인 문제와 인간의 선택' 이었다. 벨 연구소의 존 피어스 박사가 쓴 "정보기술과 문명"이라는 제목의 논문이 회의의 주된 관심이 되었다. 나도 그 논문에 많은 관심이 있었다. 참석자들의 긴 토론 후의 결론은 미래는 "정보화 시대가 될 것이다"라는 것이었다. 그 후 줄곧 내 마음속에는 "정보사회"라는 개념이 깊이 새겨졌다.

1983년 초, 아내와 나는 뉴브리튼에서 큰아들 기한과 합류했다. 나의 공식적인 직책은 역사학과 교수이고 학교에서 정해준 다른 공식적인 임무는 갖고 있지 않았다. 그래서 학생들에게 특별강의를 하면서 즐거운 시간을 보냈다.

코네티컷 중앙 주립대학의 교정에서 경제학부의 김기훈 교수를 만났다. 그는 서울대학교를 졸업한 후, 미국대학교에서 박사학위를 받았다. 그리고 그의 경제학 이론을 기독교 신앙에 바탕을 두기 위하여 신학교를 졸업했다. 김 박사는 학생들을 신앙과 학문으로 가르치는 분이며, 한국에서 유학 온 학생들을 특별히 도와주었다.

영란과 미란에게도 전화했다. 영란의 남편인 김성철은 브리지포트대학교(Bridge Port University)에서 석사학위를 받은 후 콜롬비아 대학교(Columbia University)의 산업경영분야의 박사논문을 시작하고 있었다. 그리고 미란과 영호는 롱아일랜드 대학교(Long Isalnd University)에서 열심히 공부를 하고 있었다. 아내와 나는 1983년 2월, 뉴욕에 있는 영란의 집을 방문했다. 미란과 엄 영호도 우리를 만나기 위해 그 곳에 왔다. 우리는 오랜만에 많은 이야기를 나누면서 즐거운 시간을 보냈다.

그리고 우리는 미국 중부의 대도시 시카고로 이동했다. 시카고대학교 암 연구센터에서 노벨상을 받은 찰스 허긴스 박사(Charles Huggins)를 다시 만났다. 이전에 내가 그를 만났을 때는 경한이가 의대 학생이 되었으니 잘 격려해 달라는 부탁을 하기 위해서였다. 허긴스 박사는 우리를 반가이 맞이했다. 그는 경한이가 의대생이 되었다는 말을 듣고 경한에게 자기가 쓴 논문 한 편을 보내어 의대생 경한이를 격려했다는 이야기를 들려주었다.

1983년 6월, 조이사장님은 유엔 사무차관인 윌리암 버훤(William Buffun)를 만나기 위해 유엔본부에 온다는 소식을 주면서 나도 그곳에서 만나기를 바란다고 연락이 왔다. 나도 기꺼이 유엔본부로 갔다. 그 당시에 조영식이사장님은 남북한 이산가족상봉을 위한 한국국제위원회의 의장으로 일을 하고 있었다. 우리는 그곳에서 이산가족의 고통에 대하여 유엔 이 적극적인 관심을 갖도록 요청했다.

버훤 사무차관은 키가 크고 근엄하며 합리적인 외교관이었다. 그는 한국 난민 문제의 본질을 파악하기 위해시 노력히고 있었다. "남한 이산가족의 수가 전체 몇 명이나 됩니까?" 그의 말에 나는 큰소리로 거의 천 만 명이나 된다고 했다. 그는 매우 놀라워하면서 자기는 이백만명 정도로 생각했다고 말했다. 조 이사장님과 나는 한국의 이산가족문제는 1945년 미국과 소련이 38선을 기준으로 하여 한반도를 남한과 북한으로 나누면서 부터 시작하여 6.25 한국전쟁이 일어나고 북한에서 남한으로 넘어온 사람들의 자녀들까지 합하면 1천만이 넘지 않겠느냐고 설명했을 때, 버훤 사무차장도 한민족의 이산가족문제가 얼마나 심각한지를 인식하고 문제 해결을 위해 힘쓰겠다고 약속을 했다.

기한이 미국에 함께 유학 가서 공부하겠다고 했던 유 화영이 1983년 5월 초, 미국에 도착했다. 그녀의 부모님도 오셔서 5월 28일 하트포드 감리교회(Hartford Methodist Church)에서 이상주 목사의 주례로 결혼식을 하게 되었다. 이상주 목사는 주례사에서 다음의 성경말씀을 강조했다.

"그러므로 남자는 아버지와 어머니를 떠나, 아내와 결합하여 한 몸을 이루는 것이다"(창세기 2:24)라고 강조했다.

결혼식이 끝난 후, 한국음식이 준비된 저녁 파티가 있었다. 그곳에 있는 많은 미국 친구들은 한국의 전통음식을 먹으면서 매우 즐거워했다. 나는 하트포드 감리교회의 집회에서 자주 강의를 했다. 그리고 때때로 중앙코네티컷 주립대학교에서 특강을 하는 일 이외에는 골프를 자주 즐겼다. 김기훈 박사와 제임스 총장을 만나서 대학교육의 국제화에 대한 이야기를 나누었다.

미국에서의 안식년 기간 중 어쩌면 우리 가족들 중에서 아내가 제일 바빴다. 아내는 집에서 가까운 쇼핑몰에도 자주 가서 전시되어 있는 그림들도 관람하고 평소 관심이 많은 바느질과 관련된 옷감과 옷패턴도 구입하고 아이디어도 얻는 등 활동적으로 생활하였다.

아이들을 다 키운 우리는 이 안식년 기간을 여유롭게 보낼 수 있었다. 나 또한 오랜만에 특별 강연 일정 외에는 자유로운 시간이 많아 충분한 휴식도 누렸는데 시간은 정말 빨리 지나갔다. 그곳에서 있기로 한 일 년이 벌써 다 된 것 이었다.

1983년 말 쯤에 우리는 사랑하는 사람들과 제임스 총장 그리고 김 기훈 박사에게 작별인사를 하고 비행기에 몸을 실었다. 안식년을 마무리 했다. 서울에 혼자 남은 작은아들 경한은 우리가 한국에 돌아오자 매우 기뻐했다.

IV. 교원대학교 설립계획

내가 겨울 방학 때 경희대학교에 도착하자 전혀 예상하지 못했던 일들이 일어났다. 행정직원이 나에게 내 연구실이 없어졌다고 했다. "대학교가 나에게 어떻게 이럴 수 있다는 말인가?" 나는 당황했고 마음이 아팠다. 얼마 후에 정치학과 교수 한 명이 나에게 가만히 얘기해주었다.:

"이 교수님! 제발 조 이사장님 방으로 그 어른을 만나러 가지 마세요. 새로운 행정 팀이 교수님의 귀국을 좋아하지 않습니다. 그들은 조 이사장님이 당신을 새로운 중요한 자리에 임명할까봐 염려하고 있는 것 같습니다."

그 교수가 조용히 해준 이야기에 매우 충격을 받았다. 왜 새로운 행정 팀이 나에게 교수 연구실도 배정해 주지 않는 지에 대해서 알게 되었다. 조 이사장님이 나를 만나기를 바란다는 말을 들었을 때조차도 그의 방을 노크 하는 것이 망설여졌다. 이것이 이 교정을 떠나라는 하나님의 암시인가? 내 나이 53세에 어디 가서 교수직을 다시 얻을 것인가? 인생의 나머지 시간을 싱가포르에 하가이 리더십연구원(Haggai Leadership Institute)에서 강의하면서 보내야 할까? 나는 하나님께 나의 길을 인도해달라고 열심히 기도했다.

그때 친구인 전 교육부장관 이규호 박사로부터 만나자는 연락을 받았다. 그는 헌신적인 기독교인으로 한국에서 신학교를 졸업한 후 독일에서 철학 박사학위를 받았다. 그는 1960년 초 내가 미국에서 돌아온 직후에 한국에 돌아왔다. 그는 1980년, 연세대학교에서 학생들을 가르치던 중 교육부 장관으로 정부에 들어갔다. 그는 능력을 인정받아 교육부장관으로서는 가장 오래까지 그 자리에 있었다. 그의 사무실을 방문하니 이 장관은 다음과 같이 이야기 했다:

"이 박사, 나는 당신과 의논해야 할 좋은 계획을 가지고 있습니다. 전두환 정부가 드디어 국가발전의 핵심은 교육이라는 것을 깨달았습니다.

우리정부는 중등교육 교사양성기관의 교육이 제대로 되지 않고 있다고 생각합니다. 그래서 정부는 우수한 학생들을 선발하여 등록금과 기숙사비 등을 제공하는 수준 높은 교원대학 하나를 설립할 계획을 세우고 있습니다.

이 박사! 대단한 계획이라고 생각하지 않습니까? 전두환 대통령이 나를 청와대로 직접 불러 내가 총장이 되어 그 대학을 이끌어 달라고 당부를 했습니다. 그와 이야기 하는 동안 머리에 떠오르는 사람이 바로 당신이었습니다. 나와 이 역사적인 일을 함께 시작합시다. 당신이 만약 나와 함께 할 수 있다면 나는 대학원장으로 당신을 임명할 생각입니다."

이규호 박사는 이례적인 교원대학 설립계획을 계속 설명했다. 그는 내가 자기와 함께 기독교의 믿음을 바탕으로 교과과정을 완성한다면 전능하신 하나님의 복음을 국립대학교 학생들의 마음에 심는 새로운 문이 열리는 것이라고 생각했다. 나는 그의 사무실을 떠나기 전에 감사의 말을 한마디 했다.

"이규호 박사님! 이 기쁜 소식을 나에게 전해준 데에 대하여 진심으로 감사드립니다. 만약 우리가 교과과정에 기독교의 믿음을 바탕으로 한다면 전부는 아니더라도 대부분의 교수는 기독교인이어야만 합니다. 국립대학교에서 새로운 교수들을 기독교인으로 채용할 수 있을까요?"

이 문제에 대해서 이규호 박사는 매우 낙관적이었다. 그는 대통령으로부터 이 새로운 대학설립의 세부사항에 대하여 전적으로 자기에게 모든 권한을 위임했다고 나에게 말했다.

나는 그 후 며칠 동안 깊이 고민에 빠졌다. "전두환 대통령이 정말로 이규호 박사에게 교원대학교의 설립에 대한 전권을 줄 것인가?" 나는 마음속 깊이 전 대통령의 군사독재를 반대했다. 하지만 급진적인 학생들의 이념적 좌경화도 크게 염려하고 있었다. 이 때 급진 학생들의 이념적 견해는 세 갈래로 나누어졌다. 첫째는 전두환 정부를 히틀러의 나찌 정권과 같은 독재체제로 규정하고 노동자들과 진보 지식인들의 혁명적인 변화를 이끌기 위하여 노력했다. 둘째는 전국적인 민주혁명의 이론을 앞세워서 남한으로부터 미군 철수를 요구하는 급진적인학생들을 모으는데 목적을 두었다. 셋째는 전국 해방을 목적으로 김일성의 주체사상을 그들의 이론으로 하는 소수 급진 학생들로 이루어져 있었다.

이 급진적인 학생들의 데모가 점점 더 심해지는 것을 보고, 많은 기독교인들이 민주주의에 대한 그들의 의견을 표현하기 시작했다. 그들은 급진학생들에게 학생들의 주장을 요구하는데 너무나 지나치게 요구해서는 안 된다고 주의를 수었다. 이세는 고집이 의로움으로, 인내는 불굴의 의지로 혼돈되기 시작했다. 그런 처지에서 새로운 교원대학교를 세우고 기독교인 교수들을 채용하여, 전국에서 가장 우수한 학생들을 모집하여 장학금을 주고, 기숙사 생활을 시키면서 그들의 마음을 복음으로 변화시킨다면 그들의 제자들이 성인이 될 때에는 우리나라가 참으로 세계의 모범국가가 될 것이 아닌가 하는 생각을 하며 나도 흥분하기 시작했다. 나는 기도하면서 하나님이 나를 교원대학교 세우는 일에 참여하도록 길을 열어주시고 있다고 생각하기 시작했다.

이규호 박사는 공식적으로 1984년 첫 학기에 초대총장으로 취임하고 모든 공사를 지휘했다. 교원대학교는 강남에서 1시간 반 거리에 있는 충청북도 청주에 세우는것이 결정되고 토목공사가 진행되었으며 그해 가을에는 새로운 교수진 채용이 시작되었다. 이 총장은 나를 초대 대학원장으로 임명하겠다는 소식을 정식 공문으로 전해왔다. 당시에는 부총장 제도가 없으니 대학원장이 대학의 제 2인자가 된다고 전화로 말했다.

교원대학교의 학생모집은 1985년 첫 학기부터이기 때문에 대학설립추진위원회의 활동에 조용히 참가했다. 기획위원회는 정부의 소수 고위관리들과 교육학자들로 구성되어 새로운 교원대학교의 교과 과정, 그리고 교수들의 채용방법에 대해서 논의했다. 나는 경희대학교에 사표를 제출했다. 그러나 경희대학교는 단호하게 나의 사표를 받아들이지 않았다. 조영식 이사장님은 나를 이사장실로 불렀다:

"이 박사와 나는 하나님이 우리를 하늘로 부를 때까지 이 대학에서 있어야 할 운명이요. 이 박사는 절대로 이 대학과 나를 떠나면 안돼요. 이 박사도 20여 년 동안 나와 협력하여 키운 이 대학교를 더욱 발전시켜 IAUP회원 대학들 사이에서 모범역할을 해야 해요."

그 후 나의 사표는 몇 개월 동안 받아들여지지 않았다. 그래서 경희대학교에서는 두 과목의 강의만 하고, 나머지 시간은 종로 5가에 설치된 교원대학교 설치 준비위원회에 참여하며 경희대학교에 낸 사표가 받아들여지기만을 기다리는 이상한 삶을 살아야 했다. 교육부에서 책임 있는 고위 간부가 경희대학교에 전화를 걸어 사표처리 문제에 대하여 말하려 해도 비서들이 결정권자들과 연결해 주지 않았다.

1984년 가을학기 동안 나는 이상하고 특별한 삶을 살았다. 한편으로는 여전히 경희대학교 교수로서 경희대에서 학생들에게 강의를 했고, 동시에 교원대학교의 기획위원으로 계획을 세우는데 참여했다. 결국에는 교육부가 경희대학교에 강력한 지시를 하게 되었다.:

"정부가 새로운 교원대학교를 세워서 우리나라 중등교육의 획기적인 발을 마련하고자 하는 계획을 갖고 있습니다. 정부는 이원설 박사를 필요로 합니다. 그를 우리에게 보내주십시오."

마침내 1984년 말 경희대학교에서는 사표를 수리하여 주었고 한국교원대학교의 대학원장으로 일하기 시작했다. 1984년 말에 이규호 총장은 대통령 비서실장으로 임명되었다. 1985년 초 청와대의 이 비서실장은 전두환 대통령에게 그의 후임총장으로 나를 추천했다는 소식을 듣고 더욱 놀랐다. 교육부는 나에게 1985년 초에 한국교원대학교 총장으로 공식적인 임명을 한다고 말했다. 놀라움은 그것이 전부가 아니었다. 1985년 초, 대전에 있는 한남대학교의 한 이사가 이사회에서 새로운 총장으로 나를 임명하기로 했다고 나에게 귀띔해 주었다.

나는 정말로 혼란스러웠다. 경희대학교에서 20여 년 동안 일하다가 그곳을 떠났다. 그리고 한국교원대학교 들어온 지 한 학기도 지나지 않았는데 이곳을 떠날 수 있는가? 이 제의를 받아들여야 할지 받아들이지 말아야할지 생각이 혼란스러워졌다. 하나님께서는 나를 어떤 길로 인도하실 것인가?

제6장
한남대 총장으로서

한남대 총장

I. 새로운 일자리를 선택하는데 중요한 요소

1985년 초부터 나는 두 가지 제안을 앞에 놓고 많은 고민을 했다. 그 두 가지 제안은 매력적일 수도 있고, 그렇지 않을 수도 있다.

한국교원대학교는 신설이었다. 새로운 생각들을 시도할 수 있는 새 대학이었다. 그러나 신임 교수 채용에 있어서 가급적 기독교인 학자들을 모셔서 성경말씀으로 인재양성을 하겠다는 약속은 잘 지켜지지 않았다. 특히 청와대나 국회를 움직이는 정부의 고위층 인사들이 추천한 교수 지원자들을 소홀이 할 수 없었다.

반면에 한남대학은 이로운 점도 있고 불리한 점도 있다. 그 대학은 미국 남장로교 선교사들이 세운 전통이 있는 학교이었다. 대부분의 교수들이 기독교인이기 때문에 그들이 나의 교육에 대한 생각을 지지할 수 있다고 생각했다.

그러나 그 대학은 수년간 캠퍼스를 어지럽히는 학생들의 데모가 계속되고 있다는 것을 알고 있었다. 그 대학은 1971년에 서울에 있는 숭실대학과 합병하여 숭전대학교를 만들었다. 처음 협약에 따라 한 총장 밑에 두 교정을 두고 각각 부총장을 한 명씩 두어 직원과 학사업무를 관리하도록 했다. 하지만 합병협약은 순조롭지 못했다. 대학교총장이 서울 캠퍼스에 있으면서 대전 캠퍼스는 서울의 분교처럼 취급된다는 불평이 많았다. 전두환 정부가 세워진 후 소위 말하는 민주화운동의 소용돌이 속에서 대전 캠퍼스의 급진적인 학생들은 서울과 대전 두 캠퍼스의 즉각적인 분리를 요구했다.

1982년 11월에 대전캠퍼스와 서울캠퍼스는 분리되었다. 그래서 1983년에 서울캠퍼스는 숭실대학교로 대전캠퍼스는 한남대학으로 각각 학교이름을 바꾸었다. 그러나 한남대학의 혼란은 끝나지 않았다. 서울에 있는 캠퍼스는 학교이름을 숭실대학교의 이름을 유지하면서 종합 대학의 위상을 지켜갔지만 한남대학은 본래의 대전대학이라는 이름을 신설대학에 내준 채 단과대학으로 남게 된데 대하여 학생들의 불만이 많았다. 교육부로부터 숭실대학교처럼 종합대학교의 허가를 요구하면서 데모를 했다.

그 대학의 초대학장, 오해진 박사는 최선을 다하였으나 학생, 교직원들의 요구를 들어줄만한 방법이 없었다. 드디어 1984년 11월 13일에 학교로 경찰을 요청하였고 주동 학생 19명이 체포되었고 6명의 교수가 학생들을 부추겼다는 이유로 해직되었다. 마침내 11월 20일에 오해진 학장도 이사회에 사표를 제출했다. 그래서 이사회가 소집되어 나에게 총장직을 요청하기로 결정했다고 한다.

나는 무릎을 꿇고 내가 한국교원대학교로 가야할지, 아니면 한남대로 가야할지를 하나님께서 지시해 주시기를 간절히 기도했다. 그러던 어느 날 아내는 내게 말했다:

"여보! 우리 대전으로 갑시다."

"그게 무슨 말이요? 대학의 상황이 거의 통제불능이라는 소식을 듣지 못했오? 만약 내가 한 학기 내에 내 자리를 잃게 된다면 우리가족은 어찌하라는 말이요?"

"여보! 당신이 새로운 직장을 선택하는 문제 때문에 얼마나 고통스러워 하는지를 알기 때문에 나도 우리의 가족을 위하여 하나님께 기도를 드립니다. 나는 한남대학이 정말로 혼란스럽지만, 우리가 대전으로 가야만 한다고 믿게 되었습니다. 나는 하나님께서 당신을 한남대로 부르신다고 믿고 있습니다. 그곳은 기독교 대학교입니다. 만약 그 대학이 절망의 나락으로 떨어진다면 하나님을 욕되게 하는 것입니다. 당신이 그곳에서 한 학기 안에 그 학장자리를 잃는다 해도 걱정하지마세요. 우리 딸·아들들이 다 성장했고 당신과 나는 은퇴 후, 나올 연금이 있으니 그 연금 가지고 얼마든지 살 수 있습니다."

아내의 조언이 내가 한남대로 결정을 하는데 많은 도움을 주었다. 그래도 여전히 나를 괴롭히는 심각한 문제의 하나는 이규호 박사가 제안한 한국교원대학교의 총장자리를 어떻게 거절할 것인가 이었다. 이른 아침 그의 집을 방문했다. 나의 말을 듣자 그는 매우 당황한 모습이었다:

"이 박사! 어떻게 나를 이처럼 실망시킬 수 있단 말입니까? 나는 전두환 대통령에게 당신이 가장 이상적인 나의 후임이라고 말했습니다. 전두환 대통령도 매우 흡족해 했습니다. 전대통령은 당신의 탁월한 교육적인 배경과 경희대학교에서 부총장직의 경험과 그리고 IAUP에서 사무총장의 경험을 합하면 당신이 대학을 성장시킬 수 있는 최고의 적임자라고 생각하고 있습니다. 이제 나는 전대통령에게 무엇이라고 말씀 드린단 말입니까?"

내가 대전으로 가겠다는 결정을 계속적으로 고집하자 시작부터 우리 둘

옆에서 지켜보던 이규호 박사의 부인이 입을 열었다:

"나는 이 박사님이 대전으로 가시겠다는 진정한 동기를 알 수 있어요. 기독교인으로서 이 박사님께서는 한남대를 기독교 고등교육기관의 모델로 만들겠다고 하나님께 약속했다는 것을 알 수 있습니다."

이 규호 박사 부인의 말이 우리의 대화를 결론짓게 했다. 나는 떠나면서 이 박사에게 한남대를 그 지역에서 진정한 기독교대학으로 만들 수 있도록 도와달라고 부탁했다. 그 후 그는 정말로 나를 도와주었다.

내가 한남대학의 이사회에 통지를 하자 즉시 내가 그 대학의 총장이 되도록 허락해주었다. 나의 취임식은 1985년 3월 15일에 대학 강당에서 있었다. 내가 글로 써놓은 나의 비전(vision)에서 내가 62세에 총장이 되는 것으로 써놓았다. 그러나 하나님께서는 54세에 그고 무거운 책임을 맏도록 하였다.

내가 취임하는 날, 대학 캠퍼스는 여전히 혼란스러운 상태였다. 그래서 취임식에 축하객들이 많지 않았다. 나는 취임인사에서 교수, 직원, 학생들에게 나의 역할은 하나님의 말씀에 따라 대학의 발전을 위한 일꾼이 되는 것이라고 말했다. 몇 명 안되는 축하객들 가운데 경희대 조 이시장님이 참석해주신데 대하여 정말 기뻤다. 취임식이 끝난 후 그는 나의 손을 잡고서 조용히 말씀했다.:

"이 총장! 축하합니다. 나는 정말로 하나님께서 우리를 하늘나라로 부르실 때 까지 당신과 함께 하고 싶었습니다.

이제 당신은 하나님의 인도하심으로 새로운 자리에 서게 되었습니다. 우리 함께 IAUP를 통하여 교육을 통한 세계평화를 위해 일합시다.

당신이 이 학교에서 해야 할 많은 일 가운데 내가 당신에게 하고 싶은 말은 이 캠퍼스를 더 아름답게 만들었으면 합니다. 자연적인 환경이 젊은 사람들의 마음에 좋은 영향을 주기 때문이지요."

나는 그분의 충고에 대하여 매우 감사했다. 앞서 얘기하였듯이 경희대가 문을 열기 전에 그가 했던 일은 거대한 돌로 교문을 만들면서 학교를 아름답게 하는 것이었다. 오늘날까지도 경희대 캠퍼스의 아름다움은 학생들의 마음을 사로잡을 뿐만 아니라 자연에서 배우고, 자연에서 살고, 그리고 자연을 사랑하게 했다.

나는 그 후 총장 사무실에 앉아서 신문을 읽고 생각하는 시간을 가졌다. 1985년은 우리나라에서 대학을 운영하는데 가장 중요한 한 해가 될 것임을 느끼게 되었다. 전두환 정권은 1984년부터 반정부세력들을 달래기 위하여 다소 회유(懷柔)정책을 쓰기 시작했다. 그해 봄, 정부는 대학에 반정부학생들을 억압하고 감시하기 위하여 상주시켰던 사복경찰을 학원에서 물러가게 했다. 그리고 정부는 각 대학들의 1학년 입학정원에 대한 제한을 폐지했다.

하지만 정해진 인원만 졸업하도록 하여 학생들이 경쟁적으로 공부하도록 했다. 또한 모든 남학생들이 군사훈련을 의무적으로 받아야하는 학도호국단을 폐지했다. 그리고 민주적인 절차를 거쳐서 이루어지는 학생단체는 허용되었다. 하지만 모든 대학들의 수업료 인상은 금지되었다.

그러는 동안에 전두환 정권은 사회의 질서와 안정을 되찾았고 경제개발 5개년 계획은 아주 순조롭게 진행되었다. 1985년에는 일인당 GNP가 $2,200이 되었다. 약 500,000개의 새로운 일자리가 생겨서 실업률이 2.5%까지 떨어졌다. 수출은 28%가 증가되어 600억불에 이르게 되었고 89억 달러의 무역흑자가 생겼다. 우리나라는 1985년에 대한민국은 2백5십만 톤의 배를 수출하여 세계에서 네번째로 큰 조선 강국이 되었다. 1985년 전두환 대통령은 평양과의 관계를 정상화 시키기 위해 처음으로 이산가족 상봉을 성공시켰다.

그러나 전두환 정권의 경제적 성공에도 불구하고 급진적인 학생들의 반정부데모를 진정시킬 수는 없었다. 정부의 융화정책은 아이러닉하게도 학생들이 자유롭게 대정부 투쟁을 할 수 있는 길을 열어 주는 결과도 가져왔다. 사복경찰이 학교에 주둔하는 일이 없어지고 학교 군사훈련도 폐지되었지만 과격한 학생들은 대학 캠퍼스에 모여 국가정치에 대한 토론을 자유롭게 하며 자기들의 투쟁조직들도 더욱 강화 할 수 있었다. 가끔 데모 전단지도 대학 내에서 인쇄되었다. 한남대학 학생단체들은 종합대학의 지위를 얻기 위하여 끊임없이 요구했다. 그들의 요구는 대학총장직을 맡고 있는 나에게 향했다. 그 때 내 마음속에 떠오르는 성경구절이 있었다.: "여러분은 지금이 어느때인지 압니다. 잠에서 깨어나야 할 때가 벌써 되었습니다"(로마서 13:11) "잠에서 깨어나자! 대학의 상황을 바로 보고 하나님의 뜻을 따라 용감하게 행동하자."

II. SMART(specific, measurable, attainable, realistic, tangible) 설정

사실상 한남대는 나의 삶과 무관하지 않다. 나는 1963년 초, 이곳 학생들로부터 강의를 요청 받은 적이 있다. 나는 대학이 매우 작고, 미국선교사들에 의하여 설립되었기 때문에 오직 세례받은 기독교인 학생들만이 입학할 수 있다는 것을 알았다. 그리고 그 당시 학생들이 500명이 넘지 않았다. 전교학생들이 나의 강의를 주의 깊게 들었다. 몇 년이 지난 후 이 대학의 동문이며, 한국장로회신학교 서정헌 총장은 다음과 같이 말했다.:

"이 박사님께서 1963년 한남대학의 전교생에게 특강을 하셨을 때 저는 그 당시 학생이었습니다. 정말로 이 박사님의 강의를 잘 들었습니다."

나는 1965년에 다시 교육부 고등교육국장으로 충남대학교를 방문한 후 한남대학을 방문했다. 나는 존 탈미지(John Talmage) 학장과 만나서 대학의 역사와 창학정신을 물었다. 그는 답하기를 이 대학의 설립자는 미국 조지아 공과대학을 졸업하고 교육학을 전공한 윌리엄 존 린튼(William John Linton)이며, 본래 전기공학을 전공한 기술자이었으나 성령의 감화를 받아 1912년에 한국에 와서 전라남북도 지방에 교회와 학교를 세우며 기독교 복음선교에 힘썼으며, 광주와 전주에는 대학교정으로 사용할 만한 토지를 구매하기가 어려워 망설이던 중, 대전시 바깥에 마침 좋은 땅이 있어서 구매하여 한남대를 1956년에 설립했다는 이야기였다.

탈미지 학장은 설립자 린턴의 비전(vision)은 이 대학의 교과과정은 신앙과 학문을 통합하는 교육으로 지적으로나 영적으로 진정한 지도자를 양성하는 것이라고 강조하여 말했다.

1956년 3월 13일에 교육부는 한남대학에 공식적인 허가를 해주었고 린

턴은 초대 학장으로 취임했다. 하지만 그는 1960년 8월 13일에 48년의 한국 봉사활동을 마치고 하나님의 부름을 받아 하늘나라로 돌아갔다고 했다. 그의 후임으로 탈미지 목사가 학장이 되어 설립자의 비전(vision)에 따라 그대로 이어 받아 대학을 운영하고 있다고 말했다.

나는 한남대학 학장으로 취임한 이래 1965년 탈미지 학장이 나에게 설명하였던 한남대학의 설립정신을 마음에 깊이 새기며 모든 결정을 했다. 학생들이 수업시간이나 예배 때, 그리고 모든 종류의 학교활동을 할 때에도 대학설립 정신이 강조되도록 교수님들에게 부탁했다.

내가 한남대 총장으로 취임한 후, 첫 번째 걱정거리는 전임자에 대한 예우였다. 나는 그의 바람대로 미국 롱비취의 캘리포니아대학의 초빙교수로 갈 수 있도록 길을 열어 주었다. 본인도 나의 제의를 기꺼이 받아들여 가족과 함께 미국으로 갔다.

그 다음의 걱정거리는 진실한 기독교 교수들로 새로운 교무위원회를 구성하는 일이였다. 교양학부, 자연과학부, 경제경영학부, 법학부, 교육학부 그리고 야간부 등 6개 학부가 있었는데 교수들은 내 뜻을 따라 각 학부장들을 뽑아 주었다. 선출된 부장들 가운데는 경제경영학부의 이해병 부장이 하나님에 대한 믿음이 강하다는 말을 들었다. 나는 새로운 학장으로서 교목실장에는 김은용 교수, 대학원장에는 박종민 교수, 그리고 교무처장에는 고병우 교수를 임명했다.

그러나 나는 사무처장을 선택하는 데는 신중해야만 했다. 대학의 시설, 이용, 보존, 개선의 책임을 맡아야 하기 때문이었다. 게다가 경희대 조영식 이사장님이 지적한 교정의 미화에 대한 책임을 누구에 맡길까를 고심해야 했다. 나는 미술교육과의 김세원 교수가 가장 적임자라는 말을 듣게 되었다. 김 교수는 북한에서 38선을 넘어 남한으로 피난 나온 사람으로서 매우 헌신적인 기독교인이었다. 그는 화가로서도 유명하여 그의 작품을 통하여 하나님의 영광을 드러내려고 노력 했다. 그는 내가 임명 하자마자 나의 가장 큰 관심사가 무엇인지 알아차리고 교정의 미화를 위해서 우선적으로 노력했다.

또 하나의 고민은 유능한 기획실장을 찾는 것이었다. 지금까지 한남대학은 엄청난 혼란 상태에 있었다. 따라서 탁월한 사상과 경험을 가진 기획처장이 필요했다. 이러한 시기에 한 동문이 만 39세의 교육학과 김형태 교수를 추천했다. 그는 대전대학 영문학과를 졸업하고 필리핀 마닐라에 있는 델라살레 대학교(De La Salle University)에서 석사학위를 받고 충남대에서 박사학위를 받았다. 하나 마음에 걸리는 것은 그의 젊은 나이었다. 하지만 나도 39세에 경희대에서 정경대학 학장을 했던 과거를 회상하며 김 형태교수를 기획처장직에 임명했다.

나는 하나님의 말씀을 바탕으로 한남대학을 발전시키기 위해 매주 월요일에 교무위원회를 조찬예배로 시작했다. 월요일 오전 8시 30분이 되면 모든 처장들이 학장실에 모였다. 우리는 2-3분의 묵상기도 후, 차례대로 성경한 구절씩 읽고 나서 기도를 했다. 그리고 나서 각 처장이 하고 있는 일을 공개적으로 의논했다. 기획처장은 그 주일동안에 처리하여야 할 문제들의 우선순위를 정했다. 마지막에는 마태복음 6장 33절을 다 같이 암송했다.:

"너희는 먼저 하나님의 나라와 하나님의 의를 구하여라. 그리하면 이모
든 것을 너희에게 더하여 주실 것이다".

각 학생들의 마음과 교정에 하나님의 나라를 넓히는 것이 항상 최우선 과제이었다. 우리는 하나님께서 주신 일을 하기위하여 아침 모임마다 아직 실천하지 못한 일들을 검토했다. 교무위원들은 모두 윌리엄 린튼의 향학정신에 바탕을 둔 교육환경을 이루기 위해 하나로 뭉쳤다.

그러나 대학의 가장 큰 불안 요소는 학생들이 캠퍼스 내에서 대학 당국을 향해서 극렬하게 시위를 하는 것이었다. 그동안 학생들을 교외까지 끌고 나갔던 국문과 3학년 이강철과 경영학과 2학년 김회연은 경찰에 체포되어 감옥에 있었다. 그 둘은 아직 재판 중이었다. 따라서 얼마동안은 구치소에 갇혀 있어야 했다. 그리고 학생들을 선동했다는 이유로 6명의 교수들은 교육부가 해임하려 한다는 말도 있었다. 시위하는 학생들의 요구는 학교당국이 정부와 교섭하여 이 모든 학생, 교수들을 풀어달라는 요구였다.

나는 이러한 사항들을 자세히 보고받고 나서 내가 우선적으로 해야 할 일은 안응모 충남도지사를 방문하는 일이었다. 그분 역시도 나처럼 북한의 황해도에서 태어났다. 한국전쟁 때 38선을 넘어온 어린 피난민으로 그는 경찰국에 들어가서 공직을 시작했다. 안응모 지사는 아주 마음이 넓은 인품의 소유자였다. 안 지사는 모든 방법을 다 씨서 나를 도와주려 했다. 나는 그가 한남대학 사건을 위해서 검찰청의 검사들을 어떻게 설득했는지 알지는 못한다. 하지만 얼마 되지 않아 이 강철 군과 김회연 군은 구치소에 있다가 감옥에 가지 않고 석방되어 한남대학으로 돌아왔다.

나는 비록 1967년 초 교육부에서 나왔지만, 당시 나와함께 일했던 간부급공무원들은 여전히 그 자리에 있었다. 나는 교육부가 간부들에게 전임자가 해임시킨 6명의 교수들을 복직시켜 주면 한남대학을 정상화 시킬 수 있겠으니 나를 한번 믿어달라고 말했다. 나는 교육부가 그 교수들을 해임하지 않을 것을 확신하고 돌아 왔다.

교수와 직원들 그리고 일반 학생들은 대학 행정팀이 한남대학을 종합대학교로 그 위치를 높이는 일에 소홀히 하고 있다고 지적했다. 하지만 그것은 결코 쉬운 일이 아니었다. 왜냐하면 종합대학교의 지위를 받아 우수한 학생들을 유치하려고하는 단과대학이 우리나라에는 50개가 넘었다. 전임자인 오해진 학장도 최선을 다했지만 모든 직원과 학생들의 요구를 충족시키는 것은 불가능했다. 결국에 그는 학장에서 물러났다. 오 학장이 그렇게 열심히 노력했는데도 달성하지 못한 것을 내가 어떻게 이루어낸 단 말인가? 밤마다 잠을 이루지 못하며 이 생각, 저 생각을 깊이 했다.

봄 학기 중간부터 한남대학을 종합대학교로 승격시키기 위해 모든 노력을 집중했다. 매일 아침 무릎을 꿇고 하나님께 이 목적을 실현시킬 수 있는 방법을 가르쳐달라고 간절히 기도했다.

III. 종합대학교로 승격

1985년 봄 학기 중간부터 교육부, 신문사, 청와대를 자주 방문했다. 내가 없는 동안에 학교에서 무슨 일이 일어나는지를 항상 체크하기 위해 비서실을 보강했다. 나는 경희대 졸업생이고 신실한 기독교인인 임재복을 비서실장으로 임명했다. 그는 박식하고 신중하고 적극적인 사람으로서 학교에서 나의 "귀와 눈"이 되었다. 그는 현재 한남대학교의 사무처장으로 열심히 일하고 있다. 박미수 비서는 한남대학 출신으로서 영어에 능통했다. 몇 년 후 그녀는 미국으로 건너가 학업을 더하여 아세아연합신학대학교 교수가 되었다. 손덕자 비서는 아름답고 영리하여 비서실 분위기를 늘 산뜻하게 유지했다.

내 차의 운전을 도와 준 백승관 기사는 대전과 서울을 수시(隨時)로 왕래하는 나의 요구를 불평 없이 받아 주었다. 그는 차 안에서 나와의 대화 중에, 어려운 가정에 태어나 대학공부를 하지 못하였지만 확실한 기독교신앙으로 가족을 거느리며 살고 있다. 기독교 대학에서 일하게 된 것을 하나님께 감사드린다고 말했다. 나는 저녁시간에 개인의 일에는 차를 사용하지 않고 백승관을 대전신학교에 등록시켰다. 그는 신학교를 졸업한 후, 대학의 행정 직원이 되어 중요한 업무를 맡고 있었다.

이러한 상황에서 내가 서울에서 시도한 첫 번째 일은 교육부 고등교육국에서 직원으로 일했던 교육부 차관과 대학국장을 만나는 일이었다. 그들은 단과 대학 50개 중 20개 대학이 종합대학교로 승격하기 위하여 승격요청서를 접수했다고 말했다. 교육부로써 신중하게 대학들의 상황을 조사한 결과, 종합대학교로 승격할 요구조건을 갖춘 대학은 하나도 없다고 말했다. 나는 가슴이 철렁 내려앉았다.

나는 그들에게 내가 총장을 맡은 후, 한남대학의 학생시위는 아주 없어졌고, 과격했던 학생들은 법원과 경찰서에서 모두 석방되어 캠퍼스가 아주 조용한 가운데 수업이 잘 진행되고 있다고 말했다. 게다가 대부분의 교수들도 학생들의 강경한 행동을 막지 못한 것에 대하여 뉘우치고 있다고 말했다. 그리고 한남대학이 종합대학교로 승격되기 위해서 부족한 것이 무엇인가를 그들에게 물었다.

그들은 한남대학은 교수 수가 부족하다는 것이 가장 큰 문제라고 말해주었다. 학교로 돌아와서 한완석 이사장님과 이사님들에게 이 사실을 보고하고 교무위원회를 급히 소집하여 서둘러서 교수 수를 급속히 늘리는 계획을 짜고 실천하기 시작했다. 대략 새로운 교수 28명이 급하게 필요하다는 것을 알았다. 하지만 재정적인 부담 때문에 그렇게 많은 교수들을 한꺼번에 채용한다는 것은 어려운 일이었다.

그리고 심각한 문제는 신임교수 지원자들의 신앙을 확인하는 방법이었다. 과거 한남대학은 교수지원자들의 학업에 대한 자격이 인정되면 그가 출석하는 교회의 교인이라는 증명서를 제출하면 되는 정도였다. 나는 교무위원회에서 이 문제를 진지하게 토론한 후, 지원자들이 출석하는 교회에서 어떤 봉사를 - 예컨대 주일학교교사, 찬양대원, 전도단원, 집사, 장로 등등 - 실제로 하고 있는지를 교목실에서 조사하여 이사회에 보고하고, 이사회에서 초청한 인사위원장이 이사들에게 보고 하도록 규칙을 정했다. 만약 실제로 그러한 기록이 없는 후보자는 아무리 학업이 뛰어난 후보자라도 채용하지 않도록 규정을 만들었다.

교수를 채용하는 규칙이 교수들 사이에 알려지자 많은 전임교수들이 심하게 나를 비난했다. 아마 그들 중에는 그들이 교수에 채용될 때 그런 규칙이 적용되었더라면 임명될 수 없었던 사람들이었을 것으로 생각되었다. 하지만 나는 완강했다. 한남대학을 세운 목적을 되찾아만 했다. 1985년 가을학기부터 새롭게 채용된 28명의 교수들은 놀랍게도 지적으로나 영적으로 모두 탁월하게 자격을 갖춘 사람들이었다.

나는 한남대학을 세운 목적과 나의 비전(vision)을 함께 이루기 위해 학생들과 많은 예배시간을 가졌다. 교수 회의에서도 그렇게 했다. 나는 윌리암 린튼의 비전(vision)을 유지하기 위하여 교정에 그의 흉상을 세웠고, 존 엔 서머빌 박사(John N. Somerville)와 미국인 교수들도 진심으로 도와주었다.

나의 비전(vision)과 행동을 지원하는 교수들의 수가 점점 늘어났다. 그들 가운데는 영문학과의 이상윤 교수가 있었다. 그는 뉴질랜드에 있는 대학에서 학위를 받았다. 과묵한 그는 탁월한 강의를 하며 가끔은 재치있는 명구들도 잘 사용했다. 그리고 나는 영문학과의 이병주 교수의 노력에도 감사한다. 그도 한남대학을 기독교대학들의 본보기로 만들자는 강한 신념을 갖고 있었다.

1985년 가을학기에는 전보다 훨씬 더 자주 서울에 올라갔다. 내가 이규호 대통령비서실장을 청와대로 방문하였을 때 그곳에서 친구 신극범 박사를 만나 매우 기뻤다. 그는 대통령 교육문화 수석비서로서 교육의 정상화를 위해 일하고 있었다. 그는 내가 1965년 교육부 고등교육국장으로 재직하던 때에 주한 미군 경제 협조처에서 일하고 있었다. 그는 내가 청구한 5만불의 자금을 지원하여 전국 대학 실태조사를 하게 한 친구였다. 그는 그 후

1972년 미시간 주립대학교(Michigan State University)에 지원하여 교육학 박사학위를 받았고 한양대학교 대학장을 거쳐서 1985년부터 이규호 실장과 같이 청와대에서 일하고 있었다. 두 친구가 청와대에서 함께 일어하고 있으면서 한남대학의 종합대학교 승격을 위해 애쓰는 나를 도와주게 되었다. 나는 하나님께서 이 모든 환경을 만들어 주셨다고 믿었다. 나는 희망어린 예감을 강하게 느꼈다.

교육부에서 들은 바로는 종합대학교로 승격을 하기위해 신청한 21개 대학 중에서 한 학교도 승인을 받을 만큼 완벽한 곳은 하나도 없다고 들었다. 경쟁이 너무 치열해서 최종 결정은 교육부 장관이 아닌 대통령이 직접 하기로 되었다. 과연 한남대학의 경우는 어떻게 될까?

드디어 10월 말, 청와대에서 전두환 대통령이 참석한 가운데 이 문제에 대한 최종 결정을 하기위해 모였다. 교육부는 신청한 대학들의 시설, 교수 수, 학과들, 학생활동 등의 모든 상황에 대한 도표를 준비했다. 교육부장관, 이규호 비서실장, 신극범 교육문화수석도 참석했다. 고등교육국장이 전 대통령에게 설명을 했다. 나는 나중에 어떤 이야기가 오고 갔는지 그 내용에 대해서 다음과 같이 듣게 되었다.

이 브리핑은 오후 늦게 진행되었다. 고등교육국장이 브리핑을 시작되자 대통령은 각 대학의 세부사항을 듣는 것이 매우 지루한 것 같았다. 한 대학의 결격사유를 듣고 나서 그는 '안돼' 라고 말했다. 그는 예외 없이 계속해서 안 된다고 말했다. 브리핑은 가나다 순으로 진행되었기 때문에 한남대학은 제일 마지막 순이었다. 국장이 한남대학은 자격을 갖추었다고 보고하였고 대통령은 매우 피곤한 기색이었다. 그의 눈은 졸려서 거의 감겨있었다. 전 대통령은 말없이 고개만 끄덕였다.

교육부장관은 대통령의 끄떡임을 승인의 표시로 해석했다. 정부는 1985년 11월 4일, 21개 신청 대학들 중 한남대학만 유일하게 승격되었다고 공식적으로 발표했다. 그로부터 한남대학은 더 이상 단과대가 아니었다. 이제는 종합대학교가 된 것이다. 안응모 충남도지사가 맨처음으로 축전을 보내왔다. 이어서 이창갑 충남대총장도 축하 메시지를 전해주었다. 대전일보는 신문 일면 전면에 그 소식을 대서특필했다. 한남대학의 종합대학교 승격은 충청남도 전체의 기쁨이었다.

온 교정이 기쁨으로 가득차게 되었다. 나는 감사의 기도를 드렸다. 전 직원과 교수들과 학생들에게 이 경사는 하나님께서 주신 복임을 강조했다. 그러므로 우리는 믿음과 진리와 봉사를 실천하는 지도자를 길러내자는 창학정신을 전보다도 더 열심히 실천해야만 한다.

Ⅳ. 캠퍼스의 새로운 단장

한남대학이 종합대학교로 승격된 것은 이 나라 기독교교육의 중요한 본보기가 되도록 하나님이 복을 주셨다는 강한 믿음을 갖게 했다. 이제 경희대 조 이사장님의 권고와 같이 교정을 아름답게 꾸미고 싶은 마음이 솟구쳤다.

김세원 사무처장은 이러한 나의 비전(vision)을 이해하고 밤낮을 가리지 않고 헌신적으로 일 해주었다. 그는 매우 재능이 뛰어난 화가로서 경희대학교의 아름다운 캠퍼스에 못지않은 미화작업을 꿈꾸고 있었다. 나는 그의 신앙에 관한 여러 가지 경험들을 들으며 그를 전적으로 신뢰하고 그에게 많은 권한을 주었다. 김 처장은 같은 미술교육학과 강광식교수와 서울대 동기 동창생으로 형제 같은 우정을 가지고 한국 미술의 성장을 위하여 노력해 그도 한남대학교의 교정을 아름답게 꾸미는데 같은 목표를 가지고 김 처장을 많이 도와주었다.

다행히도 그때까지 대학교에는 건축을 위한 저축 자금이 상당히 있었다.

그리고 이사회 직속기관으로 대학교부설인 컴퓨터 교육센터가 대단히 인기가 많았다. 컴퓨터가 한참 보급되고 있는 중이어서 젊은 사람들 뿐만 아니라 나이든 사람들까지 많은 사람들이 모여들었다. 2년 동안 학업을 마치면 수료증을 주었다. 많은 학생들이 등록을 했고, 해마다 연말이면 상당한 이사회 전입금이 대학교로 들어왔다.

우선 급한 일은 십자가가 새겨진 8m높이 기둥 2개, 6m높이 기둥 2개로 이루어진 정문을 세우는 일이었다. 처음, 이 계획을 교수와 직원들에게 홍보했을 때 너무 크다는 비판들이 있었다. 그러나 정문이 완성되고 나니 교수와 학생들 모두가 기뻐했다. 경희대학교의 등용문과 비슷해 보였다. 그 다음 과제는 교회겸 강당으로 쓰이는 성지관(聖智館)을 완성하는 일이었다. 공사가 많이 진척되어 있었던 관계로 큰 십자가를 옥상에 세운 성지관도 곧 완성 되었다. 그 후, 큰 교문으로부터 성지관 사이에 넓고 긴 차도를 만들었다. 수위실 두편에는 주차장도 만들어졌다. 교문으로부터 교정안쪽으로 약100m거리에는 20미터 높이의 큰 탑을 세웠고 그 탑 앞 쪽에는 십자가가 새겨져 있고 대학교의 창학정신 - "진리, 자유, 봉사 - 가 씌어져 있다. 그 탑 꼭대기에는 한남인의 정신적 상징인 독수리가 날개를 펴고 있는 대리석 형상이 있다. 뒤편에는 예수 그리스도께서 모든 제자들에게 주신 지상명령이 새겨져 있다:

"그런즉 너희는 먼저 그의 나라와 그의 의를 구하라"(마태 6장 33절)

그 다음의 일은 학생들을 위한 식당을 짓는 일이었다. 이 과업도 쉽게 완성 되었다. 그리고 난 후 대형 운동장을 만드는 일이 있었다. 학생수가 8천명인데다 봄과 가을 두 차례에 걸쳐서 체육대회가 열렸다. 땅이 고르지 못한 운동장에서 비가 내리면 물이 고여서 전혀 운동을 할 수가 없었다. 그래서 새로운 운동장을 만드는 일은 학생들의 오랜 바램이었다. 당시 체육부장이었던 최덕구교수는 대학교의 앞날을 내다보며 12,000명을 수용할 수 있는 운동장 건설계획안을 제출했다. 그는 계룡건설회사 사장을 세 차례나 만나 운동장 설계도를 놓고 의논했다. 나는 충청남도에서 가장 넓고 큰 운동장을 만들고 싶었다. 내 책상 위에는 12,000명을 수용할 수 있는 최덕구교수의 운동장 계획안이 올려져 있었다. 완성된 한남대학교 운동장은 그때까지 충청남도에서는 가장 큰 운동장이었다. 나는 과거 10년이상 경희대학교 운동장에서 오후마다 4,000m를 달린 경험이 있다.

가장 어려웠던 공사는 1987년 자연과학부 건물을 짓는 일이었다. 너무나도 큰 건물이고 그 건물 안에는 과학실험실들이 많이 배치되어야 했다. 나는 김세원 처장에게 전권을 주었다. 나는 그를 진정으로 믿었고 그는 나를 조금도 실망시키지 않았다. 학생회관 건축이 시작될 무렵 건축회사의 사장이 나의 귀에 속삭였다.

"총장님께서 요구하는 퍼센티지는 얼마입니까?"

그의 말을 이해할 수가 없어 나는 시내에 있는 한 기독교인 사업가에게 그것이 무슨 의미인지를 물었다. 놀랍게도 발주 책임자에게 공식적으로 5-10%의 비자금을 주는 어두운 비밀을 알았다. 나는 그 사장에게 그런 돈은 절대 받지 않는다고 말했다.

학생건물이 완성되었을 때 나는 그 회사 사장실을 김 처장과 함께 방문했다. 뜻밖의 방문을 받은 그는 나를 다소 의문스럽게 쳐다보았다. 그래서 나는 입을 열었다.

"내가 돈 때문에 당신에게 부탁을 하기 위하여 여기에 왔습니다. 사장님이 나에게 그 비자금의 액수를 물었을 때 나는 아니요 라고 대답했습니다. 당신 회사가 우리 교정에 건물을 지은 후, 모든 사람들은 기뻐하면서 회사원들에게 고마워했습니다.

이제 나는 우리 학생들이 머물 수 있는 기숙사 건물이 필요합니다. 그러나 대학에 저축한 자금이 바닥이 났습니다. 그러니 그것을 무상으로 건축하여 줄 수는 없습니까? 우리는 그 건물의 이름을 건축회사의 이름을 따라 계룡빌딩이라고 할 것입니다."

계룡건설회사는 나의 요구를 기꺼이 받아들였다. 그래서 기숙사의 이름은 계룡건설회사 이인구 사장의 호를 따라 유림관이라고 이름을 지어 한남대학교에 무상으로 기부하게 되었다.

우리는 도서관 건물이 낡아서 다시 고쳤다. 그리고 운동장 건너편에 있는 3교사는 처음 지을 때 위치선정을 잘못하여 여름에는 덥고, 겨울에는 추우며, 운동장과 가까워서 단 하루도 조용한 가운데 강의를 진행하기가 어려운 환경이다. 게다가 건물을 지은지가 오래되어 고쳐야 될 곳이 많았다. 그 돈을 또 어디서 마련할 것인가? 이 어려운 때에도 하나님은 우리에게 길을 열어 주셨다. 컴퓨터 훈련센터에 2,000명 이상의 학생들이 등록했다. 그 수입은 곧 바로 학교의 재정으로 들어왔다. 재단 이사들 가운데는 장갑수 장로가 있는데 그분이 큰 부동산을 기부했다. 다른 이사들도 이어서 기부를 했다.

이 기간 동안에 김세원 처장이 진행하는 또 다른 일은 학교 정원에 나무를 심는 일이었다. 운이 좋게도 대전근교의 많은 군부대들이 계룡산으로 이주를 하고 있는 중이었다. 김 처장은 군부대 장교들과 협의를 하여 많은 나무들을 옮겨 심었다. 특히 대학상징탑 근처에 있는 호수를 아름답게 꾸몄다. 연못이 다양한 꽃들로 장식되자, 학생들은 시간이 날 때 마다 그곳에 모여 노래하고 이야기를 나누었다.

한남대학교 1교사 사이에 한남대의 설립자 윌리엄 린튼 흉상을 세웠다. 그의 부드러운 미소와 자애로운 눈길은 학생들의 눈길을 끌었고 "진리. 자유, 봉사"의 한남대학교 창학정신을 상기시켜주었다. 그리고 맞은편 언덕위에는 파키스탄에서 복음을 전하다 과로로 숨진 한남대학교의 동문 정성균 선교사를 기리는 기념비를 세웠다.

1980년대 중반부터 한남대학교 문제에 집중하다보니 IAUP의 활동에 관심을 갖지 못했다. 나는 어느 날 버지니아의 리치버그대학의 죠지 앤 래인스포드(George N. Rainsford) 총장으로부터 1986년 5월 17일 그 대학교의 학위수여식에 참석하여 축사를 해 달라는 초대장을 받았다. 그리고 그 행사장에서 명예법학박사학위를 주도록 그 대학교 교무위원회와 이사회에서 결정했다는 사실도 알려왔다. 나는 정말로 영광스럽게 생각했다. 그 대학은 1903년에 기독교 대학의 선구자가 된다는 창학정신으로 설립되었다. 나를 초청할 당시에 그 대학은 경영, 경제, 통신 예능학부로써 2,400명의 학생이 있었다. 나는 IAUP 사무총장으로 활동을 하면서 미국 기독교대학들과 매우 가깝게 교류하며 지내고 있었다. 그래서 한남대학교와 자매결연도 맺게 되었다. 나는 졸업생들에게 축하의 말을 다음과 같이 했다:

> "1986년 졸업생 여러분의 졸업과 사회를 향한 새로운 출발을 진심으로 축하합니다. 여러분은 이 대학에서 4년 동안 생활하면서 여러분의 머리속에 잊지 못할 많은 기억들이 새겨져 있으리라 생각합니다. 여러분은 인생의 대 전환점이 되는 이 시점에서 미래에 어떤 일을 할 것인가를 생각하면서 앞으로 나아가야만 합니다.
>
> 우리는 거대한 변화의 시대에 살고 있습니다. 이 대학의 진정한 교육은 하나님의 말씀으로 알고 있습니다. 여러분이 이 세상에 태어난 것은 결코 우연이 아닙니다. 하나님께서는 여러분의 장부를 지으셨고 여러분에게 사명을 맡기기 위하여 여러분을 부르셨습니다. 여러분 한분 한분이 하나님의 부르심에 응답할 때 이 나라가 계속해서 앞으로 나가게 될 것입니다".

축사를 마친 후 죠지 앤 래인스포드 총장은 나에게 명예법학 박사학위를 주었다. 이것은 1977년 나의 모교인 오하이오 노던대학교에서 받은 명예문학 박사 학위에 이어 두 번째다. 중학교도 제대로 다니지 못했던 나의 어린 시절을 생각하며 나에게 하나님의 은총이 넘치는 것을 알 수 있다.

내가 한국으로 돌아왔을 때 재단 이사회에 변화가 있었다. 하나님의 말씀대로 확고하게 한남대학교를 이끌어주시던 광주제일교회 담임 목사 한완석 이사장님이 개인적인 이유로 사임을 했다. 그리고 광주에서 고등학교 교장으로 오래 동안 근무했던 김오봉 신임 이사장님이 취임했다. 그는 넓은 식견을 가진 교육자로서 한남대학교를 크게 성장시켰다.

이때에 가정에는 둘째 아들 경한이가 결혼하는 경사스러운 일이 있었다. 그는 서울의과 대학생으로, 하나님의 말씀을 따르는 인생의 비전(vision)을 갖고 있었다. 외국의 저명한 학자가 와서 강연을 할 때는 그가 영어통역도 하며, 자주 학생들의 모임도 이끌어간다는 얘기를 듣고 나는 매우 흐뭇해 했다.

아내는 그의 이상적인 배필감을 찾고 있었는데 그는 이미 결혼을 약속한 여자친구가 있다는 것을 알았다. 정영미라는 서울대학교 음대를 졸업한 그 아가씨는 매우 예쁘고 붙임성이 있으며, 성격이 착했다. 아내는 그녀를 보자마자 마음에 들어 하고 좋아하게 되었다. 1987년 10월에 이 두 젊은이는 내가 다니고 있는 서울 동신교회에서 결혼식을 했다. 한남대학교에서 많은 직원과 교수들이 버스를 대절하여 식장까지 와서 신랑신부를 축하해 주었다.

V. 어둠속에서 진정한 빛을 찾아

1987년 말, 한남대학교의 교육의 질을 개선하는 스마트(SMART) 비전(vision)이 순조롭게 잘되어가는 듯 했다. 매일 아침마다 열리는 대학의 교무위원회는 우리를 하나님께로 한발 한발 인도해 주시는 것 같았다. 하지만 그 교무위원회 모두가 공감하는 한 가지 걱정거리는 어떻게 하나님의 말씀으로 미래 지도자들을 길러서 삯군, 도적, 강도가 되지 않고, 예수그리스도께서 모범적으로 보여주신 "선한 목자"(요 10:1-15)가 될 수 있을까 하는 고민이었다.

당시 군사정부 지도자들은 반대편을 억압하는 솜씨는 좋았다고 할 수 있을지 몰라도 국민들의 사기를 높이는 데는 완전히 실패했다. 전두환 대통령과 그를 따르는 사람들이 보여준 지도력은 매우 걱정스러웠다.

전두환 대통령의 7년 임기가 다하면서 구 정치인들은 새 민주당을 만들어 이승만 대통령이나 박정희 대통령처럼 연임하지 못하도록 임기를 단임제로 하는 헌법을 개정해서 국민들의 이목을 집중시켰다. 1986년 국회의원 총선거에서는 야당인 민주당이 여당인 민정당 보다 소수의 의석을 차지했지만 대도시에서는 야당이 승리했다.

1986년 총선직후 전두환 대통령은 육사동기인 노태우를 민정당의 대표로 지명했다. 과격한 학생데모가 다시 일어났다. 중앙일보는 1987년 1월14일 서울대생인 박종철 학생의 고문치사한 충격적인 사건을 보도했다. 이것은 전두환 정부가 고문을 인정한 첫 번째 사건이었다. 반정부 학생데모는 더욱 거세졌다. 이제 거리의 일반시민들조차도 반정부시위에 동참했다. 1987년 4월 13일 전두환 대통령은 개헌 논의를 금지했다. 반정부 시위가 극렬해졌다. 수백 명의 기독교목사들과 천주교 신부, 그리고 수녀들이 전두환 정부의 퇴진과 헌법개정을 요구하며 단식투쟁을 했다. 이러한 상황에서 1987년 5월, 김영삼을 총재로 김대중을 후원자로 하는 통일민주당을 창당했다.

5월 27일 마침내 새로운 민주헌법의 초안하기위한 국가본부가 이루어졌다. 한국교회는 이러한 민주화운동을 후원했다. 민주화운동의 지도자들은 대부분 기독교인들이었다. 많은 교회들이 호응하고 독재정부에 저항하는 특별기도회를 가졌다. 전두환 정부는 재임할 수 없음을 알고 평화적인 정권 이양을 결심했다. 노태우 대표가 여당의 대통령후보로 지명되었다.

6월 29일 노태우 대통령 후보는 대통령 직선과 모든 정치지도자들의 복권에 대한 헌법 개혁을 승인하는 여덟 가지 개혁안들을 민주화선언으로 발표했다. 온 나라가 노태우의 예기치 않은 발표에 깜짝 놀랐다. 하지만 노태우에 의하여 설득당한 전두환은 다음 선거는 새로운 헌법 아래서 치러야 할 것을 7월 1일 발표했다. 즉각적으로 2,335명의 정치범들이 석방되었고 김대중을 포함한 정치인들의 권리가 복권되었다. 노태우의 제안에 따라 대통령임기를 5년 단임으로 하는 새로운 헌법이 국민투표로 제정되었다.

이렇게 불안한 정치사회 속에서 나는 다른 나라의 유명한 기독교학자들을 한남대학교에서 초청하여 세계의 앞날과 한국의 미래를 짚어보는 국제세미나를 개최하기 시작했다.

1986년 4월 16일에는 일본, 대만, 그리고 필리핀의 유명한 학자들이 아이디어와 견해를 교환하는 "새천년을 향한 동북아시아에서의 지성의 변화"라는 주제로 국제세미나를 개최했다. 나는 이 세미나에서 "21세기를 향한 기독교 고등교육과 한남대학교의 비전(vision)"이라는 제목으로 기조연설을 했다 :

> "역사적인 변화의 속도가 빨라짐으로써 다가오는 세기를 향한 우리의 호기심은 더욱 많아지고 있다. 미래학의 출현으로 960년대는 낙천가들이 세상을 지배 했다. 하지만 1980년대의 10년은 암울한 분위기가 세계를 맹렬한 기세로 지배할 것이라고 예언을 하는 미래학자들이 나타났다. 무엇이 우리의 앞날을 이런 모순 속으로 인도하고 있는가? 지식의 빠른 증가에 반비례해서 현대인들은 점점 더 어리석은 바보가 되어간다. 현대인들은 세련된 지식을 적절하게 사용할 수 있는 지혜를 갖지 못했다. 오늘날 한국의 여러 정치지도자들의 행태를 보라. 예수님이 경고하신 가짜

지도자 - 삯꾼, 도적, 강도 - 가 얼마나 많은가! 지식보다도 현대인들에게 필요한 것은 지혜의 보고(寶庫)인 하나님의 말씀을 교육의 기본으로 삼아야 한다. 그래야 우리나라의 밝은 내일을 열 수 있을 것이다.

이러한 점에서 우리는 미국 선교사가 세운 한남대학교의 목적을 되새겨 볼 적절한 시점에 왔다. 목적의 앞부분을 보면 "기독교의 원칙 하에서 이 나라에 봉사하는 젊은 미래인재들을 배양하는데 있다."

참가자들 가운데 미국의 린치버그대학의 레인스포드 총장은 과학기술의 빠른 발달에 반비례하여 사람들의 도덕의식은 빠른 속도로 낮아지고 있다고 했다. 그는 학생들과 교수들을 서로 교류할 뿐만 아니라 우리의 사상과 경험을 서로 교환할 수 있도록 유대관계를 강화 하자고 했다. 필리핀의 참가자와, 대만의 참가자들도 발표내용이 비슷했다.

1986년 10월 29일에 일본의 시코쿠대학의 학생과 교수들에게 강연을 해달라는 초청장을 받았다. 한남대학교와 그 대학은 전부터 자매결연을 맺고 있었다. 강연제목은 "21세기를 향한 기독교 고등교육"이었다. 이 강의의 일부는 다음과 같다:

한국과 일본은 과거를 재음미 해 볼 필요가 있다. 과거의 불행한 역사적 사실 때문에 두 나라의 관계는 매우 가깝고도 먼 나라로 알려져 있다. 그러나 두 나라는 태평양이라는 한 울타리 안에 살고, 두 나라는 점점 더 가까워지고 있다.

우선 여러분의 대학과 우리 두 대학의 교육 목적은 같다. 그것은 우리 학생들이 영적인 눈을 떠서 인간을 살아있는 영혼으로 보도록 깨닫게 하는 것이다. 오직 기독교 교육만이 우리 두 나라를 더욱 가깝게 이끌 수 있다.

그 후 두 대학은 교육프로그램을 교환하고 수백 명의 학생들이 서로 교류를 하게 되었다.

1987년 7월 21일-27일까지 멕시코의 구아달라자라(Guadalajara)에서 열리는 IAUP회의에서 나는 "개발도상국 대학들의 중요한 임무"라는 제목으로 글을 발표했다. 비록 그 모임이 기독교단체는 아니지만 나는 기독교 고등교육기관인 한남대학교의 비전(vision)을 소개하고 싶었다. 나는 원고에 다음과 같은 내용을 담았다.

"한남대학교는 설립 당시부터 세계화교육을 중심으로 한 국제적인 학교이었다. 교수들의 9%가 아시아, 아메리카, 유럽 등 외국인 교수들로 이루어졌다. 그리고 다양한 교과과정들이 학생들에게 제공되고 학생들이 그것들을 받아들이도록 하고 있었다. 또한 세계의 유명한 대학들과 유대관계를 맺고 있었다. 인간의 삶은 시간적으로나 공간적으로 점점 좁혀지고 세계는 하나의 마을로 작아지면서 국제관계는 모든 대학들에게 중요한 과제가 되었다. 고등교육에서는 독자적으로 생존할 수 없다. 교육프로그램을 국제적으로 서로 교류하는 것이 우리시대의 가장 시급한 요구이었다. 그러나 우리의 교류에는 공통되는 원칙이 있어야 한다. 나는 기독교교육자로서 하나님이 중심이 된 세계관이 우리의 모든 대학들을 하나로 통일시킬 수 있는 유일한 길이라고 말씀을 드린다. 우리는 하나님이 중심이 되는 세계관을 갖고 IAUP의 틀 안에서 우리들의 관계를 좀 더 가까이 하도록 노력합시다."

나는 멕시코의 구아달라자라대학의 명예교수로 위촉되었다. IAUP의 집행위원모임이 9월 19일-21일까지 일본 도쿄에서 열렸다. 나는 일본, 한국, 중국, 시베리아를 담당하는 세계대학총장협의회(IAUP) 동북아시아 의장이 되었다. 나는 IAUP 중국에 초청되어 교육자들과 학계지도자들에게 상하이와 베이징에서 두 차례 강의를 했다. 베이징에서 내강의 주제는 "태평양 시대의 전망과 우리에게 주어진 일"이었다. 다음은 그 강의 일부이다.

"헤겔은 한때 다음과 같이 말을 한 적이 있었습니다. '태양이 동쪽으로부터 떠서 서쪽으로 지기 때문에 세계의 중심은 동에서 서로 움직인다. 만약 우리가 인간의 역사를 연구한다면 우리는 동쪽에 세상의 중심이 있다는 것을 알 것이다. 종구오(Zhongguo)로 알려진 중국은 동쪽의 중심 국가로서 한때 세계의 지표인 북극성이었다'고 말했다.

태양이 동에서 서로 움직이기 때문에 서양은 오늘날 세계의 중심이 되었다. 그러나 태양은 그곳에 서 있지 않는다. 1902년, 존 헤이는 세계의 중심이 태평양으로 움직이고 있다고 예언을 했다.

오늘날 우리는 태평양시대에 살고 있다. 중국, 한국, 일본이 태평양시대를 만들어가는 주도적인 역할을 해야 한다. 내가 제안하는 것은 우리 세 나라의 대학들이 서로 관계를 굳건히 하자는 것이다. 나는 한남대학교 총장으로서 교환학생과 교환교수뿐만 아니라 서로 생각과 경험 그리고 비전(vision)을 교환하여 자매결연을 맺을 수 있도록 모두가 노력해 주기를 기대한다."

세미나가 끝난 후 베이징사범대학의 총장은 그의 대학을 방문해달라고 초청했다. 그 대학은 중국에서 매우 평판이 좋았고, 교육시설도 매우 훌륭했다. 도서관에는 일본어를 전공하는 중국학생들이 있었다. 나는 그들 중, 한 학생의 손을 잡고 일본어로 그에게 말했다. 그 학생이 자기가 공부하고 있는 것을 일본말로 유창하게 말하는 것을 듣고 매우 놀랐다. 그 후, 한남대학교와 베이징 사범대학은 자매결연을 맺었다. 그리고 많은 교수와 학생들이 서로 교류를 했다.

1988년 말, 오스트레일리아의 캔베라에서 세계대학총장협의회가 열렸을 때 그들은 한국과 오스트레일리아의 교육프로그램을 교류하도록 한국의 5개 대학교의 총장들을 초청했다. 나는 서울대학교 조완규 총장과 다른 3개 대학교총장과 함께 뽑혔다. 그 회의에 참가했던 49명의 오스트레일리아 총장들과 서로의 의견을 나누었다. 서울대의 조 총장은 그 회의에서 나에게 대표연설을 하라고 권했다. 그 회의에서 발표한 내용의 일부는 다음과 같다

"과거에 오스트레일리아는 지구 반대편의 나라로 알려졌다. 그러나 오늘날 태평양시대가 열림에 따라 오스트레일리아는 태평양시대의 중심국가가 되었다. 이제 이 나라는 서양의 나라가 아니라 동양의 일본, 한국, 중국 등과 더 가까운 나라가 되었다. 1987년 현재 한국의 국민총생산은 중국의 3분의 1이다.

세계의 중심이 대서양으로부터 태평양으로 옮겨가는 시대에 우리 두 나라는 경제, 정치적, 그리고 교육적으로 더욱더 가까워지고 있다. 우리 두 나라 사이의 무역량은 최근 놀라울 정도로 증가하였다. 1966년과 1988년 사이의 두 나라 무역량은 3,000만 달러에서 20억 달러로 늘어났다.

이제 우리 앞에 놓인 긴급한 문제는 교육 교류이다. 나는 두 나라 사이의 교환학생, 교환교수, 교육자료의 교환 공동연구 발표 등의 단계를 밟기를 제안한다. 이제 진지한 토의를 해봅시다."

그 결과로 한남대학교는 시드니 대학교와 자매결연을 맺었다. 호주정부는 그때부터 서울에 교육사무국을 열어 많은 한국학생들이 그 나라에 관심을 갖도록 했다.

나의 여행경비를, 초대하는 기관에서 지불할 때 가끔 아내와 동행을 했다. 기억할만한 일은 IAUP의 전체회의가 처음으로 1991년 4월 11일-14일

에 새크라멘토의 캘리포니아 주립대학교에서 있었을 때 아내는 총장들 부인모임에서 '오늘날 동북아시아에서 아내의 위치' 라는 주제로 발표를 하기로 했다. 아내는 국제적인 모임에서 발표를 한 경험이 없어 캘리포니아 대학으로 부터 그 요청을 받아들이기를 망설였다. 하지만 아내가 마침내 발표를 하게 되자 청중들로부터 가장 많은 박수를 받았다. 아내의 발표문 중에서 청중들에게 박수를 받은 부분은 다음과 같은 내용이었다.

"한국에서 여성은 남편에게 복종해야 한다는 전통적인 규칙이 있다. 그러나 현대화의 강한 바람으로 이 규칙은 더 이상 반영되지 않고 있다. 한 재미있는 농담이 이러한 현실을 잘 나타낸다.

한 30대의 남편이 퇴근 후 집으로 들어오면서 그는 대문을 발로 차면서 '여보 나 돌아 왔어요" 하고 외친다. 그의 나이가 40대가 되었을 때는 퇴근 후 남편은 조용히 문을 열면서 아이들에게 "엄마 집에 계시냐" 라고 말한다. 그런데 60대가 되어 은퇴한 후에는 가족은 더 작은 집으로 이사를 간다. 하지만 아내와 아이들은 아빠를 찾아볼 수가 없다. 그 아버지는 가족이 자기 버리고 갈까봐 큰 이사 짐 속에 숨어 있었다고 한다."

Ⅵ. 믿음과 배움의 통합

나는 다양한 활동을 하면서도 한남대학교의 교육과정과 교육내용이 세계화시대의 모델이 되고 있는지 대해서는 자신이 없었다. 한남대학교의 교육을 국제화하기 위해서는 우리 학생들이 세계의 공용어인 영어에 능통할 수 있도록 영어실력을 향상시키는 것이다.

1987년, 영문학과 교수이며 문과대학 학장인 이상윤 학장이 나의 비전

(vision)을 위하여 헌신적으로 노력했다. 그의 노력으로 영문학과는 기독교에 헌신적인 9명의 미국인 교수들을 유지할 수 있었다. 당시 한 대학교에서 한 학과에 그렇게 많은 미국인 교수들을 둔다는 것은 드문 일 이었다. 한남대의 모든 1학년생들은 영어회화를 필수과목으로서 수강하도록 되었다. 다른 대학교학생들에 비하여 한남대학교 학생들은 영어실력이 훨씬 높다는 평판들이 있었다. 한남대학교는 미국인 교수들 이외에도 일본인 교수 1명, 프랑스인 교수 1명, 독일인 교수 1명이 있었다.

이상윤 학장은 1989년 7월부터 직원들도 1주일 동안 필리핀으로 가서 영어공부를 할 수 있도록 연수의 길을 열어 주었다. 그리고 나는 영어학부 교수들이 여름방학 1달 동안 필리핀 대학교에 가서 영어로 강의하고 돌아오는 프로그램도 개발하여 진행했다. 교수들 가운데는 약간 주저하는 경향도 있었지만 필리핀 대학에서 영어로 강의를 하고 돌아온 교수들은 기뻐했다.

나는 하나님의 말씀을 교육의 기초로 만들기를 원했다. 기독교의 신앙과 학문을 통합하는 과목을 가르칠 수 있기를 바랐다. 그런데 미국 플로리다 대학교 대학원 유기화학 박사인 선교사 로버트 괴테 교수가 "성경과 과학"이라는 제목의 강의를 개설하여 이미 가르치고 있었다. 한국 대학교에서는 전혀 찾아볼 수가 없는 과목이었다. 나는 매우 기뻤고 흐뭇했다.

괴테 교수의 과목을 간단히 요약하면 다음과 같다. 고대 이집트, 메소포타미아, 중국문명 등은 수학, 삼각함수, 의학, 천문학 등의 발달에 큰 기여를 했다. 하지만 그 문명이 과학을 조직화하여 하나의 체계로 발전시키지 못한 이유는 그들의 세계관이 자연중심적이어서 자연을 대상으로 생각하거나 또는 자연의 신비로운 힘에 압도되었기 때문이다.

고대 그리스인은 과학의 기본이 되는 합리주의(合理主義)를 그 어느 문명보다도 더 발달시켰다는 점에서 위대성이 충분히 인정된다. 하지만 그리스문명도 근본적으로 자연중심세계관을 탈피하지 못했다는 점에서 과학을 체계화하는데 미흡했음을 지적하지 않을 수 없다.

헨리 모리스(Henry Moris)는 "현대과학은 전적으로 기독교신론(Christiantheism)으로부터 성장했다고 주장한다. 우주만물을 창조하신 창조주를 믿고 하나님중심 세계관을 가질 때 자연은 비신비화(非神秘化) 하게 된다. 태양, 달, 별, 산, 강, 나무, 바위, 동물 등이 숭배와 제사의 대상이 될 수 없다.

자연을 "다스리라" 하신 하나님의 명령에 순종하기 위해서 사람은 자연의 여러 가지 현상을 관찰하고 가설을 세우며 또 실험을 통하여 그 가설을 증명하는 노력을 하여야 한다. 여기에서 과학이 보다 체계화되어 발전할 수 있는 정신적 배경이 성립된다. 「세속도시」 The Secular City에서 하베이 콕스(Harvey Cox)는 서구문명이 하나님을 모신 마음의 눈으로 "자연계의 마력으로부터 벗어날 수 있었던 것은 자연과학의 발전을 이루는 동력되었다"고 주장했다. 그리고 아인슈타인은 "참 종교가 없는 과학은 절름발이이며, 과학이 없는 종교도 앞을 못 보는 맹인과 같다."고 했다.

괴테교수의 영향을 받고 "기독교 신앙과 경제발전"이라는 과목을 한남대학교에서 새로 개설한 학자는 김세열 교수였다. 그는 서울대학교 농업 경제학과를 졸업하고 미국 하와이대학교 대학원에서 박사학위를 취득했다. 그는 현대 경제체제는 왜 서양에서만 일어났을까? 하고 의문을 갖게 되었다. 고대 동양에도 많은 재물을 축척한 부자들이 있었다. 그러나 그들은 자기들이 소유한 돈을 가지고 경제가 지속적으로 발전할 수 있는 경제제도를 발전시키지 못했다.

김 교수는 고대 동양에 비해 서양에서 현대 경제체제가 발달할 수 있었던 것은, "모든 재물은 하나님의 것이며, 자본가는 하나님의 재물을 일시적으로 맡아 관리하는 임시 관리인으로 생각할 때만 건전한 경제체제가 생겨날 수 있었다"고 주장했다.

참된 자본가는 부유한 사람이 아니라 금욕주의 정신 속에서 돈을 벌고 저축하여 합리적으로 사업에 투자하는 사람이다. 하나님중심세계관을 가지고 기업 활동을 하면 모든 합법적인 거래에서 정당성이 존중된다. 그래서 기업을 하려는 사람들은 자기통제, 근면 그리고 정직성을 키우도록 교육해야 한다. 벤자민 플랭클린이 "정직은 최선의 방책"이라고 말했듯이 진실한 기독교 사업가는 자기를 위해서가 아니라 하나님을 위하여 돈을 벌어야 한다. 그리고 하나님께서 원하시면 가지고 있는 것을 모두 기꺼이 내 놓아야 한다.

여기에서 직업윤리가 생긴다. 상인이면 장사를 할 때 고객을 속이지 않고 양심적으로 바르게 상행위를 하게 된다. 상행위에 도덕성이 작용하여 윤리적 상업풍토가 이뤄진다. 기타의 모든 직업인들도 직업자체를 먹고 살기 위한 수단으로 보지 않고, 하나님의 부르심에 대한 헌신이 된다. 그러므로 이런 경제윤리가 지배하는 경제계는 발전하지 않을 수 없다. 김세열 교수는 후일 한남대 총장으로 재직했다.

김형태 기획 처장도 원래 기독교신앙과 학문의 통합을 강조한 학자였다. 그는 그의 비전(vision)을 밀고 나가기 위하여 같은 비전(vision)을 가진 미국의 기독교대학들과 연대를 갖는데 많은 노력을 했다. 내가 한남대학교 총장을 맡은 후 세계 20개가 넘는 기독교대학들과 성경과 여러 학문분야를 통합할 수 있는 방법에 대한 생각과 경험을 같이 나누기 위해 자매결연을 맺었다.

나도 역사가로서 김세열 교수와 괴테 교수의 영향을 받아 바쁜 총장 업무에도 불구하고 "성경과 역사"라는 과목을 개설하여 학생들을 가르쳤다. 많은 학생들이 나의 강의를 신청했다. 만약 인간이 자연중심 세계관의 끊임없이 되풀이하고, 윤회설을 믿고 "사람은 끊임없이 삼계육도(三界六道)를 돌고 돌며 생(生)과 사(死)를 무한히 거듭하고 있다면 현재의 삶이 무슨 가치가 있다고 할 수 있겠는가? 이러한 윤회(輪廻)적 시간관을 가지고 사는 사람은 발전이라는 생각을 할 수 가 없다.

이런 윤회시간에 비해 성서가 가르치는 기독교의 시간관은 시작(origin), 과정(process), 목적지(goal)가 있는 선(線)의 흐름이다. 창세기 1장에 보면 하나님의 만물창조가 기록되어 있다. 그 후 사람들이 하나님의 뜻을 따라 열심히 그를 경배하고 그의 뜻을 따르면 역사적 선의 흐름은 상승한다.

반대로 사람들이 하나님의 뜻을 배반하고 자행자지(自行自止)하면 역사의 선은 급속히 하강한다. 인류의 역사는 마지막에 우리 주 예수그리스도의 재림으로 끝이 난다. 그러므로 기독교 사관에는 윤회의 관념이 전혀 없다. 나는 "성경과 역사" 강의에서 학생들에게 자주 질문을 던졌다; B.C.의 뜻은 무엇인가? A.D의 뜻은 무엇인가? 결국 Before Christ와 anno Domini로 그리스도 전과 그리스도 후를 가리키며 그리스도가 역사의 중심이 된다는 것을 알라고 가르쳤다.

기독교인들에게 역사는 단지 과거 사건의 기록만이 아니다. 하나님이 자신을 어떻게 드러내고 사람이 그의 부름에 어떻게 응답하였는가에 대한 기록이다. 로마서 13장 11절은 "우리에게 여러분은 지금이 어느때인지 압니다. 잠에서 깨어나야 할 때가 벌써 되었습니다"라고 깨달음을 준다. 항상 시대의 변화하는 모습을 바로 읽고 하나님의 명령에 순종하며 살아야 한다.

우리가 그리스도를 과거의 중심에 놓았을 때 지난날의 역사는 의미를 갖는다. 우리는 역사의 사건을 기록한 책에서 하나님의 뜻을 읽게 된다. 우리의 중심에 그리스도를 모시면 우리는 신체적으로나 정신적으로 합리적이고 건전한 삶을 살아 갈 수 있다. 그리고 우리가 우리의 미래 중심에 그리스도를 놓았을 때 우리는 올바른 방향으로 역사를 인도하면서 우리사회의 환경을 개선시킬 수 있을 것이다. 역사는 결국 하나님의 이야기이다.

내 강의를 들었던 많은 학생들은 졸업 후 그들의 전문 분야에서 하나님의 나라 발전을 위하여 훌륭한 사업들을 하고 있다. 역사수업을 받은 제자 서문동은 지금도 생각이 난다. 그는 한남대학교를 졸업한 후, 기독교 사립 대학인 남서울대학교의 직원으로 일하게 되었다. 그는 하나님께서 그에게 주신 일에 전념하였고 그는 그 대학의 총장에게 큰 신임을 얻어 그 대학교의 사무처장 되었다. 얼마 전, 서문동 처장의 노력으로 한국기독교학교연맹 산하의 대학교 분회가 남서울대학에서 모여 신앙과 학문통합에 대한 진지한 토의를 마치고 나서 대학교 정원을 둘러보았는데 짧은 기간 안에 놀랍게 발전한 모습을 보고 하나님께 감사드렸다.

한남대학교 학생들 가운데 장학생으로 해외에 유학을 간 김용창 박사가 있다. 그는 페이스 신학교(Faith Theological Seminary)에서 신학에서 박사학위를 받고 미국에서 복음전파 활동에 전념하고 있다. 그리고 학창시절에 학문적으로나 인간관계에서 우등생이있던 빅보매라는 여학생이 있다. 나는 그 여학생이 필리핀 대학교 대학원에 유학해서 공부를 계속할 수 있도록 도와주었다. 나중에 그녀는 교육학 박사학위를 받고 고국으로 돌아와 교육부의 고급 공무원으로 일하고 있다.

한남대학교에서 아주 성실한 학생으로 그리스도의 모임을 이끄는 지도자로 활동했던 허임회라는 학생이 있었다. 그는 사촌의 초청으로 일본 도쿄로 건너가 독특한 사업을 했다. 그 때 까지만 해도 배추와 무, 오이 등으로 만드는 한국 전통 음식인 김치에 대하여 일본사람들은 알지 못했다. 허임회 사장은 누구보다도 빨리 일본 음식에 김치를 섞어서 팔때 일본인들이 그것을 선호할 가능성을 보고 도쿄에 김치공장을 설립했다. 그의 김치회사는 날이 갈수록 사업이 잘 되었다. 그는 한남대학교에 후배들을 위해 많은 장학금을 보내오고 있다. 내가 미국에서 발행한 「50년후의 약속」 *Write the Vision – It Will Certainly Come!*이 한 일본교수가 일본어로 번역될 때 허 사장은 그 책의 출판에 많은 도움을 주었다.

한남대학교에서 성서와 학문의 통합이 잘 이루어지기 시작했다는 소문이 퍼지자 당시 전주대 이종익 총장께서도 이 문제에 대한 큰 관심을 가지고 연구하던 중 미국에서 7개 분야-「신앙의 눈으로 본 문학」,「신앙의 눈으로 본 생물학」,「신앙의 눈으로 본 경영」,「신앙의 눈으로 본 사회학」,「신앙의 눈으로 본 역사」,「신앙의 눈으로 본 음악」,「신앙의 눈으로 본 심리학」-에 대한 대학교재를 들여왔다.

이종익 총장은 신동아그룹 최순영회장으로 부터 8천만원의 연구비를 받아 그 교과서들을 우리말로 번역하여 기독교학교연맹 회원교들과 7개 분야의 교수들과 교사들에게 기증했다. 이종익 총장의 그와 같은 노력은 성서와 학문을 통합하여 가르치는 큰 계기를 마련했다. 오늘날 1,000여명의 창조과학회 회원들이 하나님에 대한 창조신앙을 한국과학 발전의 선두에서 활약하고 있다.

제7장
은퇴 준비

I. 총장의 임기를 성공리에 마치다

1990년대가 다가오면서 노태우 정권은 몇 가지 민주화정책을 시행하려고 노력했다. 노동자들의 요구를 받아들여 기업들이 임금을 올리게 했고, 노동법을 개정하여 근로조건을 개선토록 했다. 언론법도 자유화 했고, 정부는 5.18광주사태를 민주화를 위한 희생으로 재조명하고, 그 희생자 가족들의 삶을 도왔다. 그리고 중국, 헝가리, 소련과의 국제관계를 정상화시키는 북방외교를 추진했다. 또한 북한에 대해서도 화해의 정책을 시작했고 남북한 정상회담도 개최하자고 요청했다.

국민의 가슴을 가장 설레게 한 것은 1988년 서울올림픽이었다. 그 당시, 서울올림픽위원회 의장은 박세직 의원이었다. 1982년 육군소장으로 수도경비사령관을 지내다가 제대하였다. 그는 1985년부터 제24회 세계 하계 서울올림픽대회 조직위원장으로 88서울 올림픽을 준비하고 대회를 성공적으로 마쳤다. 박 위원장은 시간만 있으면 그를 인도해 달라고 하나님께 열심히 기도했다. 그의 간절한 기도소식이 전해지자 기독교 지도자들은 88서울 올림픽을 성공적으로 개최할 수 있도록 지원하는 특별위원회를 만들어 모든 교회들이 다가오는 역사적인 행사를 위하여 기도했다. 결과적으로 세계 언론들은 서울올림픽대회를 올림픽 역사상 최고의 행사였다고 보도했다. 어떤 올림픽대회보다도 더 많은 159개 나라에서 9,465명이라는 선수가 참가했다. 보안 요원만하여도 100,000명이 넘었다. 그 대회는 한국을 전 세계에 알리는 계기가 되었고 올림픽대회를 성공적으로 개최함으로써 대한민국 국민들에게 자신감을 심어주었다. 나도 박세직 위원장과 88서울올림픽대회의 성공을 위하여 기도했다.

그 당시 대전 유지들이 한남대학교를 후원하는 계기를 마련하려고 끈질기게 노력했다. 미국남장로교회 선교부에서 설립한 한남대학교는 자신들의 선교지역인 전라-남북도 학생들을 데려다 가르치려는 숨은 목적도 있었다. 그래서인지 대전과 충남지역 유명 인사들의 한남대학교에 대한 태도는 냉랭한 편이었다. 나는 이런 역사적 배경을 마음에 두고 1980년대 후반 한남대학교의 발전을 위하여 14명의 지방 유명인사들을 정중하게 고문으로 추대했다. 때때로 그분들을 대학교에 초청하여 대학교 정원을 돌며 지내다가 오후에는 총장실에서 간담회를 가졌다. 그분들의 충고와 조언은 곧바로 대학행정에 반영했고 대학 교육의 질을 개선시켰다. 이 고문모임은 한남대학교를 발전을 위한 기금 모금 운동의 모체가 되었다. 이미 언급한 바와 같이 대전출신 장갑수 이사는 한남대학교에 큰 토지를 기부했다. 그리고 이 고문모임을 이끌고 있는 박선규 박사는 기회가 닿는 대로 대중매체 통하여서 한남대학교의 교육을 칭찬했다.

나는 한남대학교 발전을 위하여 국제 고문위원회를 만들었다. 북캐롤라이나주의 퀸스대학(Queens College)의 빌리 와이어맨(Billy O. Wireman) 총장, 한남대 설립자 드와이트 린튼(Dwight Linthon)의 친척 2인, 존 서머빌(John N. Sommerville) 교수 등 19인의 국제고문위원회가 구성되었다. 1년에 한번 미국동부에서 그분들을 모시고 한남대학교의 경과보고를 하고 그 분들의 조언을 들었다. 그리고 세계에서 같은 정신을 가지고 교육하는 기독교 대학들과 유대관계를 강화시켜 나가기 위하여 일본 시코쿠 가쿠인대학, 미국 테네시주의 킹대학, 북캐롤라이나주의 퀸즈대학, 필리핀 마닐라의 필리핀대학교 등 20여개의 대학들과 자매결연을 맺었다. 매년 2학년 학생 10명을 선발하여 영어 공부를 시켜서 3학년 1년 동안 해외로 유학을 보냈다. 한남대학교는 미국과 일본 그리고 필리핀으로부터 학생들을 받아 한 학기 또는 1년 동안 공부하도록 했다.

나는 재단이사회와 협의하여 대학발전을 위하여 남달리 기여를 한 고문들을 표창했다. 때로는 명예박사학위도 수여했다. 나는 세계 기독교 고급 지도자를 위한 하가이 연구소(Haggai Institute for Advanced Leadership)의 창립자인 존 하가이 박사를 한남대학교로 초대하여 그에게도 명예박사학위를 수여했다.

모든 일에는 끝이 있다. 나는 한남대학교에서 총장일을 시작한지 7년이 되는 1991년을 맞이하면서 총장직에서 사퇴할 것을 생각했다. 나는 교수들이 다음과 같이 수군거리는 소리를 들었다.:

"이원설 총장은 이 대학교에서 너무나 열심히 일했지. 그러나 그는 개인적인 야망을 가지고 있기 때문에 만약 그가 총장직에 더 이상 오래 머무른다면 한국인 소유주가 없는 이 대학교를 자기의 소유로 만들지 몰라."

그때 정부는 대학교총장의 선출과정을 바꾸고 있었다. 과거의 총장은 재단이사회에서 뽑았다. 그러나 정부가 제시한 새로운 방법은 교수회에서 투표로 뽑는 것이었다. 나는 스스로 총장선거에 입후보하지 않겠다고 다짐했다.

나는 내 가족에 대한 하나님의 축복을 생각했다. 큰 아들 기한은 코네티컷 대학교에서 영문학 박사학위를 받고 한국으로 돌아와 명지대학교에서 영문학을 가르치고 있다. 그의 아내 유화영은 남편과 같은 대학에서 교육공학 박사학위를 받고 관동대학교에서 학생들을 가르치고 있다. 작은 아들 경한은 삼성서울병원에서 핵의학과 과장으로 일하면서 성균관대학교 의대에서 교수로 있다. 영란의 남편 김성철은 뉴욕의 컬럼비아 대학교에서 산업공학 박사학위를 받고 한국으로 돌아와 덕성여자대학교에서 학생들을 가르치고 있다. 미란의 남편 엄영호와 미란이는 롱아일랜드 대학교 대학원에서 석사학위를 받고 하나님의 부르심을 따라 서울 근교에서 사회사업가로 일하고 있다.

II. 부총장 임명

내게 시급한 문제는 누구를 부총장으로 임명하여 1년 동안 경험을 쌓은 후, 내가 사표내고 떠나면 일 년 남은 내 임기 동안 대학을 관리하게 할 것인가? 하는 문제였다. 나는 이상윤 교수를 생각했다. 그는 필리핀 대학교의 초빙교수로 1년 동안 있다가 돌아오자마자 교무처장으로 일하고 있었다. 그는 공주대학교 사범대학 영어교육학과를 졸업하고 뉴질랜드 빅토리아대학에서 영문학 석사를 하였으며, 충남대학교에서 영문학 박사학위를 받았다. 그는 세계화 교육에 남다른 관심을 가지고 나와 일찍부터 생각을 같이 하고 있었다.

나는 재단이사회의 승인을 받아 부총장직을 새로 만들었다. 1990년 2학기부터 이상윤 박사를 부총장으로 임명했다. 그는 부총장으로서 한남대학교의 설립 정신인 학생들에게 진리, 자유, 봉사의 목표를 학생들에게 심어주기 위하여 밤낮으로 열심히 일했다.

나는 경희대 부총장으로서 안 총장 밑에서 일 해본 경험이 있다. 그래서 일을 총장과 부총장의 일을 나누었다. 나는 대학교 바깥의 일을 하고, 대학교안의 모든 일은 부총장이 처리 하도록 했다. 부총장과 이러한 역할분담은 매우 효과가 있었다.

이상윤 부총장은 외국어학부를 강화했다. 각 학교의 영어교사들이 한남대학교에 와서 영어와 컴퓨터를 배울 수 있도록 했다. 학원복음화를 위하여 학생들을 훈련시키고 학생상담소의 역할을 강화했다.

김형태 기획처장은 "2000년 한남대의 비전(vision)"이라는 제목으로 중장기 계획을 내놓았다. 그 계획안은 진리, 자유, 봉사의 창학정신을 지속적으로 추구하여 모든 졸업생들이 그 정신을 가지고 사회와 교회에서 본보기가 되도록 하는데 있다. 그 때 한남대학교에는 27개 전공분야에 약 12,000명의 학생들이 있었다. 그들에게 하나님의 말씀을 심어서 그들의 활동을 통하여 자라게 하고, 그들의 제자들을 통하여 열매 맺게 하는 것이었다.

나는 이상윤 부총장의 헌신적이고 탁월한 능력을 지켜보면서 국제 활동에 좀 더 적극적으로 집중할 수 있었다. 대학교가 양적, 질적으로 팽창하게 되면서 1990년부터 IAUP의 일원으로 러시아, 스페인, 덴마크의 국제적인 회의에 참석했다. 1991년 초, 나는 헝가리 부다페스트에서 잠시 머무르게 되었다. 공산주의를 반대하는 사람들로부터 "동무"라는 말과 "여러분이 공산당에 회원을 끌어들이면 1년의 회비가 면제 될 것이고 두 명을 끌어들이면 10년의 회비가 면제되고, 세 명 이상이면 공산당원의 이전 기록이 완전히 사라질 것입니다."라는 농담을 들었다.

나는 1991년 말, 소련이 붕괴되기 전 모스크바에서 당시의 경제상황을 신랄하게 설명하는 농담을 들었다. 한 남자가 정육점에 들어와 "소고기 1파운드 주세요"하고 주인에게 말했다. 그러자 가게주인은 이곳은 "계란이 없는 가게"이고, 길 반대편에 있는 가게가 "소고기 없는 가게" 입니다. 나는 중국의 상하이, 북경, 장천에서 한국의 급속한 산업화과정에 대해서 특별강연을 했다. 그러면서 중국 양상군 총재의 아들인 양샤밍과 친분을 쌓았다.

나는 1991년 2월, 예루살렘에 있는 히브리대학에서 "한국의 현재 상황"이라는 주제로 강의를 했다. 그들은 IAUP의 활동을 통하여 나에 대하여 알고 있었다. 청중들 중에는 학생들뿐만 아니라 많은 교수들도 참석했다. 그들이 우리나라와 교육적인 유대관계를 갖고 싶어 한다는 것을 알고 기뻤다.

사회자가 연단에 있는 나를 청중들에게 소개하자 나는 "*The Korean Exodus*"라는 책을 손에 들고 청중에게 흔들어 보이면서 강연을 시작했다. 엑소더스라는 말은 "모세에게 인도 된 이스라엘 민족을 이끌고 이집트를 탈출한 것"을 의미하는 말이다. 한국에서도 그런 민족의 대이동이 있었다. 이 책은 그 내용을 실고 있다. 연설의 첫머리를 다음과 같이 시작했다.

> "한국인들의 대이동은 이스라엘 민족의 대이동과 비슷하다. 이집트인들이 이스라엘 사람들을 억압했던 것처럼 일본은 우리한국을 억압했다. 우리 한국인들은 하나님께서 이스라엘 민족을 이집트의 억압으로부터 탈출시킨 것처럼 일본의 억압으로부터 우리를 해방시켜달라고 하나님께 기도했다.
>
> 첫째로 한국인들은 해방을 위하여 일본의 천황에게 도전했다. 둘째로 소련군이 북한을 점령했을 때 수백만 명이 자유를 찾아 남한으로 대이동을 했다. 셋째로 군사정부에 대항하여 민주화운동을 강하게 일으켰다. 넷째로 하나님께서 이스라엘 민족을 축복하고 있는 것처럼 오늘날 우리 한국인들을 축복하고 있다."

그 후 나는 여러 번 예루살렘을 방문하여 우대를 받았다. 그리고 두 국가의 교육교류를 위해서 힘썼다. 지금도 한국과 이스라엘 친선협회 이사로 있다.

지난날을 돌아봤을 때, 한남대학교 총장의 삶은 한국교육에서 하나님의 나라를 발전시키기 위하여 적극적으로 일했던 기간이었다. 내가 있는 동안 7개의 대학원과 10개의 부설기관 그리고 8개의 연구소가 새로 생겼다. 진리, 자유, 봉사의 한남대학교 창학정신은 나의 삶의 좌우명이 되었다.

나는 한남대학총장 재직 중에도 계속해서 코리아 헤렐드에 "창조적 반응"(Creative Response) 논설을 매주 기고했다. 그리고 매 학기마다 최소한 한 과목은 강의를 계속했다. 나는 한남대학교에 있는 동안 정부의 전국 교육위원회의 의장으로 뽑혔다. 그 위원회는 교육부장관, 경제기획원회 고급공무원들도 참가 시켜서 우리나라 교육의 수준을 세계적인 수준으로 끌어올리기 위해서 의논했다. 그리고 277개의 기독교 고등학교와 대학들을 회원으로 하는 한국기독교학교연맹 부회장을 맡기도 했다.

내가 학교외부적인 일로 바쁘게 움직이는 동안, 임재복 비서실장은 학교에서 일어나는 모든 변화에 대하여 나에게 빠짐없이 전해주었다. 그의 세심한 업무처리가 없었더라면 1985년부터 1992년 초까지 7년동안 한남대학교 총장으로 있는 동안 세계의 여러 나라들을 돌아다닐 수 없었을 것이다.

나는 임기 1년을 남겨놓고 1991년 후반기에 한남대학교 재단이사회에 사직서를 제출했다. 여러 이사들은 그만두는 것을 말렸다. 1992년 2월 졸업식에서 "하나님의 잠재적 가능성을 지속적으로 최대화시키기"라는 제목으로 졸업식 식사를 하고 나서 사랑하는 한남대학교 교정을 떠났다.

맺으면서

나는 1930년 11월15일 일본의 식민지, 황해도 장연군 용연면 용정리에서 찢어지게 가난한 가정에서 2남2녀중 넷째로 태어났다. 어린 시절에는 미래의 희망을 전혀 가질 수 없었다. 게다가 부모님의 신사참배 거부로 중학교도 다닐 가정형편이 안 되었다. 그래서 부모님이 말렸지만 만 16세에 친구 1명과 함께 북한으로부터 38선을 넘어 서울에 왔다. 아무도 아는 사람이 없는 서울의 삶은 말로 표현하기 힘든 고난이었다. 그러나 다행히 어느 부잣집에 심부름꾼으로 들어가 일하던 중, 그 집 부인의 도움으로 야간학교를 다니며 공부했다. 1950년 한국전쟁 중에 공산주의 청년동맹의 회원에게 아버지와 매형과 함께 붙들려 사형장으로 끌려가다가 도망쳤다. 나는 도망을 치다가 총에 맞아 부상을 입고 도망을 치면서 결사적으로 하나님께 매달리게 되었다. 하나님은 나를 신체적, 영적으로 구원하여 주셨다. 나는 "너희는 먼저 그의 나라와 그의 의를 구하라"는 주님의 명령을 따라 하나님의 나라 신장을 나의 사명으로 확신하고 삶의 비전(vision)을 한 장의 두꺼운 종이위에 기록했다. 또 그 후 그 기록된 비전(vision)을 자주 들여다보면서 나의 삶을 그 비전("The Jesus-Korea Vision")에 집중했다.

나는 2000년에 재미교포 2세들을 격려하기 위해서 *Write the Vision – It Will Curely Come*라는 제목으로 나의 어린 시절 이야기를 글로 써서 미국에서 출판했다. 그 책은 미국의 한 대학에서 교재로 채택되었고, 그리고 일본어로도 번역되었다. 또한 강헌구 박사의 큰 따님이 한국어로 번역하여 「50년 후의 약속」이라는 제목으로 한국에서도 출판되었다.

이 책은 「50년 후의 약속」의 후편으로 나의 글로 쓴 비전(vision)을 하나님께서 어떻게 인도해주셨는지에 그 과정에 대한 나의 간증이다. 하나님은 하나님을 "하늘 아버지"로 믿는 나에게 용기를 주어 $155를 가지고 미국유학을 하여 만 30세에 역사학 박사학위를 받고 돌아와 교육계에서 활동하다가 61세에 한남대학교 총장의 자리에서 사임할 때까지 살아온 나의 간증이다. 하나님께서는 "먼저 하나님의 나라를 구할 때, 나에게 필요한 나는 모든 것을 넘치도록 주셨다(마 6:33).

나의 사랑하는 독자들에게 하고 싶은 말은 하나님의 나라를 넓히는데 끊임없이 일하려는 비전(vision)을 한장의 두꺼운 종이 위에 글로 쓰라는 것이다. 그리고 하나님이 각자에게 주신 재능을 최대화시키기 위해서 계속적으로 노력해야한다. 성경에서 약속한 것처럼 "너의 비전(vision)이 느리게 이루어지더라도 기다려라, 그러면 확실히 이루어질 것이다"를 믿고 그 비전(vision)에 집중하면 하나님께서 한 걸음 한 걸음 인도하셔서 그 목표(Vision)를 실제적으로 이루어 주신다는 약속이다.

뒤돌아 볼 때 하나님은 약속의 복을 넘치도록 주셨다. 하나님은 나에게 충분한 재산, 그리고 훌륭한 자녀들의 축복을 부어 주셨다. 이제 결혼 54주년이 되었다. 아내는 훌륭한 살림꾼이어서 내가 집안일을 걱정하지 않아도 되었다. 아내는 내 삶의 최고의 조언자였다. 나의 위기 때마다 나와 같이 기도했고 나에게 지혜로운 충고를 해주었다.

현재 두 딸과 두 아들 그리고 그들의 배우자들은 각각 자기들의 분야에서 매우 큰 역할들을 잘하고 있다. 이제 9명의 손자손녀들이 있다. 그들도 학교생활을 매우 잘하고 있다. 나는 그들에게도 항상 성경에서 말씀한 대로 하나님의 나라를 넓히는데 전념하고 자기들의 비전(vision)을 쓰라고 강조하고 있다. 그들은 모두 신앙 안에서 성장했다. 한 손자는 서울에서 고등학

교를 졸업 하고나서 매년 50,000달러의 삼성장학금을 받고 지금 하버드대학교에서 공부하고 있다.

　나는 76세인 오늘까지도 53개의 대학들과 377개의 학교회원을 갖고 있는 한국기독교학교연맹의 이사장으로 있다. 그리고 미국, 일본, 필리핀, 호주 등 10개국의 기독교학교연맹들을 포함한 아시아태평양기독학교총연맹(The Asia-Pacific Federation of Christian Schools)의 이사장도 맡고 있다. 또한 하나님은 나에게 23권의 영어책과 19권의 한국어책을 쓸 수 있도록 이끌어 주셨다.

　게다가 나는 한국 기독교리더십연구원의 이사장으로서 일할 수 있는 것도 매우 기쁘게 생각한다. 리더십연구원은 훌륭한 최정훈 원장의 지도 아래 비전스쿨, 지식의 십일조운동, 주님의 등불과 함께 일하고 있고, 미국 워싱톤 디시에는 에즈라리더십센터(Ezra Leadership Center)를 자매기관으로 갖게 되었다. 연구원은 마닐라, 포틀랜드, 로스앤젤스 등에 지원(支院)을 두었다.

오늘날 정선혜 총무는 컴퓨터 분야에 매우 재능이 풍부한 인재로서 필리핀 비콜신학교 강사와 캄보디아 대학교의 강사로 국제적 복음화 운동을 열심히 돕고 있다.

나는 정선혜 총무가 내가 영어로 쓴 이 책을 한글로 번역한데 대하여 깊은 감사를 드린다. 그녀는 영어번역학 전공의 박사이고 그의 아버님은 미국 대학 출신이시고 동생 둘이 미국 시민이다. 게다가 부군 황택진 선생도 국제 실업가이다. 그러므로 정선혜 총무는 어려서부터 2개 국어를 사용하는 환경에서 자랐으므로 번역이 잘되었을 것으로 알고 감사드린다.

나는 강헌구 박사에게 다시금 깊은 감사를 드린다. 그는 나와는 사제지간이다. 내가 먼저 기독교리더십연구원은 시작했지만 강헌구 박사가 총무로서 오랫동안 연구원을 이끌었다. 그리고 비전스쿨을 세워 한국의 여러 고등학교들과 대학교, 그리고 교회들뿐만 아니라 중국, 터키까지 비전(vision) 교육운동이 퍼져 나가게 했다. 이는 한국의 자랑이다. 나는 이 책을 강헌구 박사의 권유에 의하여 썼다.

"주님께서 나에게 대답하셨다.
너는 이 묵시를 기록하여라. 판에 똑똑히 새겨서, 누구든지 달려가면서 읽을 수 있게 하여라. 비록 더디더라도 그때를 기다려라. 반드시 오고야 만다." (하박국 2:2-3)

"너희는 먼저 하나님의 나라와 하나님의 의를 구하여라. 그리하면 이 모든 것을 너희에게 더하여 주실 것이다." (마 6:33)

"하나님의 나라는 먹는 일과 마시는 일이 아니라 성령 안에서 누리는 의와 평화와 기쁨입니다." (롬 14:17)

[REFERENCE BOOKS AND DOCUMENTS]

are the books and booklets that I have authored and published during the past many decades.

Books that I have published:

1. Won Sul Lee, 「Beyond Ideology」, Westchester, Illinois: Cornerstone Books, 1979, p. 1992 2. 「Christian Worldview and Historical Change」, Singapore: Haggai Institute, 1992.
3. 「The God-given Vision in Action」, Singapore: Haggai Institute, 1994.
4. 「Stewardship in Action」, Singapore: Haggai Institute, 1994.
5. 「Speeches & Lectures」, St. Louis: Midwest Publishing Co, 1996.
6. co-author=Asher Naim,「Jerusalem in Human Destiny」, Seoul: Westerminster Press, 1998, p. 235
7. 「Write Your Vision」, Chicao: The Christian Journal, 1999
8. 「The New Millennium, The New Chosen People, The New Vision」, St. Louis: Midwest Publishing Company, 2000, 9. co-author=Jong Koo Park, 「The 21st Century--Where is the World Going?」, Seoul: Shinmangae Puublishing House, 2001.
10. 「 Reflections of an Asian Mind」, Seoul: Kyung Hee University Press, 1980.
11 「The United States and the Division of Korea」, Seoul: Kyung Hee University Press, 1982.
12 「Amid a Gigantic Transition」, Seoul: Voice Publishing House, 1986.
13 「Korean Exodus」, Seoul: Voice Publishing House, 1988.
14. 「A Little Giant in America」, Seoul: Christian Literature Press, 1999.

16. 「God's Percentage in Action」, Seoul: Yangpijee Press, 2000.
17. 「Salt And Light: Building Character」Chicago: The Christian Journal, 2001.
18. co-authors=Sano Yasuto, Lee, Sang-Yoon「Building the Asia-Pacific Community through Christian Education」2003.
19. 「The $25 Scholarship That Raised An Outstanding Leader」, Chicago: The Christian Journal, 2003.
20. co-authosr=Joong-Sik Han, Seung-Joon Lee, 「Just Three More Years to Live」, Seoul: Rev. Kyung-chik Han Memorial Foundation, 2005.
21. co-authors= Hun Koo Kang, Jeong Hoon Choi, 「A Biblical View on the 5 Steps Toward a Successful Life」, Chicago: The Christian Journal, 2005.
22. co-author=Jeong Hoon Choi, 「As Your Vision Clears Up, the Way Opens Up」, Chicago: The Christian Journal, 2006.
23. co-author=Sang Yoon Lee, 「An American's Vision for Korea in Action」, Taejon: Hannam University, 2006.
24. 「Overcoming The Seemingly Insurmountable Obstacles」Chicago: The Christian Journal, 2004.
25. 「World Evangelism from the Center of the Globe」, Chicago: The Christian Journal, 2004.

*Among these books, three of them – *Beyond Ideology, Christian Worldview and Historical Change, Write the Vision* were used as text books at Biola University in Los Angeles, North Park University in Chicago, and Central Connecticut State University, Western Baptist Theological Seminary in Portland.

*A weekly columnist, "The Creative Response" for the Korea Herald for 22 years (1976-1998).

Books that I authored and published in Korean Language

1. 「혁명시대의 미래관」, 서울: 성광문화사 1971.
2. 「이데올로기의 초극」, 서울: 성광문화사, 1977.
3. 「서구문명의 정신위기」, 이석우 공저, 서울: 예조각, 1978.
4. 「사조의 격랑 속에서」, 서울: 성광문화사, 1978.
5. 「신앙과 학문」 서울: 성광문화사, 1986.
6. 「하나님중심 세계관 - 송계 이원설 박사의 사유구조」, 서울: 보이스사, 1990.
7. 「기독교세계관과 역사발전」, 서울: 혜선출판사, 1995.
8. 「21세기를 향한 목표(Vision)과 리더십」, 문영식 공저, 서울: 신망애출판사, 1995.
9. 「아침을 준비하는 자는 늘 깨어있다」, 조인숙 공저, 서울: 신망애 출판사 1997.
10. 「예루살렘 - 고난과 영광의 시온성」, 아셔나임 공저, 서울: 웨스트민스터출판사 1998.
11. 「새천년, 새선민, 새목표(Vision)」, 김형태 공저, 서울: 미드웨스트, 2000.
12. 「하나의 작은 씨가 큰 나무되어」, 문영식 공저, 서울: 양피지, 2000.
13. 「50년후의 약속」, 서울: 한언출판사, 2001.
14. 「아름다운 발견」 서울: 말과창조사, 2001.
15. 「21세기는 어디로 가는가」, 박종구 공저, 서울: 신망애출판사, 2001.
16. 「탁월한 지도자를 육성한 15달러 장학금」. 서울: 첨탑, 2004.
17. 「성경이 가르치는 크리스찬리더십」 서울: 쿰란출판사, 2000.

Booklets

1. 「New Ethics in the Industricalized and Informationalized Society」 Kyoung Hee University, 1980.

2. 「미래를 향한 복음의 도전-Challenging the Future with the Gospel」 (소책자, 한영합본, 성광문화사) 1981.
4 「Red China Today—After Maoism?」 (Haggai Institute).
5. 「Tasks for Peace in the Orwellian Decade」 (Kyung Hee Univ. Press), 1982.
6. 「지성인의 역사의식」한남대학교, 1986.
7. 「Christian Higher Education Toward the Coming 21st Century」 Sikokugakuin College, Japan, 1987.
8. 「기독교세계관과 근대사상」 (한남대학교 출판부)-소책자, 1988.
9. 「미국과 한반도 분단」 (한남대학교 출판부)-소책자. 1990.
10. 「하나님중심세계관과 학문」 소책자 시리즈 1. (보이스사), 1997.
11. 「Godcentric Worldview and Learning」 소책자 시리즈 (보이스사), 1998.
12. 「Godcentric Leadership」 소책자 시리즈 (보이스사), 1997.
13. 「세계관과 문화」한남대, 1998.
14. 「사회의 정치화와 리더십의 요체」숭실대학교, 2003.
15. 「정보화혁명과 크리스천의 목표(Vision)」(보이스사), 2004.
16. 「총체적개혁과 하나님나라의 목표(Vision)」(보이스사), 2004.

내가 본 송계(松溪) 이원설 박사

강헌구 "스승님 그립습니다"
김기훈 "추모: 송계 이원설 박사"
김병묵 "오늘 따라 총장님이 그립습니다"
김종회 "삶과 믿음과 문명 비평의 큰 그림"
김형태 "이원설 총장님, 그립습니다"
문인현 "하나님의 귀한 종 이원설 박사"
서청석 "빙그레 웃으시며 악수를 청하시던 그 모습"
성기호 "내가 만난 이원설 박사"
신용철 "사랑과 의지의 큰 언덕, 이원설(李元卨)"
유 옥 "Midwest University 미국 본교에서 뵌"
유공조 "松溪 이원설 박사: 교육과 평화의 사도"
이형국 "송계 이원설 박사의 학문과 신앙"
임재복 "내가 본 이원설 박사"
최덕구 "하나님의 나라(The kingdom of God)"
홍영일 "삶 전체가 하나님 중심(God-Centered)의

권호덕 "성령의 사람 松溪 이원설 박사"

<가나다 순>

스승님, 그립습니다.

강 헌 구 박사

(한국목표(Vision)교육원 대표교수)

나는 학생시절 작은 봉사동아리의 회원이었다. 그 동아리는 여러 해 동안 겨울방학마다 시민교양강좌를 열었다. 지역사회 어른들의 후원을 받아 당시 한국에서 가장 존경받던 명강사 지성인들을 초청하여 강의도 듣고 대화도 나누고자 하는 것이었다. 그때 우리가 초청했던 분들의 면면을 보면 연세대의 김형석교수, 숭실대의 안병욱 교수, 재야의 함석헌 선생, 법조계의 이태영 변호사, 작가이며 언론인 선우 휘 선생, 그리고 이원설 총장님 등이었다.

그런데 문제는 그 장소가 강원도의 춘천이라는 사실이었다. 1960년대 후반의 강원도 가는 길은 지금과는 전혀 다른 모습이었다. 눈 쌓인 그 비포장 고갯길을 굽이굽이 돌아가는 것은 지금 기준으로 보면 목숨을 거는 행위였다. 그런 길로 그 명사들을 초청해 간다는 것은 말처럼 쉽지가 않았다.

그래도 우리는 그분들을 찾아가 간곡한 부탁을 드렸다. 때론 학생 특유의 억지도 써보았다. 역시 한국의 지성계를 이끌어 가시던 분들이었기에 우리는 예상보다는 쉽게 허락을 받을 수 있었다. 시민들을 위한 봉사에 조금의 불편은 문제가 되지 않는다는 답변에서 우리는 많은 것을 배웠다. 그렇게 찾아가서 초청의 수락을 받고 또 그분들을 춘천까지 안내하고 그러면서 심부름도 하고 질문도 하고 그분들의 걷는 모습, 말하는 습관, 식사하는 모습, 젊은이를 대하는 모습, 어른들과 대화하는 모습을 다 볼 수 있었다. 악수도 하고 같이 기차도 타고 버스도 같이 타고 옆자리에 앉아서 이야기도 하고 식사도 같이 하고 가방도 대신 들고, 하여간 많은 접촉이 이루어졌다.

그러면서도 우리는 그 당시에는 몰랐다. 그 분들의 몸속에 있던 비전(vision)의 바이러스가 우리에게 감염되고 있다는 사실을. 그건 우리들에겐 엄청난 행운이었다. 많은 친구들이 그때 그분들이 하시던 역할을 지금 하고 있다. 어떤 사람은 육사의 교수부장이 되었고, 어떤 사람은 메이저 텔레비전(vision) 방송의 저녁 뉴스 진행자가 되었는가 하면 어떤 사람은 유명교수가 되었으며 영향력 있는 교회의 리더들이 되었다. 그때 그분들이 전염시켜준 그 비전(vision)의 바이러스들이 한 세대에 걸쳐 우리들의 몸속에서 성숙되어 지금에 이르러서는 우리들도 그분들처럼 목표(Vision)의 열병을 앓고 있다.

그 때 그 일은 나에게는 좀 더 특별한 의미가 있다. 왜냐하면 그 초청강사 중의 한 사람이었던 이원설 총장님과의 진짜 인연이 거기서부터 시작되었기 때문이었다. 당시 나는 대학 3학년이었고 그는 내가 다니던 단과대학의 학장이었다. 그 일을 계기로 해서 나는 큰 부담감 없이 수시로 학장실에 들려서 이것저것 궁금한 것들을 질문도 하고 조언도 구할 수 있는 사이가 되었기 때문이다. 그리고 2년 뒤에는 그 단과대학의 조교가 되었으며 그리고 다시 4년 후 내가 결혼을 할 때 그는 주례를 맡았다. 그 후 8년 뒤에는 그의 추천으로 나는 대학 강단에 설 수 있게 되었으며 그리고 다시 18년 세월이 흐른 뒤 나는 그와 함께, 그의 지도를 받으며 그가 제공한 자료들을 바탕으로 비전(vision) 교육 분야의 한 영역을 개척할 수 있게 되었다. 그리고 그를 만난 지 48년이 지난 지금도 그가 걸어갔던 '목표(Vision)의 전도자'의 길로 나도 걸어가고 있다.

"허허, 오늘이 바로 그날이로군."

어느 가을, 결혼 6년차에 두 아이와 한 여인을 먹여 살리고 있던 나는 서울 금호동의 가파른 언덕길을 무거운 발걸음으로 걸어 올라가고 있었다. 총장님을 찾아가 인생 상담을 해보고자 함이었다. 당시 나는 영등포 지역의 한 제조 기업에 근무하고 있었다. 처음에는 그냥 일하는 재미로, 그리고 사람들과 어울리는 즐거움으로 열심히 뛰어 다녔다. 해외시장 개척한다고 동남아 각국을 돌아다니기도 하고 신제품 개발한다고 유럽에까지 출장도 가고 했다. 그래서 조금의 성과도 있었고 나름 인정도 받았다. 그러나 시간이 흐를수록 나는 더 이상 회사생활에 보람을 느끼지 못하게 되었고, 칠년이 지났을 때는 앞으로 어떻게 살아갈 것인가 하는 문제를 놓고 고민에 빠졌다.

친구도 만나보고 선배도 찾아가 보고 여러 책들도 읽었다. 그러나 시원한 해결책은 보이지 않았다. 그러다 총장님을 찾아가 고민을 털어놓고 향후의 진로에 대해 지도를 받아야겠다고 생각했다. 그러나 나는 여러 달 동안 총장님의 전화번호를 다 눌러 놓고도 신호가 울리기 직전에 그냥 내려놓곤 했다. 기대에 어긋나 있는 내 자신의 초라한 모습을 드러내 공연한 걱정을 끼치는 것도 싫었고, 어떻게 말문을 열어야 할지도 걱정이었기 때문이다. 그러나 나에겐 그것이 자존심의 문제가 아니라 생존의 문제였기 때문에 그 금호동 고개를 걸어 올라가지 않을 수 없었던 것이다.

"어, 강군이 웬일인가, 이쪽으로 앉아서 커피나 한 잔 하게"

"네, 감사합니다. 총장님"

"그래, 무슨 일인가?"

"지금 다니는 회사가 더 이상 제가 있을 곳이 아니라는 생각이 들어서입니다. 그래서 새로운 활로를 열어 볼까 하는 데 도무지 어떻게 방향을 잡아야 할지 막막해서 왔습니다. 총장님, 저는 어떻게 하면 좋겠습니까?"

"자넨 지금 그 회사에서 아주 잘하고 있는 줄 알았는데, 뭐가 문제인가?"

"네, 회사에서 무능한 사람으로 낙인찍힌 것은 아닙니다. 또 무슨 사고가 난 것도 아니지만 다만 회사 주주들의 재산을 증식시키기 위해, 그리고 생계를 유지하기 위해 저의 가치관이나 적성에 맞지 않는 일, 그리고 창의성을 살리기보다는 그냥 주어지는 일을 해야 하는 제 자신의 모습에 만족하지 못해서입니다."

"하아, 그런가? 얼굴을 보니 고민을 많이 한 흔적이 역력하구먼. 사람마다 고유장점이라는 것이 있는데 인생의 행복이란 그것을 잘 살리는가, 못 살리는가 하는 것에 많은 영향을 받는 것이라네."

"네, 바로 그것이 문제인데요, 저는 좀 더 저다운 장점을 살릴 수 있는, 보다 너 창의적이고 독자적인 업적을 쌓을 수 있는 있는 일에 청춘을 두자 하고 싶다는 생각을 버릴 수가 없습니다. 저는 어떻게 해야 합니까?"

"하하 드디어 올 사람이 왔군. 오늘이 바로 그날이로군!"

"네? 그날...무슨 말씀이십니까?"

"그래, 오늘이 그날일세. 사실 난 자네가 언젠가는 그 문제를 들고 나를 찾아올 거라고 생각했다네. 그러니 오늘이 그날이지. 처음에 졸업하면서 은행에 취직하려고 내게 재정보증을 부탁할 때도 그랬고 또 지금의 그 회사에 취직할 때도 마찬가지였다네. 그런 일들은 자네에겐 어울리지 않는다고 생각했지. 그러나 자네가 한 번 해보겠다고 하니 경험 삼아 해보라고 잠자코 있었다네."

"총장님, 죄송합니다. 제가 생각이 모자랐습니다."

"그런데 지금 이야기를 들어보니 자네의 고유장점은 따로 있는 것 같네."

"제가 무슨 장점이랄 게 있겠습니까?"

"아닐세. 10년도 넘게 자네를 지켜봤는데 자넨 토론을 잘 해. 무슨 얘기를 해도 논리를 구성하려고 애쓰고, 간명하게 요약을 할 줄 아는 사람이야. 그래서 난 자네가 나처럼 학교에서 가르치는 일을 하면 아주 잘 할 걸로 보이네."

"그렇지만 저는 그런 준비가 아직 안 되어있는데요?"

"자네 석사학위는 마쳤지?"

"네, 그건 해뒀습니다."

"그럼 되었네. 내가 다시 연락할 테니 자넨 마음의 준비만 잘 해 두게나."

그날로부터 6개월이 채 못 되어 나는 총장님의 지도와 도움으로 작은 대학의 교수가 되었으며 그날의 문답은 어떤 운명적인 맥락을 느끼게 하는 대목이 있었다. 그후론 나는 문제가 생길 때마다 그리고 어떤 도움이 필요할 때면 무조건 총장님을 찾아갔다. 명색은 멘토링을 한다는 것이고 실제론 도움을 청하는 내용이 대부분이었다. 그러나 총장님은 언제나 알게 모르게 영향력을 발휘해 나를 도왔다.

총장님은 나 자신보다 나에 대해 더 많은 것을 알고 있었던 것 같다. 그는 당시 나의 현재 모습뿐만이 아니라 미래의 모습까지도 이미 내다보고 있었으며 내가 꿈꿔보지도 못한 거대한 목표(Vision)를 예언처럼 말해주기도 하였다. 나의 결점이나 흠결을 다 알고 있었지만 그것에 초점을 맞춘 적이 없다. 언제나 나의 장점과 잠재력과 가능성에 초점을 맞추곤 했다. 내가 보지 못한 내 안의 가능성을 발견하고 나도 그것을 볼 수 있도록 일깨워 주고 영감을 주었다. 그렇게 하여 그의 도움으로 작은 성취를 하나씩 쌓아 지금은 내 나름 하나의 전문영역에서 나름의 역할을 할 수 있게 되었다.

나는 총장님을 멘토 겸 롤 모델로 섬기며 진심으로 배우고 경청하고 모델링하였기 때문에 참담한 패배주의자에서 활기 넘치는 목표(Vision) 전파자, 모티베이터로 변신할 수 있었으며 비판과 부정으로 일관하던 삶에서 긍정과 참여의 삶으로 옮겨오게 되었다.

그를 만났기 때문에, 그에게 길을 물었기 때문에 나는 교수가 될 수 있었고 그를 만나기 위해 그의 사무실에 드나들었기 때문에 사랑하는 나의 아내도 만날 수 있었다. 아내는 그의 비서였다. 그가 쓴 책을 읽고 그의 강의를 듣고 그를 도와 함께 일했기 때문에, 세계를 바라보는 나름대로의 눈과 세상을 살아가는 방식을 터득하게 되었다. 그것을 받아들여 나의 신념과 방법체계를 삼았기 때문에 작은 성취를 향해 나아갈 수 있었다.

그에게서 들은 이야기들과 배운 사실을 낱낱이 잘 정리하였기 때문에 나는 몇 권의 책도 써 보게 되었고 스승의 추천을 받았기 때문에 감히 넘보지 못할 무대에도 서보는 경험을 하게 되었다. 총장님의 소개가 있었기 때문에 너무나도 멋진 사람들과 교제도 할 수 있었다. 그가 뒤에서 버티고 서 있었기 때문에 나는 목표(Vision)스쿨을 시작할 수 있었고 어디서나 내 생각을 소신껏 말할 수도 있었다.

그가 하늘로 떠난지도 어느덧 10년이 지났다. 하지만 그는 지금도 내 가슴에 살아서 내 삶을 네비게이션하고 있다. 지금 이 글을 쓰고 있는 내 책상은 그가 쓰던 책상이며 그 위에 그의 사진이 놓여있다. 나는 루즈벨트가 백악관 집무실에 링컨의 사진을 걸어놓고 사진에다가 말을 걸며 멘토링을 했던 것을 흉내 내기 하고 있다. 그 시간은 참 행복한 시간이다.

"아, 사실 지금 걸어 들어온 신랑이 제자인가 아들인가 하는 생각이 들었습니다."

내가 인생 상담을 위해 금호동 고개를 올라가기 6년 전, 내가 장가 들 때 주례를 맡았던 총장님은 주례사의 말문을 이렇게 열었다. 놀라운 말이었다. 학생시절 한 동아리의 지도교수로 모시면서 자주 대화를 했고, 그리고 대학원에 진학하여 조교로 일하면서 그저 조금 용기를 내서 틈틈이 찾아가 개인적인 고민도 의논하고 심부름도 하면서 몇 가지 삶의 지혜를 물어보고 조언을 청했던 일이 있었을 뿐인데 저토록 놀라운 말을 하다니….
이어서 그는 "사실 전 계획대로라면 오늘 이 시간 중동지역에 있어야 하는 건데 결혼식 소식을 듣고 모든 일정을 취소하고 지금 이 주례를 맡게 되었습니다. 해외여행 도중 주례를 맡기 위해 귀국해 본 것도 처음입니다." 라고 말했다.

그날 예식장에서는 너무 들떠 있었기 때문에 나는 그 말이 무슨 뜻인지 알아듣지도 못하였고 그냥 얼버무려 넘어갔다. 그러나 시간이 흐를수록 그 한마디는 나를 일어서게 하는 엄청난 힘을 발휘하였다. 특히 다니던 직장에서 회의를 느끼고 인생의 새로운 진로를 모색하기 위해 고민하고 있을 때, 그때의 그 '아들'이라는 한마디는 나로 하여금 모든 것을 훌훌 털고 그에게로 가서 원점에서부터 다시 의논하게 하게 만들었고 오늘의 내가 누리는 이 모든 것의 단초가 되었다. 그의 제자로 살 수 있었던 것은 내겐, 너무나 큰 행복이었다. 스승님, 그립습니다.

-결단의 힘을 채워주는 용기 충전소

1996년, 총장님이 두툼한 원고뭉치를 내밀었다. 열어보니 그가 영어로 쓴 "Korean Exodus"라는 자전 소설이었다. 그걸 한글로 출판하려고 하는데 내가 그것을 번역해야 한다는 것이었다. 난 영어가 짧아서 못한다고 말했다. 그러자 번역이란 영어로 하는 것이 아니라 신념으로 하는 것이라며 왜 굳이 나를 선택하였는지를 설명하였다.
그날부터 나의 고민은 깊어졌다. 그러나 무식하면 용감하다는 말이 있듯이 무식하게 대들었다. 그리고 엉터리일망정 끝가지 해치웠다. 그래서

「50년 후의 약속」이라는 책이 나왔다. 그런데 그게 수고로움이 아니라 너무나 큰 즐거움이었다. 왜냐하면 번역을 하면서 그의 삶과 인간의 진면목을 알게 되었기 때문이다.

총장님은 1930년 황해도 장연 땅에서 태어났다. 초등학교는 잘 마쳤지만 중학교에는 진학하지 못한 채 해방을 맞이하였고 1946년 연말 16세 나이에 친구 한 명과 38선을 넘어 옹진을 거쳐 서울로 왔다. 그는 우여곡절 끝에 류사장이라는 기업인의 집에 하우스 보이로 취직하여 심부름을 하면서 야간 중학교도 다니고 생활이 안정되기 시작하였다. 그러던 어느 날 북에 남아계신 줄 알았던 부친께서 그 하우스 보이 하는 집으로 찾아와 감격적인 상봉을 하였다. 그리고 며칠 후 그는 부친으로부터 한 통의 편지를 받았다.

"아들아! 북에 두고 온 네 어머니 때문에 마음이 너무나도 고통스럽구나. 이곳으로 온 후, 네 어머니를 봤다는 장연 사람을 며칠 전에 만났단다. 아직 공산당들이 네 어머니를 괴롭히지는 않고 있다고 하더라. 그런데 아직도 네 어머니는 머지않아 통일이 될 거라 굳게 믿고 그때까지 과수원을 계속 운영하겠다고 말했다는구나. 너도 알다시피 통일은 점점 더 멀어져 가고 있는데… 어떻게 해야 할지 정말 모르겠다."

이 편지를 받고 그는 어머니에 대한 그리움과 죄송함으로 인해 부르르 몸을 떨었다. 그날, 38선을 넘어 옹진으로 도망쳐 나오던 날 어렵게 마련한 돈을 안내인에게 넘겨주며 그토록 간절한 마음으로 살아서 서울에 도착하기를 기원해 주던 어머니의 그 간절한 표정과 목소리를 생각하며 밤새 흑흑 느끼며 몸부림쳤다. 며칠 후에, 멘토는 부친께 답장을 썼다.

"아버지, 어머니를 구하러 북한에 다시 들어가겠어요. 우리 가족이 이렇게 흩어져 사는 건 도저히 못 참겠어요. 더 이상 어머니를 저 공포의 땅에 내버려두어선 안돼요. 어쩌면 처형당하실 지도 몰라요. 가서 어머니께 모든 걸 내버려두고 같이 내려오자고 하겠어요. 가서 꼭 모시고 올게요."

그는 어머니를 남한으로 모셔 오려는 자신의 계획을 자신의 고용주인 류 사장 부인에게 설명했다. 부인은 어머니에 대한 그의 사랑에 매우 감탄하면서도, 만약 북쪽으로 넘어가서 잡히기라도 한다면 사형을 당하거나 노동소로 끌려가 종신 복역을 할 게 분명하다며 만류했다. 하지만 그의 고집에 부인은 결국 승낙을 해주었고, 2주간의 휴가와 여비를 선뜻 내주었. 갑자기 또 한 번의 목숨을 건 모험이 시작되었다. 우선, 북으로 넘어가는 것 자체가 목숨을 거는 모험이었으며 설사 넘어갔다 손치더라도 인민증이 없이는 이동이 불가능하고, 검문이 여기저기서 불시에 행해지고 있었기 때문에 그것은 사실상 '미친짓' 이었던 것이다. 그러나 그는 그 "미친 짓"을 태연히 시작했다.

우선 남한과 북한 경찰 모두의 눈을 속이기 위해, 남쪽으로 내려올 때 그랬던 것처럼 소년 농부로 변장을 하기로 하고 갈색 삼베셔츠와 비슷한 형의 바지를 입었다. 넓은 챙이 달린 밀짚모자를 비스듬히 쓰고 손에는 아무 것도 들지 않았다. 1947년 7월의 어느 날 아침, 그는 류 사장 가족에게 작별을 고하고 서울역에서 38선 근처 마을로 가는 기차에 올라탔다. 기차는 곧 덜컹 소리를 내며 움직이기 시작했다. 그리고 황해도로 가서 어머니를 만났고 1년 뒤 그는 어머니를 서울에서 다시 만났다.

나는 번역을 하기 위해 컴퓨터 자판을 두드리면서 이 대목에서 얼마나 가슴이 쿵쾅거리고 손이 덜덜 떨려오는지, 너무 흥분되어 도저히 그냥 앉아 있을 수가 없어 얼마나 방과 마루 사이, 그리고 그 좁은 마당을 서성대었는지 모른다. 내 작업방 마로 맞은 편에 내 어머니와 아버지가 주무시고 계셨지만 나는 나에게 질문했다.

"너라면 그렇게 할 수 있겠니?"

그 대목을 읽은 뒤부터 나는 그를 정면으로 바라보는 것이 너무나 두려웠다. 어떻게 그렇게 할 수 있을까? 그런 용기는 도대체 어디서 나오는 것일까? 궁금증을 풀 수가 없어 나는 그에게 질문했다

"두렵지 않으셨습니까?"

"왜 아니겠나, 하지만 난 내 목숨보다는 어머니가 더 소중했다네."

"지금도 그렇게 하실 수 있으세요?"

"필요한 일이고 가능성이 있다면 언제라도 그렇게 해야 되는 것 아니겠나?"

나는 그가 리더의 덕목을 논할 때 언제나 지혜와 더불어 용기를 빼놓는 법이 없었던 까닭을 이제야 대강 짐작할 수 있을 것 같다. 그의 얼굴을 보는 것 자체만으로 내겐 용기를 일깨우는 촉매제다. 무언가 두려운 생각이 들 때, 중대한 결심을 해야 할 때면 나는 그의 책 「50년의 약속」을 들여다보며 옳은 일이라면 해내고 말아야 한다는 것을 다짐하게 되었다. 나에게 그는 두려워 망설일 때 그는 결단의 용기를 끌어내는 마중물이다.

기독교 리더십 연구원

총장님이 한남대에서의 임기를 마치고 얼마 되지 않았을 무렵의 일이다. 토요일 아침 늦잠을 자보려고 게으름을 피우고 있을 때 전화가 걸려왔다. 긴히 의논할 일이 있으니 만나자는 것이었다. 부랴부랴 준비를 하고 약속된 장소로 가보았다. 그곳엔 총장님과 지근거리에 있던 몇몇 교수들도 함께 모였다. 그가 입을 열었다.

"며칠 전 사업을 하는 제자 중 한 사람이 1억 원을 내게 가져와서 그동안 총장으로서 또 연구하며 집필하느라 너무 고생하셨으니 좀 쉬면서 연구에 보태 쓰라고 주고 갔습니다. 물론 내가 이 돈을 개인적인 용도로 쓸 수도 있지만 그것은 기증자의 뜻을 제대로 헤아리지 못하는 것이리라 생각

됩니다. 이것으로 무엇을 하면 좋겠습니까?"

누군가 대답했다. "저희들은 너무 갑자기 연락을 받고 나왔기 때문에 아직 상황을 잘 모르겠습니다. 총장님께서 어떤 아이디어가 있으시면 말씀해 주십시오."

"물론 그렇겠지요. 그런데 제자가 무언가를 내놓았으면 나도 상응하는 뭔가를 해야 되겠지요? 그래서 저 양평에 있는 오두막을 팔아 기금으로 보탤까 합니다."

"기금이요?" "네, 기금입니다. 지금 세계 도처에서 리더십이 붕괴되고 있어요. 꿈을 잃고 방황하는 사람들을 이끌어줄 리더가 잘 보이질 않아요. 지금은 세계적인 리더십 위기시대인 것 같아요. 그래서 그 기금으로 기독교리더십연구원을 설립하려 합니다. 그래서 리더십에 관련된 성경적 원리를 연구하고 교육 프로그램도 만들고 해서 우리가 차세대 리더들을 양성하는 역할을 해야 되지 않을까 하고 생각해 봤는데…,"

"기독교 리더십 연구원, 이름은 상당히 신선하게 들립니다. 그런데 그 연구원은 주로 어떤 활동을 하게 됩니까?"

"당연한 질문이요. 우선 다양한 학문분야의 크리스천 교수들을 모으고 조직화 하는 것이 선결 과제가 될 테고, 그래서 사람들이 모이면 정기적인 연구발표회도 가져야 하고, 연구결과를 책이나 테이프로 발간하기도 하고, 그렇게 개발된 콘텐트로 교육 프로그램도 운영하고, 또 국제교류도 하고…, 할 일이 너무 많은 것 같은데… 그러니 여러분이 각자 한 분야를 맡아서 도와주면 좋겠어요. 어때요? 한 번 시작해 볼까요?"

그로부터 약 2개월 후 우리는 서울 역삼동의 한 오피스텔에 기독교리더십연구원의 간판을 달고 개원예배를 드리게 되었다. 그 후 연구소는 리더십 분야의 많은 연구서적을 출판하여 사람들에게 선한 영향을 주고자 노력하였으며 활발한 연찬모임을 통하여 연구, 실천, 행동을 자극하였다.

그는 연구소라는 새로운 프로젝트를 오픈하고 사람들에게 각기 소중한 역할 부여하였다. 그리고 그들이 모두 그 역할을 잘 수행할 수 있도록 지원하고 보살피며 공동의 작업을 시도하였다. 그러는 과정을 통하여 사람들을 성장시키고 자기의 영역도 확장해 나가는 모습이었다. 그런 모든 과정을 통하여 거기에 참여한 많은 사람들이 괄목할 만한 개인적 성장을 이루었다.

기독교 리더십 연구원에 드나들면서 내가 총장님으로부터 배운 하나의 중요한 단어는 라틴어의 'Askesis'다. 이는 아주 혹독한 자기훈련, 그런 혹독함도 감수하겠다는 고결한 책임감이라는 뜻이다. 그는 스페인의 유명한 인본주의자인 오르테가 이 가세트(Ortega Y. Gasset)는 「대중의 반란, The Revolt of the Masses」이라는 책을 인용하면서 리더와 대중을 구별하는 통찰력을 설명한 바 있다. 그는 '자본가는 리더, 노동자는 대중'이라는 식으로 구별하지 않았다. 또한 신분이 높으면 리더이고 아니면 대중이라는 식으로 분류하지도 않았다. 돈과 지위가 없다고 해서 대중이 되는 것은 아니다. 대중은 수련이 부족하고 마음이 변하기 쉬운 그런 보통 사람이다. 대중이란 특별히 부과되는 책임감도 없고 탁월해지기 위해 어떤 노력도 하지 않는, 순간순간을 그냥 본능대로 살아가고자 하는 사람이라는 것이다.

그는 내게 늘 오르테가를 인용하며 너무나 많은 사람이 그저 단순히 바람이 불면 부는 대로, 물결이 치면 치는 대로 살아가고 있다고 지적하며 그런 대중적 근성을 버려야 한다는 것을 강조하였다. 그는 스스로 많은 고난을 겪으면서 의무와 책임감을 스스로에게 부과하는 삶의 모범이었다. 그는 삶을 끊임없는 훈련의 과정으로 간주하고 자기가 도전하는 과제가 무엇이든 간에 그 속에서 우수성을 추구함으로써 자신에 대한 엄한 훈련을 쌓아가는 모습을 사람들에게 보여주었다. 그런 극기심을 보고 나를 포함한 많은 사람들이 그를 추종하였다.

기독교리더십연구원의 설립이 바로 그런 것이었다. 제자가 준 돈으로 그냥 자유롭게 혼자 연구하고 집필하고 방송하고 강연하며 유유자적 할 수 있었다. 그러나 그는 그런 안일한 길을 택하지 않고 시간과 돈을 희생하여 누가 알아주지도 않는 연구기관을 설립 운영한다는,고행의 길을 택한 것이다. 실제로 우선 사무실을 유지하는 비용, 사무원 인건비, 부수적인 경비..., 그 모든 것을 감당하자면 얼마나 많은 부담이 따를 것인가?

그러나 그는 그런 것에 연연하지 않고 오직 그렇게 하는 것만이 시대와 하나님 앞에서 자신이 자임한 소명이라 여기고 결연히 행동에 나선 것이다. 고결한 책임감에서 비롯된 일이다. 고결하다는 것은 '잘 알려져 있다'라는 의미이며, 이는 끝임 없이 자신을 단련시키고 훈련을 하였다는 말이다. '고결함' 이란 '노력의 결과로 탁월해진다' 는 의미다.

그는 자신의 지식수준에 걸맞은 도덕적 의무'에 충실하려 노력했다. 누가 요구하거나 강제하지 않았는데 스스로에게 의무와 책임을 지웠다. 내가 그로부터 배운 라는 말은 자신이 설정해놓은 의무나 책임을 다하기 위해 자신의 일반적인 능력을 초월하여 끊임없이 시도하는 '자기훈련' 이었다. 그를 흉내 내서 나름의 'Askesis'를 추구하게 된 것은 고행이 아니라 축복이었다.

추모: 송계 이원설 박사

김 기 훈 박사
(미국 코네티컷대학교 명예교수)

들어가는 말

　이원설 박사가 소천 하신지 어언 10주년이 된 이때 추모를 글로 동참할 수 있는 기회를 주신 사모님을 비롯하여 기독교리더십 연구원 여러분께 심심한 사의를 표하는 바이다.

　누구나 생전에 이 박사를 만났으면 느끼는 공통점이 있다. 비록 초면이라도 "아주 오래전부터 안면이 있는 분"이라는 인상을 받을 만큼 항상 웃고, 친근미를 가진 인자한 모습이다. 따라서 입과 눈은 볼 수 있는 면적이 반비례적이다. 눈으로도 웃으시는데 눈을 지그시 감으시기 때문이다.

　뿐만 아니라 이박사께서 유학시절엔 누구를 막론하고 해외거주자의 가족동반은 허용되지 않았었다. 처음 도미하셨을 적에는 사모님이 어린 두 따님과 함께 독수공방하셨다. 박사 학위를 위해서는 3년을 더 헤어져 있어야 되리라는 편지를 보냈는데 다음과 같은 회답을 받았다고 한다.

　" (전략) … 전 아이들하고 이곳에서 당신을 기다리고 있겠어요 … 긴 헤어짐의 아픔쯤은 커다란 학문을 이룩한 당신의 미소 한 조각이면 순식간에 사라질 거예요." (강조 추가)

　이토록 사모님의 끊임없는 내조의 공은 아무도 당할 수가 없을 정도이다. 미소, 기다림, 그리고 희생과 고생, 인내는 이 박사 가족의 전통인양 생각되지만 실제로 겪으신 고초는 아무도 이해하지 못하리라. 적어도 7년이 걸리는 과정인데, 그것도 영어로 학사, 석사, 박사의 세 학위를 5년 반만에 마치신 것도 기록이다.

초면

필자가 이원설 박사를 처음 만난 것은 1970년 중엽이다. 43년 동안 가르친 센트럴 커네티컷 주립대학교(Central Connecticut State University)의 동료 교수인 고광림(高光林) 박사가 특강초청을 하여 대학을 방문하셨을 때이다. 그 후부터 줄곧 한 결 같이 상호 연락하며 30여년간 친근히 지냈다. 이런 관계를 더욱 돈독히 유지할 수 있었던 것은 이 박사가 부총장으로 계시던 1980년대 초에 경희대학교와 자매대학 체결이 성사되어 공적으로, 사적으로 교류가 이어졌다. 필자에게는 진정 행운이 아닐 수 없다. 동시에 조영식 총장도 잘 알게 되었고 제안하신 세계평화의 날을 UN에서 채택하여 경희대학교 기념행사에 여러 번 참석한 것은 필자의 영광이었다.

경희대는 해외의 수많은 고등교육기관과 자매대학 결연을 맺었는데 이 박사는 특히 안식년인 1983년에 1년동안 케네티컷을 택하시고 같은 대학에서 연구하시는 기회를 가진 것이 더욱 잊을 수 없는 기쁨이었다. 그간 우리 부부는 사모님과 함께 주신 많은 지도편달을 받았다.

미국에 오시기 전 기독교와 문화연구모임을 창립하시고 "지성과 신앙" 제1호를 출간하셨다. 곧 이어 "속편"을 구상하시고 원고를 모으시는 중이었다. 이 박사 자신 도 2편의 글을 쓰셨다. ("하나님의 얼굴,"과 "세계관과 역사형성") 필자도 글을 써보라는 부탁을 받아 "신앙과 지성인"이라는 졸고를 속편(1984 출판)에 싣게 되어 이름 석자가 활자로 나온 기쁨을 안겨주셨다. [다음항 참조]

이 박사께서 사랑이 움트기 시작했을 때 애인에게 편지를 썼지만 전할 길이 없어서 일기를 쓰기 시작한 것이 계기가 되어 후에 작가가 되겠다는 결심을 하셨다는 자서전을 읽었다. 필자도 이름이 활자로 나왔을 때 글쓰기를 소원하는 동기를 이박사가 심어주신 것이 효시가 되어 2003년 '미국동부 한인문인협회'의 회원이 되었을 때 진심으로 감사했다.

또 한 가지 닮은 것은 단돈 155달러를 가지고 1955년에 유학을 시작하셨다는데 필자는 2년 뒤에 100불을 호주머니에 넣고 여의도 공항을 떠났었다.

지금의 젊은 세대는 해외에서 연수한 교수들의 지도아래 서양식 교육제도에 상당히 익숙하고, 영어(발음이)나 사고방식이 구세대보다 세련되어 있다.

구체적으로 한글세대 이전은 주로 장유유서(長幼有序)라는 유교적 사고방식에 따라 수직적인 대인관계와 학업방식 등 대(大)에서 소(小)로 옮기는 연역법(演繹法, Deductive)이 위주였다. 예컨대 우리나라를 비롯하여 일본과 중국까지 공통점은 주소, 군대 편제 (군-군단-사단-여단-연대-대대-중대-소대) 등. 손으로 숫자를 셀 때 가장 큰 엄지손가락부터 새끼손가락 순으로 굽힌다.

이런 방법에 익숙한 동양 유학생들은 미국 대학에서 공부를 시작하면 첫째 주입식에서 토론식 강의방법, 둘째 과목 마다 학기논문(Term paper)이 있고 석사/박사의 졸업논문까지 동양유학생들은 그 당시 서양의 귀납법 (歸納法, Inductive)에 익숙하지 않아서 지도교수의 수없는 교정을 받았다. (상세한 분석은 현대자동차그룹 인재개발원 편 한글대조의 Inside Korea: Discovering the People and Culture, 서울: 한림출판사 2012, 김기훈, "동서양 문화비교, 한국과 미국을 중심으로," pp. 326-350 참조)

"지성과 신앙" 속편 I (1984) 에 기고한 내용 15항목 중 일곱으로 추려 간단히 소개할 기회를 갖게 되었다.

1. 지성인이 신앙을 가질 때 겸허(Humble)해짐.

벼는 익을수록 고개를 숙인다. 필자가 학위를 받고 대학에서 가르치기 시작했을 때 지도교수인 켄드릭(John W. Kendrick) 박사가 "구름 위에 있지 말고 땅에 내려와서 가르쳐라."는 교훈을 주셨다. 지난 43년 동안 가르치면서 얼마나 감사했는지 모른다. 흔히 박사학위를 받고 대학에서 가르치기 시작하면 내로라 하는 권위주의로 학생들과 거리가 생긴다. 목에 힘을 주고 어려운 전문용어로 딱딱한 강의가 되기 쉽다는 충고이다. 예수님께서도 제자들의 발을 직접 씻어 주시는 겸허함을 손수 보여주셨다.

2. 신앙이 있는 지성인은 순종하는 삶을 즐긴다.

먼저 하나님께 순종하고 제5계명을 잘 지키는 효자/효녀가 된다. "여호와를 경외하는 것이 지식의 근본"(잠언 1:7)임을 잘 이해하는 인물이다.

3. 신앙인은 객관적인 사고방식을 따른다.

심리학에서 성숙한 사람들은 비록 어려운 환경일지라도 맡은 바 책임을 완수하고, 자기 자신을 마치 남이 보듯, 객관적으로 모든 것을 판단한다고 명시하였다. 대인관계가 원만하고 문제의 해결이 잘 된다. 남의 잘못을 언제나 용서해주는 아량이 있다. 누구를 만나도 친근해지며, 남의 장점을 보기 때문에 단점을 볼 여유가 없다.

4. 신앙이 있는 지성인은 성실성 (Integrity)을 갖춘 사람이다.

성경에도 "내가 주를 바라오니 성실과 정직으로 나를 보호하소서."(시 25:21)(Let integrity and uprightness preserve me, for I wait for You.)라는 말씀이 새롭다. 하는 모든 일들에 가치와 보람을 느끼며 "범사에 네 자신으로 선한 일의 본을 보여 교훈의 부패치 아니함과 경건함과 책망할 것이 없는 바른 말을 하게 하라"(디도 2:7-8) 하신 가르침의 참뜻을 깨닫는 지성인이 되리라고 믿는다.

5. 지성인은 모든 것을 이해하고 감사하게 된다.

인도의 노벨문학상 수상자인 타골은 "이해는 사랑의 별명"이라 하였다.

사랑한다는 것은 남을 이해한다는 뜻이며, 부모와 자식, 부부 사이, 형제자매간, 교인, 친구, 친척사이 등 모든 대인관계가 원만해진다. "하나님은 곧 사랑이시라"는 것은 누구나 다 잘 아는 말씀이다. 항상 기뻐하고 쉬지 말고 기도하며 범사에 감사하는 지성인이 된다.

이 박사는 졸저, "인생은 비빔밥, 맛있게 드세요"(2006)의 추천사까지 써주셨다. 진심으로 감사했었다. 구체적인 감사는 "누군가에게 받은 지혜와 사랑을 반드시 다른 사람에게 나누어 주어야만 자신 안에서 진정으로 빛을 발한다."고 이 박사가 우리에게 가르쳐 주셨다.

6. 신앙인은 적극적이며 낙관적으로 삶을 즐긴다.

쌀통이 반쯤 차있으면 비관자는 윗쪽이 비었다고 보지만 낙관자는 아직 반이나 남았다고 해석한다. 같은 현상이라도 관점에 따라서 결론이 다르다. 우리 인생엔 누구나 우여곡절이 있지만 만사를 낙관적으로 그리고 적극적으로 해석한다면 보람 있는 노정(路程)이며, 즐거워진다. 해변의 돌들은 그 어느 것 하나도 모난 것이 없다. 오랜 세월동안 계속 풍파에 시달려서 모가 없어지고 원만해졌다.

7. 믿음이 있는 지성인은 "지식의 십일조"를 바친다.

이것은 이원설 박사가 주창(主唱)하시고 몸소 실천한 교훈이다. 농경시대에는 농산물과 가축의 10분의 1일을 하나님께 드렸다. 화폐를 사용하는 경제체제하에서는 소득의 10%를 봉헌한다. 이에 더하여 이 박사께서는 지성인들이 소유하고 있는 모든 지식의 십일조를 세계 오지에 가서 선교하는 사역자를 돕고, 언제나 주님의 이름으로 모이는 곳에서 아는 것을 나눠가지는 것이 가치 있는 지성인의 본분임을 강조하였다.

믿음으로 의롭게 되다(Justification by faith): 잘 아시는 바와 같이 이

것은 1517년 마틴 루터가 종교개혁을 일으키게 한 중요 동기가 된 말씀이다. 프로테스탄티즘의 탄생은 그 기초가 믿음이다. 많은 박해를 받으면서 굳세게 지켜온 신조이다. 이 박사는 항상 "너희는 먼저 하나님의 나라와 하나님의 의를 구하여라"(마태 6:33)라는 구절을 주축으로 "하나님 중심"의 역사관을 강조하였다. 땅 끝까지 복음을 전하는 사역자로서 맡은 바 임무를 다하는 일꾼이 되면 그는 믿음으로 의롭게 된다.

>다음의 작자미상의 시가 모든 것을 잘 묘사한다고 본다.
>Ignorant people talk about other people.
>Ordinary people talk about events.
>Intellectual people talk about ideas.

요약한다면 지성인은 창조적인 이념을 구상하여 자신을 가지고 믿음을 실천에 옮긴다. 그래서 자기뿐만 아니라 온 인류의 복지를 위해 헌신하고 이끌므로써 주위 사람들로부터 찬사를 받게 된다. 옳은 통찰력(洞察力)으로 사물을 잘 판단하고 전진을 계속한다.

평생 동안 목표(vision)를 위하여 남이 모르는 희생과 고초를 감수하시고, 언제나 교회와 학교, 나라를 위해 헌신하여 모든 사람들에게 본을 보여주신 이원설 박사님의 성격은 위의 일곱 가지 특성이 잘 표현한다고 해석하시면 되겠다.

목표(vision) 있는 삶

한미조약이 체결된 지 2년 후인 1884년 미국에서 개신교 선교사들이 우리나라에 와서 복음을 전도했을 뿐만 아니라 최신 교과과정(Curricula)으로 학교까지 세워 과학, 인문, 영어, 의학과 각종 스포츠 등 교육을 비롯하여 체육과 덕육에도 힘썼다.

성경을 한글로 번역하여 그 당시 소외 되었던 부녀자들이 교회에서 한글을 배울 수 있는 좋은 기회를 마련했었다. 여기서 한 가지 강조하고 싶은 것은 아리랑, 도라지, 흥타령 등 우리의 고전 민요는 5음계로 되어 피아노의 검은 건반만으로 반주가 가능하였다. 하지만 찬송가를 부르게 되어 비로소 7음계의 도입으로 다양한 곡조를 알게 되었다.

그 후 7음계가 널리 전파되어 소위 창가(唱歌)에도 영향을 미쳤었다. 아주 오래전에 듣던 유행가에 "오늘도 걷는다마는 정처 없는 이 갈길"이라는 가사가 있었다. 특히 해방직후에 우리는 나아갈 목표나 좋은 지도자가 없었다. 하지만 찬송가의 가사에 "갈 길을 밝히 보이 시니"(새 524장), "나의 갈 길 다 가도록 예수 인도하시니"(새 384장) 등 "정처 없는 갈길"에서 탈피하고 뚜렷한 목표를 제시한 사실을 간과할 수가 없다. 참으로 기독교의 공헌이 얼마나 컸는가를 잘 알 수 있다.

이것을 바탕으로 하여 이 박사는 목표(vision)를 강조하여 남녀노소 모두에게 나아갈 길을 보여주셨다. 필자는 Leader를 현도자(賢導者, 賢 = 어질 현, 어진이 현, 나을 현; 導 = 인도할 도)라고 번역, 이 박사에게 꼭 어울린다고 믿는다. 그분의 선견과 지도력은 어진이요, 어질고 남 보다 뛰어난 인격자이기 때문이다. 동시에 필자는 비전(Vision)을 秘展(秘 = 숨길 비, 신기할 비; 展 =.펼 전, 살필 전)이라 고 번역한 적이 있다. 영어의 "비전" 발음 그대로이며, 자기의 마음속에 숨겨둔 포부와 계획을 공개해서 장래에 해야 될 일들을 꾸민다는 뜻으로 해석하였다.

이 박사는 자서전을 통해서 "목표(vision)를 글로 적어놓아라"라고 권유하였다. 영어로도 Write the Vision(2000)으로 출간하였다. 필자가 대학에서 "한국과 일본의 문화"라는 과목으로 우등생 학급을 가르칠 때 이 책을 교과서로 사용했었다. 미국 학생들에게도 비전(vision)을 쓰라고 권하였다. 잠언 29:18절에: Where there is no vision, the people perish." 라고 말씀하였다. 이 박사는 "목표(vision)를 가진 사람만이 사랑과 용기를 발휘한다."고 보탰다. 이박사 자신이 목표(vision) "미래의 자서전"을 공개하여 실천하셨다. 1960년에 박사학위 취득, 2000년에 퇴직까지 조교수로 부터 교수 (한국과 미국 대학 포함), 대학 학장, 대학원장, 대학 총장 등 단계적으로 목표를 세워 모두 성공적으로 성취하였다.

몹시 부러웠다. 진정 선구자로써 위대한 모범이 아닐 수 없다. 자녀들의 장래를 생각하여 영어교육에도 힘썼다. 특히 자동차로 동승하면 모든 회화는 영어를 사용하도록 가르칠 만큼 열심이었다. 덕분에 장남은 영어영문학 전공으로 명지대학교에서 영어교수로 활약 중이다. 부부가 다같이 필자의 대학에서 석사학위를 마친 후 커네티컷 주립대학교에서 각각 박사학위를 취득하고 자부는 관동대학교에서 교편을 잡고 있다.

전항의 신앙이 있는 지성인과 이념, 그리고 이 항목의 비전이 얼마나 중요한가는 신고전학파의 창시자인 영국의 경제학자 마샬(Alfred Marshall, 1842~1924)이 잘 설명해준다. 그의 경제학 원론(초판 1890)의 제8판(1962)에 다음과 같은 식견을 발표했었다.

예술이건, 과학이건, 실용되고 있는 각종 기구이건 이념(ideas)은 우리의 선조로부터 대대로 물려받은 가장 귀중한 선물이다. 비록 온 세계의 물질적 부가 없어지더라도 이념이 살아있다면 모든 것을 곧 복구할 수가 있다. 하지만 이념을 잃어버리면 세상은 다시 빈곤으로 돌아가는 수밖에 없다. 암흑시대가 되어버린다(경제원론, 제 8판, p. 643).

특기할 몇 가지

1. 구사일생 (九死一生)

이 박사의 생애는 문자 그대로 구사일생, "여러 차례 죽을 고비를 넘기고 살아남"의 연속이었다.

1) 16세 때 이북의 박해를 피해서 38선을 넘었었다. 생명을 건 모험이다.
2) 그 후 어머니를 모시고 오기 위해 38선을 다시 왕복한 사실. 역시 목숨을 건 결심이었다. 이북에서 기차표를 검사할 때 마지막 칸까지 가서 우연히 초등학교 동창을 만나 그의 모자를 빌려 쓰고 위기를 면한 일.
3) 어머니의 월남 약속을 받고 배를 타고 남하 중 배가 급류에서 파선 된 위험도 직면.
4) 6.25 때 서울에서 남쪽으로 피란 중 한강교의 폭파로 건너갈 수 없는 지경을 당함. 얼마 후 다행히 배를 만나 간신히 한강을 건너간 일.
5) 인민군의 점령 아래 월출산으로 들어가 숨어 지내다가 먹거리가 떨어져 전남 함평으로 가는 도중 역시 죽음의 공포를 면치 못했다.
6) 강진까지 가는 도중에 사복의 청년에게 잡혀 내무서의 지소로 끌려가서 문초를 받은 일.
7) 함평군 내에 도달했을 때 장(張)이라는 한 청년을 만난 일이다. 그는 약 1년전 수요 예배시에 불량배를 동원하여 교회를 습격하고 교인들을 폭행하였다. 당시 목포중학생이던 이 박사는 학교(鶴橋)의 학생연맹 멤버를 동원하여 장씨와 그 친구 5, 6명을 잡아다가 보복한 일이 있었다.
8) 이 박사는 그를 외나무다리에서 만나버렸다. 곧이어 10여명의 젊은이들이 뒤에서 추격해왔다. 밤 9시경 일본제 장총을 어깨에 메고 키가 큰 험상궂은 사나이가 나타났다. 그는 주머니에서 밧줄을 꺼내어 이 박사의 손뿐만 아니라 허리까지 묶었다. 곧이어 걷기 시작했는데 바로 뒤에 장총을 맨 사람이 따라왔다. 영산강(榮山江) 어느 다리의 중간쯤에서 뒤를 돌아보는 순간 총소리가 들렸다. 무의식적으로 다리위에 쓰러졌다. 총살을 시행한

증거이다. 온 힘을 다해서 노력한 결과 두 손을 묶었던 밧줄을 풀 수 있었다. 그는 본능적으로 달리기 시작했다.. 장총은 총탄을 하나씩 끼워야 하는 구식이어서 총탄을 끼우는 틈을 타 이 박사는 전력을 다하여 달렸다. 그는 밧줄이 두 발까지 내려와서 그것에 걸려 넘어지는 순간, 총탄이 뒷머리를 스쳐갔다. 다행히도 큰 상처는 없었다. 기적이었다. 그는 일어나서 영산강 지류로 뛰어 들었다. 그는 수영을 하면서, 별이 반짝이는 밤하늘에서 빙긋이 웃으시며 내려다보시는 하나님의 얼굴을 보았다. 그는 진심에서 울어나는 감사의 기도를 올렸다.

9) 그 밖에도 죽을 고비를 넘긴 것이 더 있다. 문자 그대로 구사일생의 기적들이다.

2. 특별한 효도와 배려

1) 부모님께 대한 지극한 효도

일제 강점기에 이 박사의 아버지도 강제노동의 징용영장이 나왔다. 14세의 아들이 아버지를 대신하여 두 달 동안 황해도 해변의 비행장 활주로 건설현장에서 손에 물집이 생기도록 중노동을 하였다.

뿐만 아니라 일본제국은 한국인의 창씨개명과 신사참배도 강요했다. 기독교 신자인 부모님은 신사참배를 거절했다. 이 박사는 장연 농업중학교에 지원서를 내고 시험을 잘 쳤다. 하지만 다른 학우들은 모두 합격했는데 이 박사만 떨어졌다. 그 일로 인해서 어떻게든지 공부를 해야겠다는 굳은 결심을 갖게 되었다.

2) 가족에 대한 극진한 사랑

먼저 사모님께 대한 사랑을 따를 사람이 별로 없을 것이다. 우선 피난 시절에 친구 이소영을 찾아가서 여선생 둘이 자던 방에서 오랜만에 푹신한 이불을 덮고 잤다. 그 이불은 바로 박은희 선생님이 덮고 자던 이불이었다. 이 이불을 신랑 후보자, 이박사가 덮고 잤으니, 그 이불이 중간 역할을 한 셈이다. 결혼 후에 태평양을 사이에 두고 유학 간 동안 따로 살았지만 두 분이 교환한 편지는 소설 같은 사랑이 담뿍 담겨있다. 자녀분들, 손자/손녀까지 지극히 사랑하신 것을 직접 봤으며 명백한 목격자가 되었다.

3) 특별 배려

커네티컷 주립대학교에서 1년 동안 안식년의 연구차 계셨을 때 우리 부부도 이 박사 내 외분의 지극한 사랑을 받았다. 한남대학교의 총장으로 계실 때 방문했고, 금호동 자택에서 잠도 잤었다. 함께 대학을 견학하는 중 예외 없이 모든 학생이 일어나서 인사를 하였고, 총장도 웃는 얼굴로 다정하게 답례를 하였다. 그밖에도 한국기독교학교연맹의 조직과 이사장, 세계대학총장회 동북아위원장, 기독교리더십연구원 이사장, 아세아-태평양 기독교학교연합회 회장 등 많은 조직의 책임을 맡아 사랑으로 성과를 올렸다.

3. 인생의 방향 키, J-K (Jesus-Korea) 목표(vision)

이 박사는 우리나라를 하나님의 봉화대로 만들어야 한다는 목표가 뚜렷했다. 친구 6명이 J-K 동지회를 만들어, 우리나라를 그리스도의 나라로 만들 계획이었다. 그래서 장남의 이름도 기한(基=기독교, 韓=한국)으로 정했다. 우리나라 바깥의 선교를 위해서도 물심양면으로 도왔다. 땅 끝까지 복음을 전파하는 일을 했다. 인도의 시인 타골이 "한국은 아시아 의 황금 시대에 아시아의 등대지기"라는 격려에 용기를 얻었다고 했다. 언제나 모든 일에 앞서 무릎을 꿇고 하나님께 기도부터 하는 신앙인의 삶을 살았다.

4. 목표의 달성: 글 쓰는 일

일기를 쓰기 시작했을 때 작가가 되기를 결심하였다. 유학 중에는 매일의 기도, 독서, 일, 대인관계, 일상생활 등 하나에 초점을 집중했었다. "하나님께서는 내가 목표(vision)를 이룰 수 있도록 언제나 이끌어 주셨다"고 했다. 이 박사의 업적이 어느 정도인지는 남긴 저서를 봐서도 능히 알 수 있다. 영문 "Korea Exodus"등 23권, 한글 18권, 그리고 "Creative Response"라는 월요 칼럼을 매주 영어로 Korean Herald 에 23년 동안(1976~1999) 썼다. 대단한 노력이다.

5. 사모님의 공헌

우리는 사모님의 공헌을 또한 잊을 수가 없다. 몇 해 전 출판하신 "화초의 그림책"은 너무나 잘되어 모두 감탄했다. 마치 사진으로 찍은 것 같은 사실적 묘사는 천하일품이다. 대학의 생물학 교재로 써도 적합한 실력이시다. 뿐만 아니라 각종 재봉과 요리에도 뛰어나시고, 누구를 대하여도 친절과 사랑으로 최선을 다해 주셨다. 이 박사님의 성공도 이러한 사모님의 내조의 공이 컸다는 증거이다. 그리고 사전에도 있는 남남북녀의 개념을 뛰어넘어 내외분은 남녀북남의 새로운 전통을 세우셨다.

끝맺음

거목이신 이원설 박사에 대한 글은 업적이 너무나 방대하여 쓸수록 지면이 모자란다. 이런 사유로 추모글이 길어졌지만 여기서 일단 쉬기로 하는 것이 좋겠다.

묘비 앞면에 "우리의 영원한 큰 스승" 으로 시작, 다음 글로 종결하였다.

송계 이원설,
그는 가셨지만, 그의 정신과 노력과 업적은
후세를 인도하는 횃불이 되어
우리의 가슴에, 영혼에, 영원한 가르침으로 남을 것이다.

끝으로 사모님을 비롯한 유가족 여러분께 주님이 내려주시는 위로가 늘 함께 하시기를 기도하며, 아울러 기독교리더십연구원의 계속적인 발전을 기원하여 마지않는다.

"오늘 따라 총장님이 그립습니다"

김 병 묵 박사
(前 경희대 총장, 現 신성대학교 총장)

마음속 깊이 존경하며 가까이 모셨던 이원설 총장님께서 하늘나라로 홀연히 떠나신 지도 어느덧 10년이라는 세월이 흘렀습니다.

총장님을 잊지 못하는 제자들이 타계 10주년을 맞아 추모집을 발간한다기에 펜을 잡았지만 총장님과 함께 했던 지난날들이 활동사진처럼 스쳐만 가 도저히 두서를 잡을 수가 없습니다.

경희대 학장, 대학원장, 부총장, 한남대학교 총장, 숭실대학교 이사장을 역임하시면서 이 나라 교육발전과 인재양성을 위해 당신의 모든 열정을 바치셨습니다.

또한 종교계의 지도자로서, 한국기독교학교연맹 이사장으로서 신실(信實)한 하나님 나라의 확장과 함께 우리 사회의 어둠을 밝히기 위해 헌신적으로 몸을 불사르셨습니다.

뿐만 아니라 세계대학총장회의 사무총장으로서 우리나라 고등교육의 질적 향상과 국제화는 물론이거니와 UN으로 하여금 세계 평화의 날을 제정케 하는 등 이 땅과 인류평화를 위한 기여도가 다대하셨습니다.

총장님께서는 지칠 줄 모르는 열정과 학구열, 해박한 지식, 핵심을 찌르는 논리적인 언변, 끈질긴 집념과 노력을 통해 우리들에게 삶의 지침서 같이 비춰주셨습니다.

생각해보면 선생님께서는 공(公)적인 면에서는 누구보다 엄격하셨지만 사(私)적인 면에서는 더 없이 자상하셨습니다.

이 땅에서 크게 쓰임 받으셨던 선생님! 하나님께서는 더 많은 일을 하셔야 될 선생님을 77세 때 서둘러 하늘나라로 부르셨습니다.

너무나도 충격이 컸습니다. 그러나 이 나라 교육계의 큰 별이셨던 선생님께서 남기신 광채와 업적은 영원히 빛날 것입니다.

거목이 뿌린 씨앗은 만방에 싹틀 것이며 온 누리로 퍼져 나가 많은 사람들에게 열매를 나누어 줄 것입니다.

우리들의 영원한 선생님! 오늘따라 무척이나 그립습니다.

영원히 아름다운 나라! 고통과 슬픔이 없고 오직 기쁨만이 넘쳐흐르는 평화와 사랑이 깃든 하늘나라에서 부디 편안히 영면 하소서…

"삶과 믿음과 문명비평의 큰 그림"
-고 이원설 박사님을 회고하며-

김 종 회 박사
(문학평론가, 경희대 교수)

　세월이 흐르는 물과 같다더니, 이원설 총장님께서 우리 곁을 떠나가신 지가 벌써 10년 세월에 이르렀다. 사람마다 이 땅에서 그 생을 누리는 동안 각기의 빛깔로 족적을 남기는 터이지만, 이 총장님처럼 선명하고 깊이 있게 자신을 하나의 '역사'로 만든 분은 흔하지 않다. 당신은 아직도 당신을 그리워하는 많은 이들, 이 땅에 머무는 동안 의미 있는 삶의 접촉점을 형성했던 이들에게, 지울 수 없는 큰 그림자를 드리우고 있다. 여러 부문에 걸쳐 한 시대의 거인이었기 때문일까? 그렇기도 할 것이다. 하지만 이는 그 까닭의 작은 몫에 불과하다. 정작 큰 몫은 그 분이야말로 사람의 그릇이 크거나 그렇지 않거나, 지위가 높거나 그렇지 않거나를 막론하고 가슴을 열고 만날 수 있는 순후하고 온화한 인격자였기 때문이다.
　1970년대 중반 대학에 입학하여 국어국문학과 인근 사학과의 교수로서 당신의 함자를 알았다. 보다 더 친숙하기로는, 학보사 학생 기자로 일하면서 영어에 능통한 부총장이자 널리 알려진 문명비평 학자로서 당신의 명성을 들었다. 공적인 자리에서 뵐 때면, 늘 얼굴에 부드러운 미소가 어려 있었다. 어린 생각에도 저 표정은 많은 것을 이룬 이의 자긍심과 닮아있으리라 여겼다. 아주 나중에 다시 돌이켜 보니, 매우 철없는 눈으로 장엄한(?) 풍광의 한 면만 본 데 불과했었다. 참 멋있으셨다. 훤칠한 키와 희끗희끗 백발이 보이는 머리, 한 눈에도 '국제 신사'의 풍모가 약여했다. 게다가 체력이 약해 졌다고 점심시간에 트레이닝 복으로 갈아입고 대운동장을 몇 바퀴 뛰기까지 하셨으니….

이 총장님을 모시고 직접 일을 함께 한 것은, 1983년 통일부 관련 '일천만이산가족재회추진위원회'가 발족하면서였다. 모교의 설립자 고 조영식 박사님께서 위원장을 맡으시면서 필자를 그 사무국에 과장으로 부르셨는데, 위원장 보좌역으로 모신 두 분이 이 총장님과 김찬규 교수님이셨다. 이 총장님이야 영어가 우리말보다 더 쉽고 국제적으로 발이 넓은 분이셨고, 김 교수님은 해양법에 저명한 국제법 학자셨으니, 유엔이나 국제인권연맹 등을 대상으로 하는 이 단체의 국제적 활동을 특히 염두에 둔 인선이었다. 이 총장님을 모시고 진행했던 여러 회의, 국내외 학술세미나 등의 장면들이 지금도 생생한 기억으로 남아 있다. 회의 운영에 관해서도 그때 배운 기법들이 지금껏 필자에게 값비싼 보화로 남았다.

특히 다채로운 기억의 그림 하나는, 국제기구의 손님을 모시고 경주를 갔던 일이다. 위원장 초청으로 '주 유엔 코스타리카 대사'를 지낸 '유엔 비정부기구(NGO) 의장' 에밀리아 드 바리쉬 여사가 한국에 왔다. 이분은 조영식 위원장님께서 발의한 '세계평화의 날'을 유엔이 통과시키도록 조력한 공로자였다. 바리쉬 의장 한 분을 모시기 위해 위원장 보좌역이셨던 이 총장님과 김 교수님 그리고 실무 지원자로서 필자가 동행했다. 참 좋은 여행이었고 화기애애한 가운데 많은 것을 배울 수 있는 산 학습체험이었다. 그 배면에는 모든 사람들 두루 즐겁고 가치 있게 하는 이 총장님의 품성과 역량이 숨어 있었다. 젊은 날의 한 시기에 값을 치르고도 겪을 수 없는 교육 현장에 그분을 모시고 있었던 셈이다.

이 총장님을 정말 성심을 다해 모신 분이 서청석 교수님이다. 이분은 자신이 오래 모신 조영식 총장님께도 "조 총장님과 이 총장님을 꼭 같은 마음으로 존경한다"고 말씀 드릴 만큼 그 생각을 숨기지 않았다. 겉과 속, 처음과 끝이 한결같은 자신의 성정 그대로 끝까지 이 총장님에 대한 처음의 마음을 허물지 않았다. 우리 딸아이가 돌을 맞았을 때, 서 교수님의 주선으로 이 총장님 내외분과 대학 비서실 직원들이 우리 집에서 축하모임을 했다. 작고 외진 연립주택이었다. 참 따뜻한 분위기 속에서 교회 장로님이신 이 총장님께서 대표기도를 해주셨다. 아이의 장래를 축복한 그 때의 기도 말씀을 아직도 잊지 못한다. 신앙인으로서도 이 분은 일가를 이루셨으니, 다복이 따로 없겠다.

고향이 황해도이시기에 단순한 월남 실향민인줄 알았는데, 단신으로 사선을 넘어 오셨고 그 와중에서 하나님의 은혜로 살아남은 분이었다. 그래서인지 그 분의 믿음은 곁에서 보기만으로도 은혜로웠다. 문예비평에 관한 많은 수발한 저술이 국·영문 본으로 상재되었고 기독교 신앙에 관한 실증적인 책들도 많아, '신언서판' 어느 대목에서도 결함을 찾기 힘든 분이다. 조금 강조해서 말하자면, 삶과 학문과 신앙 모두에 걸쳐 1백년 내에 보기 드문 수범 사례에 해당한다. 이 분이 설립한 '기독교리더십연구원'은 설립자가 가신지 10년이 지났건만 여전히 활동을 계속하고 있다. 필자는 이 연구원에서 연구위원의 말석에 참여했었고, 연구원 간행 시리즈로 "기독교 문학의 발견"이란 소책자를 내기도 했다.

생전의 이 총장님은 여러 사람들 앞에서 필자를 볼 때마다, '고등학교 때부터 300편의 시를 외운 자랑스러운 청년'이라고 칭찬하고 격려하셨다. 세월이 한참 지나고 보니 그러한 칭찬은 단순히 시를 외는 기량을 가졌다고 해서가 아니라, 한 인간의 지금과 나중을 함께 바라보며 성실을 다해 살 것을 요망하는 넓고 큰마음의 표현이었다. 그렇게 이 분은 많은 사람들을 북돋우셨고 또 그 손길이 강력한 설득력을 가질 만큼 스스로의 삶을 운용하고 관리하는 데도 모범답안이었다. 한남대학교 총장으로 계시는 동안 이 대학의 채플 강의에 다녀온 필자는, 한 시대 지성적 신앙인의 표본으로 이 땅에 이 총장님을 보내신 하나님의 계획에 대해 깊이 숙고하곤 했다.

유명을 달리하신지 벌써 10년, 만약 아직 수를 다하지 않으셨으면 87세의 연륜이다. 오늘날 나이의 셈법으로는 충분히 활동할 수 있는 연한이니, 마음 아프고 처연하지 않을 수 없다. 생전에 함께 이 총장님을 모시던 10년 아래의 이석우 교수님도 벌써 가시고 보니, 서두에 말한 '세월여유수(歲月如流水)'의 의미가 그다지 멀리 있는 것이 아니다. 그러나 여기서 예거한 분들이 모두 '천국의 소망'을 가졌기에, 언제가 저 높은 영의 세계에서 반갑게 다시 만날 날이 있을 것으로 믿는다. 한 시대의 증인인 실향민으로서, 자기 세대의 의미망을 가로지른 역사학자로서, 또 굳건한 믿음을 삶의 현장에 시현한 기독교인으로서, 당신은 큰 물결이요 큰 나무요 큰 사람이었다. 10년이 지나도록 여일하게 당신을 잊지 못하고 기리며 그리워하는 연유다.

이원설 총장님, 그립습니다

김 형 태 박사
(한남대 14-15대 총장,
한국 교육자 선교회 이사장)

이 세상에 어려운 일이 네 가지라고 한다. ① 앙드레 김한테 검정 옷 입히기, ② 대머리에 핀 꽂기, ③ 장가간 아들 내(시어머니) 편 만들기, ④ 펀드에 돈 투자했다 본전 되찾기… 일리 있는 말이다. 그러나 내 경험으로는 인간관계가 제일 어렵고 또 제일 중요한 것 같다.

플로리다 주립대 경영 심리학과의 제럴드 펠리스 교수의 연구에 따르면 직장인의 성공을 좌우하는 것 중 가장 중요한 것이 대인관계 능력이고 그 다음으로 동기와 의욕, 계획과 전략 및 리더십을 꼽았다. 하버드 대학의 기업 해직자 대상 연구 결과도 업무능력의 부족보다 관계능력의 부족자가 2배나 더 많았다. 심지어 "No relation, no religion." (관계가 없으면 종교도 없다./종교는 곧 관계)라는 격언이 있을 정도다.

성경에서는 예물을 차려놓고도 관계에 걸림이 있으면 먼저 화목하고 와서 예배드리라(마 5:24). 그리고 땅에서 매면 하늘에서도 매고 땅에서 풀면 하늘에서도 푼다(마 18:18)는 교훈이 있을 정도다. 결국 복음의 진수는 하나님을 향한 상향 신앙, 이웃을 향한 외향 신앙, 자신을 향한 내향 신앙의 3방향을 향해 전 인격적(지·정·의)으로 뜨겁게 사랑하는 것(마 22:37-40)으로 요약될 수 있다.

이런 근거 위에 인간이 만날 수 있는 관계는 크게 5종류가 있다. ① 부모-자녀의 만남, ② 남편-아내의 만남, ③ 스승-제자의 만남, ④ 직장 상사-

부하의 만남, ⑤ 목회자-평신도의 만남이 그것이다. 이 5가지 만남이 순조롭고 은혜로우면 그는 기본적으로 성공자요, 행복한 사람이다.

나는 이원설 총장님을 만나 행복했다. 내가 이원설 총장님과 함께 지낸 7년은 위 공식으로 보면 ③-④-⑤의 만남이었다. 첫째, 직접 학교를 통한 사제 관계는 아니었지만 어떤 스승보다 더 많은 것을 가르쳐주셨다. "經師易求, 人師難得"(교과서<지식>)를 가르치는 교사는 많으나 인간됨<품성>을 지도하는 스승은 귀하다.)란 관점에서 이원설 총장님은 나에게 각별한 스승이셨다. 동행하는 해외출장이나 처실장 회의 때마다 동서양 고금 역사를 들려주시면서 로마 제국의 멸망사, 미국 청교도 정신의 요체, PAX KOREANA(한국의 세계사적 중요성)를 가르쳐주셨다. 항상 '시급한 것'(Urgent)과 '중요한 것'(Important)을 분별하라고 당부하셨다. 당장 눈 앞(나무)만 보지 말고 멀리 넓게(숲) 보라는 말씀인데 내가 이해하기로 大觀細察(Macro-micro appraoch)을 일러주신 것이다. 세상을 볼 때 망원경과 현미경과 내시경을 같이 보아야 정확한 식견이 생기기 때문이다. 또한 관리(Management)란 시간(Time)과 사람(Person) 및 위기(Crisis)를 잘 다루는 것이라고 일러주셨다.

이 같은 생활 속의 교육은 후에 내가 총장 일을 수행할 때 그대로 적용되는 가이드라인이요, 코칭+멘토의 시발점이 되어주신 것이다. 나무는 큰 나무 덕을 볼 수 없지만 사람은 큰 사람 곁에 있으면 그 모델을 통해 체험적 지혜를 얻게 되는 것이다. 바울이 예수님의 12제자 중에는 들지 않았지만 자기의 사도됨을 늘 강조했듯이 나도 이원설 총장님의 제자 중 한 사람이라 믿으며 살아 왔다. 둘째, 이원설 총장님을 총장님으로 모시고 7년 동안 기획처장과 법인처장으로 지냈다. 나는 39세의 젊은 교수로 동서남북도 분간 못할 때에 기획처장을 맡겨주셔서 철저한 도제교육(Learning by doing)으로 대학행정을 배우게 하셨다. 이 총장님은 이미 경희대에서 대학

운영을 해오셨기에 대학행정의 달인이셨으며, 이규호 박사와 함께 한국교원대학교를 설립해 함께 운영했고, 교육부중앙교육심의회(현 대학교육협의회) 회장을 맡고 계셨으며 오래 전에 교육부 고등교육국장과 주미 장학관을 거치셨기에 대학행정에 대해선 최고 전문가로 공인 받고 계셨다. 당시 한남대학교는 숭실대학교와 분리된 직후라 혼란스럽고 학내 분위기도 어지러운 때였는데 4개월 버티면 다행이라 할 정도 비장한 각오로 오셨다. 대학 총장이라기보다도 선친의 소원이었던 목회자로서의 각오로 취임하셨던 것이다. 그 덕분에 한남대학은 짧은 기간에 안정을 되찾고 대전지역에서 雨後竹筍처럼 성장해 종합대학교의 면모를 갖추면서 급성장을 진행하게 되었다. 특히 '신앙과 학문'의 통합을 지향해 기독교 대학의 정체성을 확고히 정착시켰다. 채플홀(성지관)을 건립해 1600명이 동시에 예배를 드리게 되었고 캠퍼스 복음화에 새 깃발을 높이 들고 기독교 대학이라는 'Vision-Mission-Action-Communication'의 대학 사명을 공고히 하였다. 장로교단 총회와 미국장로교 총회를 포함해 초기 설립자(Founding fathers)들을 찾아 대학 역사와 연혁을 정비하고 지역 내 교계와 친밀한 동반 성장 관계를 정립했다.

나에게 늘 잊지 말아야 할 한남대의 두 기둥을 강조하셨다. ① 한남대학은 중부권(대전-충청) 지역밀착형 대학으로 서야 하고 ② 기독교 대학의 정체성을 놓치지 말라는 당부셨다. 이는 한남 역사가 지속되는 한, 포기하거나 협상대상이 아닌 대학 존재 이유인 것이다. 그래서 한남 발전의 르네상스를 이룩한 이 총장님의 헌신과 봉사를 잊지 않기 위해 총장님 재직 시 건축된 대운동장, 문과대, 공대 및 학생회관 건물 중 하나인 학생회관(Student union) 3층의 대강당을 송계홀(이원설 총장 기념홀)로 지정 하였고 매년 5월(교육의 달, 청소년의 달, 가정의 달)에는 전국을 대상으로 25년 이상 봉직한 교육 유공자를 선정해 이 총장님의 호(松溪)를 따서

'송계 교육상'을 시상하고 있다. (김신옥 대성학원 이사장, 김신호 교육부 차관. 서정화 한국교육자선교회 이사장 등이 수상자)

　이 총장님은 특히 대학을 운영하면서 먼저 사람을 아끼셨다. 외국 출장 후엔 만났던 사람들에게 일일이 감사편지를 보냈고, 한번 명함을 나눈 사람은 방명록에 적어놓고 신년·성탄을 비롯해 기회 있을 때마다 편지와 전화통화를 나누어 항상 현재진행형으로 교제해 오셨다. 지역 내 기관장들, 언론계, 교계, 학부형, 동문(해외 동문)까지도 항상 자상하게 챙겨주셨다. 인간관계 네트워크가 넓기도 했고 깊기도 했다. 교육부 차관을 비롯한 국·실장들과 스스럼없이 늘 전화로 업무협의를 하실 정도로 자별하셨다. 충남도지사가 새로 부임하면 인사방문을 올 정도였다. 심지어 퇴임해 서울에 계실 때에도 신문에 개재된 내 칼럼 하나만 보셔도 즉각 전화로 격려해 주시면서 칼럼 쓰는 것의 중요성을 강조해주셨다. 총장님께서「KOREA TIMES」에 영문 칼럼을 비롯해 각종 매체에 자주 칼럼을 쓰셨기에 다른 이의 칼럼도 귀하게 여기셨던 것이다. 조그만 선물 하나만 보내드려도 즉시 감사 전화를 주실 정도로 신사적이었다.

　셋째, 목회자는 아니었지만 목회자 이상으로 한국 기독교계에 큰 족적을 남기셨다. 나는 총장님의 영어-일어-한국어 설교의 초인적 영역과 달변의 강의, 그리고 쉬지 않고 인용하는 연대기 숫자와 고금동서 명사들의 어록을 인용할 때, 감탄할 정도였다. 교회에 가면 설교로, 일반 행사엔 강연으로 서양에 가면 영어로, 일본에 가면 일어로 언제 어디서든 전천후 최고 강사의 칭송을 받으셨다. 총장님의 초인적 능력과 박학다식을 보면서 저 정도는 되셔야 총장을 할 수 있는 것이구나 싶어 불감생심, 총장이란 자리는 접근할 수도 없는 자리인 줄 알았다. 어디 가도 좌중을 압도해 흥미진진한 대화를 주도 하셨고, 동석한 사람들은 부흥회를 한 것처럼 은혜를 누리고 감동을 받았다. 전국 단위의 교계 행사에 특강 강사로, 교계 언론에 칼럼 집필자로, 국내·외에 커다란 감동과 깨우침을 나누어주셨다. 어느 경우에도 자신만만하셨다.

　유럽 출장에서 귀국하여 바로 일본 출장이 이어졌을 때는 처실장들이 공항까지 마중 나가 그 곳 사우나탕에서 모두 벗은 몸으로 처실장 회의를 할 정도로 파격적인 일도 있었다. 1985년도 우리 집 남매 榮嬪(당시 10세: 현 방송통신대 교수)과 榮權(당시 8세: 현 NYU 박사 후 아마존 회사 연구개발부 근무)을 양손에 붙잡고 계룡산 동학사 경내를 돌아보시는 인간적 사랑을 주시기도 했다. 총장님이 돌아가셨다는 소식에 영빈이가 울먹이며 슬퍼한 것은 그냥 된 일이 아니었다. 손때를 묻히고 인간적인 사랑을 주셨기에 그런 감동과 아쉬움과 그리움을 갖게 된 것이다. 총장님은 늘 손자 주민 군에 대해서도 자랑스럽고 대견해 하셨다. 손자손녀는 아들딸보다 200배는 더 예쁘다는 걸 이 총장님에게서도 느낄 수 있었다. 지금까지 살아계셔도 좋으실 것인데, 하늘나라에서도 이 총장님이 필요했던 것 같다. 100세수를 하실 줄 알았는데 너무 빨리 가셔서 내 가슴에 중심축 하나가 빠져나간 허전함이 있다. 좀 더 잘 모시지 못한 듯해 죄송함과 아쉬움이 함께 내 가슴에 남아 있다. 이원설 총장님, 그때가 그립습니다.

하나님의 귀한 종 이원설 박사

문 인 현 목사
(강일교회 원로목사)

그는 하나님의 사람이었다.

송계 이원설 박사는 역사학자이셨다. 또한 그는 교육자이시며 기독교계 지도자이셨다. 이 뿐만 아니라 교회에서는 장로님으로 섬기셨으며 평생을 저술가로 사셨다.

이원설 박사는 영문으로 「*Korean Exodus*」 등 23권을 저술하셨으며 한글로는 「기독교 세계관과 역사발전」을 비롯해 18권의 책을 남기셨다. 그의 사상과 평소의 주장을 핵심적으로 요약한 책은 「이 시대의 표적과 하나님중심 세계관」(*The Signs of Our Times & God-Centered Worldview*) 이라고 개인적으로 생각한다. 이 책자를 읽다 보면 이원설의 모습이 온전히 담겨있고 또한 그의 믿음의 향기가 넘친다.

이원설 박사를 굳이 '하나님의 종'이라고 하는 데는 다 이유가 있다. 결코 빈 말이 아니다. 위에서 언급한 책을 읽다보면 이런 글들이 있다.

1. 역사란 무엇인가?

"그리스도인에게 역사는 과거의 사건들을 단순히 기록해 놓은 것이 아닙니다. 역사는 하나님께서 어떻게 자신을 계시하셨으며 사람은 하나님의 소명에 어떻게 응답하였는지를 기록한 것입니다. 역사는 사실상 '하나님의 이야기' 입니다."

2. 지혜는 어떻게 얻을 수 있을까?

"우리가 어떻게 지혜를 얻을 수 있겠습니까? 하나님의 형상대로 지음을 받고 자연을 다스리는 능력을 부여 받은 아담과 하와는 모든 것을 하나님 중심으로 보고 판단하고 행동하는 지혜 곧 분별력을 가지고 있습니다. 시편 111편 10절은 '여호와를 경외함이 곧 지혜의 근본이라'고 말씀하십니다."

3. 참된 복은 무엇인가?

"모든 인간들은 복 받기를 소원하기에 일생동안 그 목표를 향하여 분투 노력하지만 실망하거나 좌절하는 자들이 많다"고 하면서 진정한 복이 무엇인지를 그는 다음과 같이 제시하였다.

먼저 복의 개념을 이렇게 논하였다. "성경에서의 복의 개념은 우리의 복과 천양지 차이가 있습니다. 영어의 Blessing의 어원은 Blessen(Blood) 곧 '피'를 뜻합니다. 즉 그리스도의 피로서 속죄함을 받고 '먼저 하나님의 나라'를 구하는 삶을 사는 사람은 이 세상 사람들이 상상할 수 없는 '이 모든 복'이 약속된다." 또한 그는 축복의 길, 축복의 실체를 다음과 같이 설명한다. "길이요 진리요, 생명이신 주님 안에서, 성령의 가르침에 따라 많은 일을 수행하면서 하늘나라의 평안을 맛보면서 사는 축복이 약속되어 있습니다.(요한복음 4:6-27)"

4. 그리스도의 삶과 사명은 무엇인가?

이원설 박사는 그리스도인들에게는 '좋은 소식'을 땅 끝까지 선포할 책무가 있음을 상기시키면서 다음과 같이 도전하였다.

"'하나님의 뜻이 하늘에서 이룬 것 같이 땅에서 이루어지이다'의 기도를 매일 드리면서 '너희는 온 천하에 다니며 만민에게 복음을 전파하라'(마가복음 15:15)하신 주님의 大使命을 위하여 매진할 때 하늘나라의 축복이 금생과 내생에 충만할 것입니다."

역사란 무엇인가? 지혜는 어떻게 얻을 수 있는가? 참된 복은 무엇인가? 그리고 그리스도인의 삶과 사명이 무엇인지를 단순 명료하게 제시하였다. 이원설박사는 조금도 주저함 없이 성경에서 그 해답을 찾았다.

이렇듯 이원설박사의 고백적 신앙이「이 시대의 표적과 하나님중심 세계관」속에 고스란히 담겨져 있다. 39페이지 불과한 소책자에 38개의 성경 구절이 '평균 한 페이지에 한 개씩' 자리 잡고 있다. 뿐만 아니라 "그 해답은", "성경에 의하면"라는 표현을 당당하게 사용하고 있다. 구약의 모세(출 14:31) 그리고 신약의 바울(롬 1:1)이나 베드로(벧후 1:1)와 함께 이원설 역시 주의 귀한 종이라 불러야 하리라.

그는 믿음의 등불이었다.

<우리의 영원한 스승>이란 추모비가 송계 이원설박사 소천 1주기(2008. 11. 29)를 기념하여 그의 묘 앞에 세워졌다. 첫 구절은 이렇게 시작된다.

"송계 이원설, 그는 바로 우리의 역사이셨으며 참된 크리스천의 본보기셨으니 우리의 큰 등불이자 거목이셨다."

나에게도 이원설 교수님은 등불 같은 스승이셨다. 고3때에 나는 안병욱 교수와 김형석 교수의 수필을 읽으면서 철학자가 좋게 보였다. 그런데 1963년 막상 상경하여 대학 및 학과를 정할 때에 나는 주저함 없이 경희대학교 역사과로 결정하였다. 물론 윤남중 목사(넷째 자형)의 소개도 있었으나 이 교수님이 목사님의 아들이시며 탁월한 역사가라는 말에 나는 주저함 없이 진로를 결정하였다.

이원설 교수님은 역사뿐 아니라 신앙의 지도자이셨다. 수업 중 가끔 St. Augustine(성 어거스틴)과 Arnold Toynbee(아놀드 토인비)의 역사관을 소개하셨다. 관심 있게 들었고 결국에는 후일「Toynbee 史學에 관한 一考察」이란 석사논문을 쓰게 되었다(경희대학원, 1972년).

이원설 박사님은 한국기독학생회(I.V.F.)의 이사로 오랫동안 섬겼을 뿐 아니라 이사장(제7대, 1966년)으로도 봉사하셨다. 1964년 이원설 박사님의 권유로 I.V.F.에서 지성사회 복음화를 위해 나는 나름 Campus에서 열심을 다했다. 그 덕에 학생대표(1964-65년)로 수고한 한상혁 형제와 같은 귀한 친구도 얻게 되었다.

매년 고난주간을 맞아 '갈보리산 위에 십자가 섰으니'(찬송150, 통일 135장)를 찬양할 때면 서울역에서 남산으로 올라가는 도동길의 I.V.F.회관과 갈보리도서관의 시절이 아직도 필름처럼 스쳐지나간다. 이원설 박사님의 과거 기록 가운데 바로 I.V.F.봉사와 갈보리도서관 그리고 마포에서 개척한 갈보리교회의 역사가 조명되지 않는 느낌이 들어 안타깝다.

한참 세월이 지나 기독교리더십연구원(Christian Leadership Institute) 원장으로 사역하고 계신 이원설 박사님의 부름을 받게 되었다. 리더십의 회원은 주로 교수님들이셨다. 현직 목사님은 몇 분되지 않았다. 그러나 평안한 분위기였고 옛 은사님을 뵈옵는 것만으로도 감사이며 기쁨이었다.

하루는 이원설 박사님께서 묵정동 사무실로 날 부르셨다. "문 목사, <주님의 등불>의 사역을 하면 어떤가?" 그것이 무슨 일이며 또한 왜 내가 책임을 져야 하는지 아무것도 묻지 않고 "예"라고 대답했다. 좀 더 하실 일이 있는데도 불구하고 우리 하나님께서 당신의 아들 이원설을 부르셨다. 가슴이 답답해졌다. 그러나 기도했다.

영국의 작가 사무엘 버틀러(Sammuel Butler)는 "잊혀 지지 않는 자는 죽은 것이 아니다"라고 했다. 서강대학교 장영희 교수는 「아버지께 못 다한 말」에서 "우리가 사랑했던 사람이 죽을 때 우리의 일부분도 함께 죽는다."라고 했다.

이원설 은사님! 당신께서 베풀어 주신 아름다운 사랑과 그토록 피맺히게 외치셨던 주님의 나라와 교회 그리고 이 민족에 대한 사랑과 믿음을 간직하며 전하겠습니다.

"당신은 진정 <하나님의 귀한 종>이셨습니다."

주후 2017년 9월
강일교회 원로목사

"빙그레 웃으시며 악수를 청하시던 그 모습"

서 청 석 박사
(경희대 명예교수, 전 경희대 대학원장,
전 한국무역학회 회장)

새봄을 맞아 경희대 교정 교시탑 앞의 목련과 중앙도서관 숲길의 벚꽃이 흐드러지게 피었다. 하루아침에 아름다운 캠퍼스가 만들어지는 것은 아니기에 긴 세월 모진 비바람과 험한 눈보라를 견뎌낸 꽃망울이 더욱 탐스럽다.

경희의 숲은 때로는 산새의 보금자리가 되기도 하지만 사제가 땀을 식히며 대화를 나누는 휴식처가 된다. 저 자리에 서 있는 벚꽃은 벚꽃대로 목련은 목련대로 서로 어울려 생명이 넘치는 자연이 되고, 우리들은 그 안에서 서로 어울리며 사제의 정을 키워나간다. 존경했던 이원설 박사님과도 이 캠퍼스의 모든 오솔길을 바삐 걸으며 사제의 대화를 오랜 기간 공들여 쌓았었다.

1945년 해방둥이로 태어난 나는 6.25동란, 4·19혁명, 5·16대란을 겪으며 초, 중, 고등학교 교육을 받았다. 1964년에 경희대에 입학하여 한일회담 등 격변기를 겪으며 방황의 시간을 보내야만 했다. 군 제대 후 마음으로 결단하고 학업에 열중한 결과 학우들과 깊은 교우관계를 나누면서 경제학과 학회장이라는 직분을 맡게 되었다. 당시 정치외교학과 교수(본래 사학과 교수)로 계시면서 정경대학장을 봉직하셨던 이원설 박사님과 우리의 만남이 시작되었다. 비록 불우한 시대를 살았지만, 그 당시 좋은 교수님과 훌륭한 스승님을 만날 수 있었던 것은 행운 중에 큰 행운이었다.

여러 스승님이 계셨지만, 엄격하신 외모와 달리 따뜻한 애정을 가진 큰 나무와 같은 이원설 총장님은 내 인생의 좌표가 되어 주신 분이다. 대학 졸업식 2개월 전 어느 날 이 분께서 꼭 만나자는 연락을 주셨다. 나는 그때 졸업 직전 기업에 취업이 되어 수습사원 훈련을 받고 있었다. 약속시간에 찾아가 뵈었더니 모교 발전을 위해 나와 함께 일해 볼 생각이 없느냐고 물으셨다. 전혀 예상치 못한 질문이었기에 당혹스러웠다.

한편으로는 나를 어떻게 보셨기에 그런 배려와 제안을 주시는지 기쁘기도 했다. 일단 직장에도 통보하고 허락도 받아야 하며, 또 개인적으로도 학교에 다시 들어간다는 것은 경제적으로 용단이 필요했다. 가난은 자랑은 아니지만, 그렇다고 부끄러운 일도 아니다. 나는 당시 무척 어려운 환경에 있었기에 밤잠을 설치며 곰곰 생각했다. 어떻게 총장님이 나를 잘 보시고 인정해 주셨을까도 무척 궁금했다. 총장님께서 개인적 능력을 인정해 주셨다면 아마도 경제학과 학회장으로서 사은회 자리에서 스승님들을 진심으로 모시며 가졌던 진행에 감동을 받으셨던 것 같다.

그 무렵 경희대학교는 조영식 총장님의 지도 아래 편제를 대폭 개편하고 있었다. 총장 밑에 행정사무장과 재정사무장이라는 직제를 두고 대학의 기획, 교수, 연구, 학생 업무는 행정사무장이 맡고 예산, 결산, 발전기금 등은 재정사무장이 총괄하는 시스템으로 변화시키고 있었다. 이 중 행정사무장은 문교부 고등교육국장을 역임한 이원설 박사를, 재정사무장은 경희대 설립 초기부터 수고하신 법대학장 이근칠 교수님이 내정되어 있었다.

나는 며칠 후 이원설 총장님을 찾아뵙고 고민 끝에 내린 결정을 말씀드렸다. 최선의 노력을 다해 모교발전에 기여하고, 행정사무장님을 잘 보필하겠다고 말씀드렸더니 흔쾌히 수락하시며 빙그레 웃음 띤 얼굴로 악수를 청하셨다. 그날 이후 나는 평생을 모교에서 봉직하게 되는 보람과 기쁨을 갖게 되었다.

한편 내가 맡은 소임은 대학에서 지금까지 분석해 보지 않던 자료들을 종합하여 판단하고 미래를 기획하는 작업이었는데 매우 어려운 과제였다. '상관'께서 매우 탁월한 지능의 소유자였기에, 그 욕구를 충족시키기에는 나에게 많은 부족함이 있었으나 항상 사랑으로 지도해 주셨다.

지도자 리더십의 형태는 결과 지향성(실적)을 추구하는 유형과 과정 지향성(노력)을 중시하는 유형으로 나눌 수 있다. 이원설 총장님은 언제 어디서라도 꾸준히 노력하며 정진하는 인재를 선호하는데, 갑작스럽게 요청하시는 자료일지라도 오늘까지 진행한 과정을 판단하시는 분이기에 항상 긴장할 수밖에 없었다. 그 당시 나는 학교가 지니고 있는 각 부처의 많은 자료를 종합하여 분석하기 시작했다. 그 결과는 조영식 총장님께 직접적으로 보고되었고, 그 성과는 이원설 박사님이 아닌 내 능력으로 보상되어왔다. 이원설 총장님이 가지신 품성 중 가장 존경할 수 있었던 점은, 잘못된 결과는 몸소 당신의 책임으로 돌리고 잘 된 결과는 타인의 공로로 칭찬해 주시는 인자하신 성품이었다.

그 결과 나는 이원설 행정사무장님을 모신지 오랜 기간이 지나지 않아 조영식 총장님의 부름을 받아 비서로 자리를 옮기게 되었다. 나는 그곳에서 약 10여 년간 조영식 총장님을 섬기며 비서실장까지의 중책을 감당해 가는 보람을 가지게 되었다. 물론 이원설 박사님도 행정사무장으로서 학교 발전에 크게 기여하신 공로로 부총장으로 승진하시게 되었다.

그 이후 나는 필리핀의 싼토토마스대학교와 경희대학교에서 학업과 연구를 지속하여 1982년부터 교수로 임명을 받게 되었는데, 그 당시 이원설 박사님이 가장 기뻐하셨던 것 같다. 뿐만 아니라 타 대학으로 이직하신 후에도 내가 정경대학장과 대학원장으로 임명을 받았을 때 찾아오셔서 기도해 주시고 장도를 격려하며 용기를 주셨다. 특히 당신이 걸어가셨던 정경대학장과 대학원장의 동일 보직을 감당한 사람은 서 박사 밖에 없다고 극찬해 주시기까지도 했다.

나아가 이원설 박사님은 내게 자상한 스승이셨을 뿐만 아니라 신앙의 멘토가 되신다. 그분은 평생을 신앙과 학문 두 기둥을 붙들고 사신 분이다.

신앙적 측면에서 말씀대로 살고 말씀대로 실천코자 최선의 노력을 기울이신 분이다. 공적으로는 교회 장로로서 갈보리교회와 동신교회를 섬기시고, 기독교 대학인 한남대학교 총장으로 대학 발전에 크게 공헌하신 분이다. 한국기독교학교연맹 이사장으로서 기독교학교의 장래를 위해 노력하시는 모습을 실행위원으로 보아왔다. 또한, 기독교리더십연구원을 설립하셔서 젊은 학자들을 통해 하나님 중심 세계관을 각 학문 분야에 적용해 가시던 노력을 지금도 잊을 수가 없다. 나도 하나님 중심 경제관이라는 주제로 원고를 발표하고 몇 차례 강연을 한 바 있다.

내가 1990년대 하반기부터 경희대 알렐루야선교합창단의 단장으로서 약 20여 년간 국내외에서 왕성하게 활동하는 모습을 보시고 늘 칭찬하고 격려해 주시던 모습을 생각하면 지금도 가슴 한 편이 시려온다.

또한 우리 젊은 교수들이 경희대학교에 기독교수회를 설립하고 약 110여 명의 회원이 매주 목요일 점심시간에 예배드리며 학원 복음화에 노력하는 모습을 보시며 흐뭇해 하시던 모습을 오늘도 잊을 수가 없는데, 당신께서 꼭 이루고 싶었던 성업이라 말씀하시며 항상 에너지를 충전시켜 주셨다.

한편 학문에 대한 그 분의 열정은 대단했다. 그 당시 『혁명시대의 미래관』의 저술을 통해 역사학자로서 문명비평가로서 미래를 예견한 것은 탁월했다. 인류의 앞날은 인간이 가진 천부의 자의지를 어떻게 선용하느냐에 달려 있다고 강조하며, 전쟁도 어떤 신비로운 힘에 의하여 강요당하는 것이 아니라 인간들 스스로에 의해 결정되어 왔으며 그 궁극적 책임도 인간들에게 있음을 설파한 내용은 지금도 우리에게 큰 교훈을 던져준다.

이 주장은 남북이 핵무기와 미사일 등으로 위난을 겪고 있는 이 시점에서 한반도에 주는 귀중한 메시지가 될 수 있다. 『새천년, 새선민, 새목표』, 『하나님 중심 세계관과 역사 발전』, 『이데올로기 초극』, 『21세기를 향한 비전과 리더십』 등 수많은 저서와 논문은 걸작으로 평가받고 있다. 특히 1982년부터 1991년까지 10여 년에 걸쳐 정력적으로 집필한 《Korea Herald Column》은 이 시대를 사는 우리에게 큰 지침이 되고 있다.

어느 날 이 총장님께서 성경에서 사용한 새로운 귀중한 용어들을 간추려 달라고 말씀하셔서, 많은 단어들을 정리해 드린 적이 있다. 그분은 글을 쓰실 때면 성경 속에 사용된 특이한 용어들을 필요에 따라 선용하시기를 좋아하셨다. 아마도 그를 통해 신앙 가운데 학문을 이해하며 소화할 것을 가르쳐 주신 것은 아닌가 하는 생각이 든다.

이 총장님이 소천하신지 벌써 10주기를 맞이한다.

인생이 한번 살다가 한번 떠나는 것은 정한 이치로서 엄연한 인생의 법칙이라 생각되지만, 그 떠난 분이 우리와 가장 가까이 계셨던 분이고 그 삶의 자세가 남달리 진지하고 그 남긴 업적이 두드러질 때 우리의 허무감과 슬픔은 더욱 충격적일 수밖에 없다. 당시 이원설 총장님이 갑자기 소천하셨다는 비보를 들었을 때, 나는 하나님께서도 천국에서 그의 탁월한 능력과 헌신이 필요하셔서 먼저 데려가시지 않았나 하면서도 인간적 슬픔을 억제할 수 없었다.

이 땅에서 겸손한 신앙 자세, 탁월한 역사인식, 출중한 어학 실력, 자상한 성품으로 살다 가신 그 발자취를 우리로서는 영원히 따르기 힘들 것 같다. 벌써 10주년의 세월에 이르렀으니 흐르는 시간을 탓할 수는 없겠으나, 내 가슴속에는 아직도 이 총장님의 호흡과 모습이 생생하고 추모의 사은의 정이 가득할 뿐이다.

지금도 빙그레 웃으시며 악수를 청하시던 그 옛 모습이 너무도 그립다.

내가 만난 이원설 박사

성 기 호 박사
(전 성결대학교 총장,
현 캄보디아 바티에이국제대학 총장)

　내가 성결교신학교(현, 성결대학교) 제4대 교장으로 부임한 1990년 초부터 내게 주어진 가장 시급하고 중요한 과제가 대학승격이었습니다. 4년제 신학교가 정규 대학으로 승격되는 일은 여간 어려운 것이 아니었습니다.

　안양 지역에 처음 위치한 우리 학교(저의 모교입니다)가 늦게 안양으로 이전해 온 다른 신학교에 밀려 대학승격에서 실패했고 두 해에 걸쳐 시도하던 대학 승격이 좌절되자 학생들이 집단 소요를 일으키고 수업이 중단되며 보직자들이 사표를 낸 상태에서 유학 중인 제가(신학교 교수직에서 휴직 중이었음) 강제로 소환되다시피 한국으로 돌아왔습니다. 1989년 말에 우선 교장 취임식을 하고 미국으로 돌아가 밤을 새다시피 하며 논문 마무리를 했습니다.

　우리 학교를 졸업하고 한국에서 대학원으로 진학하는 학생들은 큰 어려움이 없었습니다. 대학 학력을 인정받는 각종학교였기 때문입니다. 그러나 외국으로 유학을 떠나는 학생들의 경우 대학이 아닌 각종학교 졸업자로서 4년간 공부한 대학 학력을 인정받는데 문제가 많았습니다.

　우선 학력 인정을 받는 일이 중요하기에 아시아신학연맹(Asia Theological Association: ATA)에 가입신청을 하고 회원학교가 되었습니다. 한 국가 차원을 넘어 세계적으로 학력인정을 해주는 기관의 인증을 통해 유학 희망자들이 겪을 어려움을 조금이나마 해소했습니다. 그리고 한국기독교학교연맹에 회원가입을 신청했습니다. 그때 이원설 박사님께서 이사장을 맡고 계셨고, 전주대학교 총장이신 이종익 박사님이 회장을 맡고 계셨습니다.

거구에 늘 웃음을 띠고 계신 이원설 박사님의 첫 인상은 자상함과 섬기려는 자세가 돋보이는 분이셨습니다. 성공하는 사람은 현재의 시간을 가장 중요한 시간으로 아는 'now'와 지금 여기에서 만나고 있는 사람을 가장 중요한 사람으로 아는 'here'의 정신을 가진다 했는데 이 박사님이 바로 그런 분이셨습니다. 나의 개인적인 문제는 물론 학교에 대한 관심과 도우시려는 모습이 감동을 느끼게 했습니다.

"제가 기도하겠습니다" 하는 격려의 말씀은 물론 몸으로 직접 도움을 주시려 노력하셨습니다. 문교부 고등교육국장을 역임하셨기에 교육부에 널리 인맥이 있으셨고 또 우리 학교가 다른 학교에 뒤지지 않는 여건을 구비하고 있는 것을 아셨기에 교육부 방문을 제안하셨습니다. 한국기독교학교연맹 사무총장을 대동하고 이 박사님이 앞장을 서시며 교육부를 방문하고 관계된 분들과 인사를 나누며 학교 승격에 대한 이야기를 나누었습니다. "너무 걱정하지 마십시오. 내년에는 잘 되겠지요"라는 관계자들의 긍정적인 말이 인사치레의 이야기가 아니라는 것을 직감으로 느낄 수 있었습니다.

다음 해인 1991년에 성결교신학교가 성결교신학대학으로 승격되어 정규 대학이 될 것이라는 공문이 교육부로부터 전달되었습니다. 이 박사님을 비롯한 기독교학교연맹 여러분의 기도와 협력이 큰 힘이 되었습니다. 1992년 봄에 정규 4년제 대학으로 신입생을 뽑아 감격스런 입학식을 가지게 되었습니다. 엎친데 덮친다는 말은 흔히 나쁜 의미로 쓰이는 말이지만 우리 대학에는 겹경사와 같은 일이 생겼습니다. 즉 대학들 중 여건이 충족되고 또 종합대학교로 승격을 희망하는 학교는 신청하라는 공문이 교육부에서 왔습니다. 서류를 갖추어 제출한 서류가 승인되어 같은 해에 대학(college)에서 대학교(university)로 승격이 되었고 자연히 내 직함도 학장에서 총장으로 변경되었습니다.

큰 나무 밑에서는 다른 나무가 자라지 못하지만, 큰 인물 밑에서는 사람이 큰다고 했습니다. 이 박사님의 사랑과 후의에 힘입어 좋은 분들을 만나게 되고 교제의 범위를 넓히는 계기가 마련되었습니다. 이 박사님께서 앞장서 만드신 기독교리더십연구원에 나와 함께 활동을 하자는 말씀을 따라 매월 모이는 월례모임에 나가 내 전공분야의 강의도 하고 연구원들과 함께 해외 세미나를 갖게 되어 미국의 오레곤 주 포틀랜드에 있는 Western Seminary를 방문하고 서부 지역에 계시는 교계 지도자와 한인으로서 미 정계에서 활약하는 분들과도 교분을 나누는 기회를 가졌습니다.

당신이 신학교를 졸업하신 분이지만 나의 종말론 강의를 경청하신 후에 아낌없는 칭찬을 하시고 격려해주신 일은 역시 큰 인물이며 후배들을 키워주려는 넓은 마음을 가지신 분이심을 실감케 했습니다. 이 박사님의 관심은 함께 활동하는 개인과 그가 속한 학교의 문제에 국한되지 않고 교계와 국가적인 일에까지 미쳤습니다.

기독교계 중고등학교에서 성경과목을 가르치지 못하게 하고, 군목의 숫자를 줄이고 군승과 신부 등 타 종교에 속하는 군종요원을 증원할 것이라는 이야기가 있을 때 기독교학교연맹 임원들과 함께 청와대를 방문하여 장로이신 김영삼 대통령을 만났습니다. 대통령께 교육부와 국방부의 반 기독교적 정서를 지적하고 시정해주실 것을 요청하자 귀 기울여 들으신 후 조처를 약속하셨는데 지금까지 미션스쿨에서 성경을 가르치는 일에 지장이 없는 것도 이 박사님의 헌신과 노고의 덕이 크다는 것을 느낍니다.

성공하는 리더들의 공통된 특징 중 하나가 시간을 잘 지키는 것이라 합니다. 교육부에 같이 들어가자고 약속한 날에 안양으로부터 오는 길이 유난히 막혔습니다. 겨우 시간에 대어 약속 장소에 갔지만 차를 마시고 담소를 나눌 시간은 없었습니다. 일찍 오셔서 기다리신 이 박사님께 얼마나 죄송한지 몸 둘 바를 모를 정도였습니다. 미국에서 종합대학교를 성공적으로 운영하고 계신 총장님이 한국을 방문하신 때 이 박사님과 호텔 커피숍에서 만날 약속을 했답니다. 약속 시간보다 너무 일찍 도착하였기에 호텔 지하에 있는 점포들을 둘러본 후 시간에 맞추어 약속 장소로 갔더니 이 박사님께서 먼저 와 기다리고 계셨답니다. 선배요 어른이신 분을 기다리시게 한 것이 죄송하여 그 다음의 약속은 누구와 해도 시간보다 일찍 나가는 습관을 붙이게 되었다는 이야기를 들었습니다.

학자요, 교수요, 행정가요, 신앙의 지도자이신 이 박사님 존함 앞에 '고'(故)가 붙게 된 것이 여간 아쉽지 않습니다. 그러나 이런 훌륭하신 선배님을 가까이에서 모시며 살 수 있었던 것이 큰 기쁨일 뿐 아니라 많은 것을 배우는 기회가 되었기에 감사함을 금할 수 없습니다.

고 이원설 박사님의 고고한 인격과 우러러 뵈는 훌륭한 삶의 자취를 되새기며 따라가는 후진들을 통해 이 박사님의 정신이 지금 현실 속에서 꽃피우며 그 아름다운 향기를 널리 널리 전할 수 있기 기원합니다.

"우리는, 구원을 얻는 사람들 가운데서나,
멸망을 당하는 사람들 가운데서나,
하나님께 바치는 그리스도의 향기입니다"
(고린도후서 2:15, 새번역)

사랑과 의지의 큰 언덕,
이원설(李元卨) 선생님, 그립습니다.

신 용 철 박사
(전 경희대학교 교수)

털 벗지 않은 복숭아처럼 학문과 세상을 아직 모르던 대학교 3학년 때, 선생님을 만나게 된 것은 참으로 큰 행운이었다. 물론 서양사의 강의에서였다. 아직 우리의 대학들이 전후의 피해를 극복하지 못한 채, 4·19의 대전환기로서 혼란한 시대이었다.

우선 젊고 풍채도 좋고, 그 당시는 드물게 미국에서 학위를 받으시고 영어가 능통하셨으니, 우리 사학과 뿐 아니라, 정경대 등 전 대학에서 그분의 인기는 대단했다. 대학의 행정에서도 뛰어난 관리능력이 크게 인정되어 대학의 도서관장을 시작으로, 정경대학장과 부총장을 역임하고, 밖에서 문교부 고등교육국장과 주미 장학관을 역임할 정도로 바쁘셨다.

강의시간에 내어준 과제 중, 관계 저서의 독후감 리포트는 부담스러웠지만, 학생들에 큰 자극과 격려가 되었다. 나는 선생님 덕택으로 당시 출발이 아직 일천한 유럽연합의 전신인 유럽경제공동시장(European Economic Comunity)과 막스 베버(Nax Weber)의 『프로테스탄트 윤리와 자본주의 정신』(Die protestantische Ethik und der Geist des Kapitalismus)에 빠져 학교 교지에 글을 남기고, 유럽 현대사에 큰 관심을 갖게 된 것도 대단한 행운으로 어쩌면 유럽에 유학하는데 중요한 준비를 한 셈이었다.

어려서 유교의 가정에서 자란 나는 다른 신앙을 알지 못했다. 독실한 기독교의 신앙이 깊으신 선생님을 따라 남산의 IVF의 신앙 모임에 참석하였지만, 그 후 독실한 신앙인이 되지 못하였다. 함께 참여한 고 이석우 교수가 신앙인으로서 그리고 학자로서 성 어거스틴을 연구하여 학위논문까지 썼으니 참으로 다행이었다. 교회의 의식도 잘 모르는 나를 생각하시어 몰래 헌금을 쥐어 주시던 자상하심에 지금도 눈물이 난다.

대학을 졸업 후, 나는 서울의 중 고등학교의 역사 교사를 취직하고 나서 선생님은 미국에 다녀오시는 동안 한 때 뵙기 어려웠다. 그러나 내가 1971년 직장을 사직하고 독일로 유학하게 되면서 다시 선생님의 격려를 받게 되어서 다행이었다.

독일에서 유학하는 동안, 어머님의 병환 등 어려운 문제가 있을 때 많이 도와주셨는데, 다행이 1970년대 중반 벨지엄 루벤 대학에 초빙교수로 1년 동안 와 계시는 동안 두 차례나 하이델베르크에 오신 동안, 여러 학생들과 만나 이야기 하실 기회가 있어 참으로 행복했다. 라인강을 따라 서독의 수도 본 까지 모시고 말씀을 들으며 여행 할 수 있어서 다행이었다. 특히 외로운 학생들과 간호사들이 사는 하이델베르크에 기독교 예배의 모임이 있으면 좋겠다는 말씀에, 나는 학생들을 모아 독일 교회를 빌려 조그만 예배의 모임을 시작하여 계속시킨 것은 아주 큰 소득이었다.

하이델베르크에 오셨을 때, 총장님을 방문하고, 한국의 법학과 박사과정의 학생을 추천하여 우리가 서류 등 편의를 도왔는데, 그 분이 독일 법학과 교수에게서 학위를 받고 귀국하여 연세대학교의 법학과 교수로서 정년하고 현재 대한민국 학술원회원인 이형국(李炯國) 박사이다. 이처럼 선생님은 가는 곳 마다 많은 학생들을 도와주신 큰 자취를 발견한다.

내가 학위를 끝내고 돌아올 때, 선생님은 경희대의 부총장으로서 매우 바쁘셨고, 내가 정착하는데 크게 도와주셨다. 경희대 사학과에 취임하고 머지 않아 함께 입학하고 함께 졸업하고 역시 함께 학문하는 고 이석우를

하이델베르크 대학 총장과 이광숙 교수

동료 교수로서 학과에서 다시 만나게 된 것도 모두 선생님의 배려 덕택이었다고 생각하며 감사드린다.

그러나 아쉽게도 선생님은 우리 사학과를 떠나셨다. 원래 유능하셔서 한국 교원대의 대학원장과 대전의 한남대학교 총장, 서울 숭실대학교의 이사장 등 큰 직책을 연속 맡으시느라고 정신없이 바쁘셨다. 그래서 마음 뿐 자주 뵙지 못해서 항상 아쉬웠다. 내가 경희대학교의 교무처장 이던 때에, 대학원에 특강 강사로 초빙하여 참가했더니, 제자인 신용철 교무처장이 이 자리에 참석했다고 자랑스럽게 말씀하시던 모습을 기억한다.

대학에서 마스 베버의 유명한 저서인,『프로테스탄트 윤리와 자본주의 정신』을 읽고 그의 치밀한 구조와 열정에 감동하여, "미국 엠파이어스테이트 빌딩의 구조보다 더 치밀합니다."라고 말씀 드렸더니, "신군이 이제 학문의 맛을 알기 시작하는 것"이라고 말씀하시던 일도 기억된다. 덕성여고에 근무하던 시절, 경희대 박물관이 경북 의성에서 고분을 발굴했는데, 그 때 혼자 남아 답사하던 말씀을 드렸더니, "역사에 미쳤었군!"이라고 하시던 일도 어제 같다.

퇴임후에도 자주 뵙지 못하여 세상을 떠나시기 전, 스승의 날에 유공조 교수, 이석우 교수등과 함께 선생인 모시고 앰베세더 호텔에서 식사를 했는데, 슬프게도 그것이 사실상 마지막 뵐수 있는 기회이었다. 기력이 없이신 것으로 보였지만, 그렇게 빨리 떠나실 줄은 몰랐다. 그 때 선생님은 웃으시면서, "퇴임한 노교수 제자들"이라고 말씀하시던 날을 기억하면서 다시 오는 스승의 날에 10년 전의 선생님을 회상한다.

선생님은 매우 열심히 공부하며 독일에 오셨을 때, 통역으로 도와드리기도 한 아내 이광숙 (후일 서울대 교수)을 매우 자랑스럽게 자주 말씀하셨다. 1962년 경희대 사학과에 부임하신 이래 2008년 세상을 떠나실 때 까지 나에게는 진정한 "사랑과 의지의 큰 언덕" 이셨다. 서슴없이 학문과 삶에 대해 의논드릴 수 있게 큰 사랑을 주셨던 분이다. 그 뿐 아니라 언

하이델베르크 철학자의 산책길

제나 어려움을 호소하고 의지 할 수 있는 믿음의 큰 언덕이셨다. 선생님 댁에도 항상 친절하신 사모님과 어려서부터 보아 온 두 따님과 두 아드님 모두 잘 성장하여 교수로서 의사로서 전문분야에서 크게 활동하고 있으니, 선생님의 품덕과 교화의 은택과 교화의 향기가 내외에 가득한 것이다.

금년 봄, 선생님의 사랑과 보살핌으로 성장한 이석우 교수가 세상을 달리한 서울대 병원에서 건강하신 사모님을 반갑게 뵐 수 있었다. 나의 아내의 안부도 물으셨다. 선생님은 나에게 늘 우뚝한 분이셨다. 그 분의 아호인 소나무 계곡(松溪)의 국기게양대(揭揚臺)처럼 우뚝하신 성함의 글자처럼 학문으로 만난 가장 우뚝한 분(元嵓)으로 생각하고 있습니다.

이석우 교수마저 떠난 오늘날 선생님을 생각하면서, "선생님 아직은 잘 있습니다. 남은 시간 동안 우뚝하시던 선생님처럼 열심히 살아보겠습니다. 감사합니다."

Midwest University 미국 본교에서 뵌 이원설 박사님

유 옥 박사
(서울한영대학교)

한 사람이 일생을 살아가는 과정에서 언제 누구를 만나느냐에 따라 인생행로가 변할 수 있습니다. 그런 측면에서 볼 때 필자의 삶에 있어서 미드웨스트대학교(Midwest University)를 통해 고 정진경 목사님과 고 이원설박사님을 뵙게 된 것은 제 인생의 행로를 크게 변화시킨 획기적인 만남이라고 할 수 있습니다.

고 정진경 목사님과의 만남은 필자가 저술한 "기적의 삶"에서 손수건과 같은 만남이었다고 소개한 바 있습니다. 목사님은 언제 어디서든 저의 눈물과 수고의 땀을 기꺼이 닦아주셨던 그런 분이셨습니다. 그리고 고 이원설 박사님과의 만남은 필자를 교수의 길로 인생행로를 바꾸게 한 참으로 귀한 만남입니다.

그러니까 지금으로부터 14년 전인 2003년 봄에 박사과정 필수과목인 기독교 리더십 과목을 듣기로 수강신청을 한 후 담당 교수님은 어떤 분이실까 궁금함이 더 해 졌습니다. 매스컴을 통해 이원설 박사님에 대해서 조금은 알 고 있었지만 직접 뵌 적이 없던 터라 빨리 뵙고 싶은 마음이 더해 졌습니다.

미드웨스트 대학교 대학원 기독교상담학 박사과정을 시작하여 마지막 학기에 듣게 되는 리더십과목이라 왠지 기대가 되고 특히 학계에서 유명인사로 알려진 교수님에게 강의를 듣게 된 것에 대한 감사함도 넘쳤습니다.

첫 시간, 키가 훤칠하게 크신 교수님이 만면에 웃음을 가득 담으시고 밝게 인사를 하셨습니다. "여러분, 반갑습니다. 여기까지 와서 함께 수업을 하게 되어 참으로 의미가 깊습니다." 그해에 필자는 미국 세인트루이스에 있는 미드웨스트 대학교의 본교에 가서 마지막 학점을 채우기 위해 수업을 듣게 되었기 때문에 '여기까지 와서'라는 말씀을 하신 것입니다.

활기 차시고 자신감 넘치시던 첫 인상이 지금도 눈에 선합니다. 그리고 거침없이 강의를 이어가시던 모습은 필자가 교수가 된 후 가장 본받고 싶은 부분이 되었습니다. 기독교 리더십 과목을 수강하면서 특히 기억에 남는 것은 그 과목의 과제로 현존하고 계신 목사님들 중에서 본인이 가장 존경하는 목사님의 일대기를 연구하여 레포트로 제출하라는 것이었습니다.

필자는 주저 없이 김삼환 목사님의 라이프스토리를 쓰겠다고 하였습니다. 그러니까 박사님이 무척 좋아 하셨습니다. 김삼환 목사님은 이 박사님도 개인적으로 무척 존경하고 계시는 분이니 자세히 연구해서 잘 써 보라고 하셨습니다. 그 말씀을 듣고 필자는 무척 상기되었습니다. 수많은 목사님들 중에서 제가 존경하는 목사님을 이 박사님도 존경하는 분이라고 하시니 무언가 공통점을 발견한 것 같아 매우 기뻤습니다. 워낙 국내외적으로 유명하신 김삼환 목사님의 라이프스토리를 작성하자니 자료를 수집하는 것부터 어려움이 많았습니다. 그 목사님이 유명해 지신 후의 삶에 대해서는 세상에 나와 있는 자료들을 쉽게 구할 수 있었지만 어린 시절의 삶과 명성교회를 개척하시기 전의 삶에 대한 자료들을 구하는 일은 쉽지 않았습니다. 하지만 박사과정 중 이원설 박사님에게 듣는 과목의 과제라 소홀히 할 수가 없었습니다.

그리고 평소에 존경하고 있는 목사님의 라이프스토리를 작성할 수 있는 좋은 기회라 생각하고 최선을 다 해 정성을 들여 자료를 수집하였습니다.

한 가지 자료라도 더 얻으려고 명일동에 있는 명성교회 사무실에 찾아가 자초지종을 얘기하고 이원설박사님 과목의 과제라는 말까지 해 가며 자료 수집에 도움을 구하였습니다. 그러자 그 교회의 부목사님 중 한 분이 고맙게도 많은 자료를 수집할 수 있는 방법을 알려주셨습니다. 명성도서관에 가서 자료를 열람해 보라고 하셨습니다.

그 덕분에 명성교회에서 운영하는 도서관에서 김삼환 목사님에 관한 많은 자료를 수집할 수 있어서 과제 내용을 충분히 작성할 수 있었습니다. 감사한 마음으로 제출 기한 안에 이 박사님께 과제물을 제출할 수 있었고 의외로 좋은 점수를 받을 수 있었습니다.

후에 이 박사님이 말씀하시기를 그때까지 이 박사님도 김삼환 목사님에 대해 모르고 계셨던 부분까지 알게 되어 고맙다고 하셨습니다. 과제물을 제출하고 담당 교수님께 고맙다는 인사를 받기는 처음 있는 일이라 제 자신도 흐뭇한 경험을 했습니다.

수업시간에 듣는 강의 내용도 깊고 좋았지만 중간 중간 들려주시는 이 박사님의 간증이 더욱 가슴에 와 닿았습니다. 이 박사님의 저서인 '50년 후의 약속'을 읽고 새롭게 알게 된 사실은 이 박사님의 어린 시절이 그리 녹녹치 않았다는 것입니다. 국민학교(현 초등학교)를 우수한 성적(수석)으로 졸업하셨음에도 이 박사님의 아버지가 일본이 요구하는 신사참배에 응하지 않으셨다는 이유로 중학교 입학시험에서 불합격 됐다는 내용을 읽고는 뭐라 말할 수 없는 감정이 일었습니다. 그리고 그 상처를 가슴에 안은 채 강제 노역의 현장에서 겪으신 이야기는 감정을 넘어 진한 공감과 함께 일제치하의 비극을 간접 체험하는 것 같았습니다.

그러한 어려운 역경을 넘어서서 위대한 업적을 남기신 이 박사님의 강의를 듣게 되었다는 것이 얼마나 감사하고 감격스러운지 강의시간에 하시는 한마디 한마디가 필자의 가슴을 뛰게 했습니다. "고통이란 그것을 이겨

낼 수 있는 사람에게만 주어지는 기회"라고 말씀하시며 절망의 끝에서 자신과의 약속이라는 튼튼한 밧줄을 잡고 세상으로 다시 올라오셨다는 간증은 두고두고 가슴에서 되새김질 되어 지는 이야기입니다. 그리고 "당신에게 가장 고통스러운 경험은 반드시 가장 귀중한 체험으로 당신의 삶 곳곳에서 다시 살아납니다!"라는 말씀은 현재를 살아가는 모든 이들에게 꼭 전하고 싶은 내용입니다.

또 한 가지 감동적인 간증은 이 박사님이 정말로 힘겨웠던 유학시절에 물심양면으로 도움을 주셨던 미국의 한 부인을 항상 잊지 않고 감사하는 마음을 갖고 살아가신다는 내용입니다. 보통의 사람들은 한 때 도움을 받았다 할지라도 자신이 잘 되고 출세하면 고마움을 까맣게 잊기가 일쑤인데 이 박사님은 오래 전에 도움을 받았던 그 부인에 대한 고마움을 항상 생각하시며 제자들에게 종종 이야기 하시곤 합니다.

그러시면서 그 부인이 하셨던 '누군가에게 받은 지혜와 사랑은 반드시 다른 사람에게 나누어 주어야만 자신 안에서 진정으로 살아난다.'라고 하신 말씀도 잊지 않으시고 함께 전해 주셨습니다.

하나님이 쓰시고자 택하신 백성은 끝까지 버리시지 않으시고 돌보십니다.
"50년 후의 약속"에 보면 '생사의 기로'라는 소제목의 내용이 있습니다.

그 부분의 내용을 보면서 진정 하나님이 쓰시고자 택하신 백성은 죽음의 문턱에서도 어떤 방법으로든 살려내신다는 것을 알 수 있었습니다(p 222~240). 그리고 사력을 다 해 총잡이와 사투를 펼치시는 이 박사님의 모습이 생생하게 글귀에 나타나는 것을 보면서 강의도 명강의이지만 글로 표현하시는 작문실력 또한 탁월하시다는 것을 알 수 있었습니다. 손에 땀이 날 정도의 긴장감과 지금 실제로 벌어지고 있는 장면을 보고 있는 것 같은 현장감이 책에서 눈을 뗄 수 없게 만들었습니다. 캄캄한 밤에 이 박사님의 뒷머리 부분에 총알이 살짝 스쳐간 상처도 아랑곳없이 영산강 지류에 뛰어들어 2시간을 수영 한 뒤 배영으로 자세를 바꿔 가빴던 숨을 가다듬으며 하늘을 바라보셨을 때 무수히 반짝이는 별들 사이로 하나님이 얼굴 가득히 웃음을 띠시고 이 박사님을 내려다보신 것을 체험하신 후 하나님의 도구로 써 달라고 서원기도를 하셨다는 내용이 있습니다. 그 이후 이 박사님은 어디를 가시든 무슨 강의를 하시든 하나님 나라를 전하시며 변함없이 하나님나라의 확장을 위해 혼신의 힘을 다하시던 모습을 잊을 수가 없습니다.

참고로 이원설 박사님이 저술하신 "50년 후의 약속"이 2001년 '한언 커뮤니티'에서 출간되어 많은 젊은이들에게 희망과 용기를 주었다는 사실을 널리 알리고 싶습니다. 필자는 현재까지 근무하고 있는 서울한영대학교(구, 한영신학대학교)에서 지난 몇 년 동안 필자의 과목을 수강하는 학생들에게 그 책을 필독서로 읽히기도 했고, 요즈음도 강의 계획서에 참고도서로 소개하고 있습니다.

물론 박사님이 저술하신 다른 저서들도 많이 있지만 그중에서도 이 박사님의 자서전으로 출간 된 책이라 젊은이들에게 꼭 권하고 싶은 도서입니다.

고 이원설 박사님과의 인연은 또 다른 곳에서도 이어졌음을 알게 되었습니다.

필자가 교육학을 연구하고 싶은 열정을 가지고 대전에 있는 한남대학교 대학원에 진학하였을 때의 일입니다. 그 학교는 필자가 태어나던 해에 미국 선교사에 의해 설립 된 학교라 필자와는 깊은 인연이 있는 듯 느껴져서 특별한 마음이 있는 학교였습니다. 그래서인지 그곳에서 마지막 학구열을 불태울 수 있다는 것이 얼마나 감사하고 의미 있게 다가왔는지 모릅니다. 그런데 어느 날 그 학교 교정을 동기들과 함께 거닐다 보니 한 나무에 이원설 총장님이 기증하셨다는 표지가 걸려있었습니다.

나무에 걸린 그 표지를 보는 순간 얼마나 반가웠는지 모릅니다. 이 박사님은 1985년 3월에 한남대학교에 총장으로 취임하셔서 혼란기에 있던 대학을 평정시키셨고, 종합대학교로 승격시키신 위대한 업적을 남기셨다는 것을 알고 있었기 때문입니다.

그렇게 귀하신 분의 숨결이 담긴 학교에서 학문을 연구하게 되었다는 것이 너무도 감사하고 더 큰 자부심을 가지게 되었습니다. 특히 한남대학교 캠퍼스가 매우 자연친화적으로 조성되어 있는데 그것도 이 박사님이 총장재임 시 특별한 관심을 가지고 조성하셨다는 사실도 알게 되었습니다. 그래서인지 캠퍼스를 거닐 때 마다 이 박사님의 숨결을 느낄 수 있었고 다른 사람은 느낄 수 없는 특별한 기운을 느낄 수 있었습니다. 한남대학교를 기독교 대학의 모델로 성장시키신 이 박사님의 공적을 알아 갈수록 더 애착이 가고 그러한 학교에서 교육학 박사학위를 취득할 수 있도록 인도하신 하나님의 은혜에 깊이 감사하는 마음을 가지고 살아가고 있습니다.

고 이원설 박사님이 천국에 입성하신지도 벌써 10년이 되었습니다. 엊그제까지 우리 곁에서 열정적으로 강의 하신 것 같은데 어느 새 우리 곁을 떠나신지 10년의 세월이 흘렀습니다. 그리하여 우리 후학들은 다시 한 번 박사님의 뜻을 상기하고 받들기 위해 박사님의 일대기 후편 저서를 출간하게 되었습니다.

이 세대를 살아가는 사람들, 특히 청소년들에게 꿈과 희망을 안겨줄 수 있는 충분한 내용이기에 적극적으로 추천하며 부족하나마 이 박사님과의 귀한 만남을 추억하며 이 글을 올립니다.

故 松溪 이원설 박사: 교육과 평화의 사도

유 공 조 박사
(경희대학교 명예교수)
사)밝은사회국제클럽 한국부총재

   松溪 이원설(李元卨) 박사님을 처음 만나 뵙게 된 것은 내가 1962년 경희대학교 대학원 2년차로 석사학위 논문을 준비 중이었을 때였다. 이때 우리사회는 가까이는 6.25한국전쟁과 4.19혁명, 그리고 5.16 군사쿠데타로 사회가 몹시 어수선하고 혼란한 시기였다. 당시 우리나라의 GNP는 87 달러로 세계에서 가장 못사는 나라들 중 한 나라였다. 우리나라의 대부분의 대학들이 교육시설과 교수 요원을 제대로 갖추지 못해 열악한 교육환경의 이 시절, 해외 유학 제1파로 귀국하여 경희대학에 부임하면서 나와 松溪의 첫 만남이 시작되었다. 이때는 해외 유학파 교수들이 별로 없을 때여서 그 희소성이 컸고, 새로운 서양 문물, 서양학문이 돋보인 시절이었다.

   松溪 이원설 박사님은 처음 뵙기에 젊은 활력이 넘치시며 소박하고 소탈한 것이 첫 인상이었다. 대학원 첫 강의는 원서강독이었다. 松溪의 수업 진행 방식과 강의 분위기 등은 매우 새로웠고 대단히 열정적이었다. 나는 이때 석사학위 논문 주제로 "영국 장원의 붕괴 과정과 흑사병 문제"를 사회경제사적 입장에서 연구하고 있었다. 松溪는 나의 논문 주제와 구성에 대해 꼼꼼히 검토 하신 후 짜임새와 내용이 좋다고 호평을 해주셨다. 松溪는 후에 이 논문을 후배들에게 읽기를 권장했고 松溪의 추천으로 한국서

양사학회에서 발표할 수 있는 기회도 갖게 되었다.

松溪는 1962년부터 1984까지 20년 이상 경희대학에 재직 하는 동안 경희의 성장과 발전에 크게 헌신하셨다. 1955년 12월 단돈 155달러를 들고 미국 유학길에 올라 학사, 석사, 박사학위를 취득하고 1961년에 귀국해 경희대학에 부임하셨다. 사학과 교수, 도서관장, 정경대학장, 행정사무장, 대학원장, 부총장 등을 역임하며 경희대학의 학문적발전과 우리나라 고등교육에 헌신하셨다. 松溪는 경희대학 외에도 문교부 고등교육국장, 한남대 총장, 숭실대학 이사장 등을 역임하면서 오로지 교육에 전념했다.

松溪와 경희대학의 인연을 돌아보면 선생님은 경희대학의 '학문과 평화'의 학풍과 전통을 세우는 데 크게 기여하셨다. 세계대학총장회(IAUP - International Association of University Presidents)의 사무총장으로서, 국제평화연구소장으로서 고등교육 발전과 인류평화 구현을 위한 사업에 큰 기여를 하셨다. 1965년 영국 옥스퍼드대학에서 창립총회를 통해 시작된 세계대학총장회는 경희대학의 설립자 故 美源 趙永植 박사(1921~2012)가 고등교육의 사회적 소명을 실현하기 위해 발기해 탄생한 세계 대학총장들의 회의체이다.

松溪는 1971년부터 1981년까지 2기에 걸쳐 IAUP 사무총장직을 수행하면서 '밝은사회운동'의 출범과 'UN 세계평화의 날과 해'가 제정되는 데 직접적으로 기여하셨다. 'UN 세계평화의 날과 해'는 1970년대 미소 냉전으로 세계 3차 대전의 위협이 고조되었을 때 평화로운 인류사회를 이룩하기 위해 IAUP가 1981년 7월 코스타리카 산호세에서 개최된 제6차 총회에서 코스타리카 선언문을 채택해 UN에 제안해 제정된 평화의 날이다. 당시 IAUP 의장이던 조영식 박사의 주도로 시작된 평화의 날과 해 제정을 위한 IAUP의 다양한 활동에 松溪는 사무총장으로서 대외협력, 총회기획 등을 실질적으로 이끌며 평화의 날과 평화의 해(1986년)가 탄생하

유공조(이원설 박사의 제1호 박사)

는 데 핵심적 역할을 수행하셨다. 2017년, 제 36주년을 맞이한 UN 세계평화의 날에도 UN을 비롯해 전 세계에서 수많은 시민들이 인류평화의 중요성을 새기며 평화를 지키기 위한 활동을 펼치고 있다. 경희대학도 매년 9월 세계평화의 날에 평화학술회의와 'Peace BAR Festival'을 개최하고 있다.

'밝은사회운동' 은 경희대학이 전개한 사회운동이다. 경희대학은 松溪가 부임한 1960년대 한국사회의 경제적, 물질적 빈곤과 무지를 타파하기 위해 '잘살기운동' 을 전개하기 시작했다. 70년대 초반까지 집중적으로 실천에 옮기며 사회적으로 기여한 '잘살기운동' 은 1970년대에는 '밝은사회운동' 으로 이어졌다. 1970년대에는 세계 여러 나라가 겪는 산업화의 폐단과 인간성 상실과 인간소외 현상에 대응하는 실천적 사회운동이 요청되었다. 이에 경희대학은 밝은사회운동을 전개하기 시작했는데 그 실행과 구체화 과정에 松溪가 실질적으로 기여한 바가 크다. 松溪가 IAUP 사무총장으로서 활동하던 1975년 미국 보스톤에서 열린 IAUP 제4차 총회에서는 '보스톤 선언문' 이 채택되었다. '밝은사회운동' 의 기본정신을 담고있는 보스톤 선언문을 기초로 국내외에서 밝은사회운동이 출범해 현재는 사단법인 '밝은사회한국본부'와 '국제본부' (GCS International) 산하에 수많은 클럽들이 아름답고 풍요로우며 보람있는 사회를 이룩하기 위해 활동하고 있다.

松溪는 학장, 대학원장, 부총장, IAUP 사무총장으로서 경희대학의 역동적인 발전기에 국내외적으로 전개한 학문과 평화 사업의 대열에 중심에 있었다. 경희대의 초창기 성장과 발전을 이끄는 데 헌신적으로 기여하며 교육과 평화를 실천하는 데 큰 업적을 남긴 교육과 평화의 사도라 할 수 있을 것이다. 뛰어난 영어실력을 바탕으로 활발한 국제적 활동을 수행했을 뿐 아니라 그토록 바쁜 와중에도 평균 1년에 1편에 해당할 정도로 많은 저술, 강연, 기고 등 학술활동을 하셨다. 역사학자로서 「혁명시대의 미래관」, 「이데오로기의 초극」, 「21세기 세계는 어디로 가는가?」 등을 저술하셨고, 1995년의 주저 <기독교 세계관과 역사발전> 은 하나님 중심의 세계관에 입각한 학술서적으로 한국기독교학술상을 수상하는 밑거름이 된 역작이다.

나는 1973년에 발생한 중동사태이후 주로 중동연구에 집중하였기 때문에 松溪와 학문적으로 직접 인연을 이어가지는 못했다. 그러나 나는 이때 대학의 각종 보직을 수행하면서 경희대학이 추구하는 교육발전과 평화 사업에 항상 松溪와 함께 하며 만났다. 특히 1982년 우수고교생 유치를 위하여 부산지역 고교를 탐방하던 때, 남해 상주 해안가에서 1박을 하며 나눴던 여러 대화는 지금도 생생히 기억에 남아있는 추억이다.

松溪와 나의 만남은 반평생 동안 이어졌다. 松溪는 나의 박사학위 과정을 수행하는데 많은 조언을 주시기도 하셨다. 1986년 내가 교토대에 객원교수로서 연구활동 시절 사모님과 함께 교토대를 방문하셔서 일본에서 기독교계 사립대로 저명한 일본동지사대학과 일본구황실어소 청수사, 연력사 등을 안내했던 기억도 새롭다. 1990년 회갑을 맞이하여 '하나님 중심 세계관' 이라는 논집 간행위원장으로 논집을 증정했던 것은 매우 뜻 깊게 남는다. 2003년에는 나의 정년논총 '역사학과 중동학' 증정식에 원고를 게제하고 직접 참석해 축하해 주셨고, 2004년에는 내가 한국전시컨벤션연구소장으로서 코엑스와 공동주관한 제2회 서울국제외식산업박람회(코엑스전시관)에 참석해 개회식, 테이프 컷팅, 오찬 건배사를 해주셔서 고마운 마음을 가누질 못했다. 2007년에는 내가 경희대 밝은사회연구소장으로서 「밝은사회운동 30년사」를 발간할 때 '제1편 밝은사회운동과 제창자 조영식'

편에 대한 감수와 발간 축사를 부탁드렸을 때 병환으로 힘든 와중에도 기꺼이 원고를 다 읽고 칭찬과 격려의 말씀을 주시고 발간 축사도 함께 작성해 주셨다. 그 축사 원고가 선생님이 운명하신 지 10여일 후 발간되었으니 선생님의 마지막 유고가 되었다.

松溪가 금호동 거주시에는 종종 찾아뵙고 덕담을 나누고 가족과 같은 정을 함께 했다. 아들의 결혼에 주례를 맡아주기도 하셨고 우리부부를 한남대로 초청하여 오찬을 함께 하기도 하였다. 松溪의 부친상에는 내가 장례의 전 과정을 맡기도 하였다. 松溪와 나는 반평생 동안 변함없는 인간관계를 이어왔지만 가족들과의 만남이나 교회의 활동에 좀 더 많이 함께하지 못했던 것이 여전히 아쉽고 죄송하게 마음속에 남아있다. 松溪는 건강 관리에는 평소에 남다르신 분이었는데, 카자흐스탄, 우즈베키스탄 등 전도사업 후에 발병, 병환 중이었으나 치료 결과가 좋아지면서 선생님을 뵙게 되었다. 2007년 8월 더웠던 어느 날 선생님과 함께 점심식사를 하려고 앰배서더 호텔 어느 음식점에 갔었다. 그런데 주문한 음식이 나왔지만 갑자기 한기가 들어 점심을 못하고 일어서시던 모습을 뵈면서 가슴이 무척 아팠다.

松溪 추모집 발간에 즈음해 선생님의 일생에 대해 다시 회고해 본다. 松溪는 역사학자, 교육자, 사회운동가, 대학행정의 최고 책임자로서 교육과 불가분의 관계를 맺고 평생을 살아오신 분이다. 이러한 松溪의 일생과 교육열, 봉사정신을 기리기 위해 한남대학은 송계교육상을 제정해 매년 시상하고 있다. 그리고 한국 기독교계에도 수많은 제자들과 동료들이 松溪의 삶과 정신을 추모하며 기리는 것을 볼 때 '교육과 평화의 사도'로서 松溪의 일생이 다시 그려진다.

송계(松溪) 이원설 박사의 학문과 신앙
그리고
한국 기독교 리더십연구원

이 형 국 박사
(전 연세대학교 법과대학 교수)

Ⅰ. 머리말

송계(松溪) 이원설(李元卨) 박사는 국내외 적으로 다사다난했던 20세기에 기독교인, 학자 그리고 교육자로서 빛나는 역할을 한 우리들의 선각자였다. 여러 가지로 부족한 제가 감히 이 박사님에 대한 회고담을 언급하는 것은 외람된 일이지만 다른 한 편으로는 영광스러운 일이라고 생각한다.

이원설 박사님이 저술하여 출간한 출판물은 외국어로 된 저서 10여권을 포함한 저서가 20여권, 수백편의 논설, 논문이 있는데 본고에서는 이들 중 기독교 리더십 연구원에 관련되는 분야로 한정하기로 하였다.

필자는 비록 이원설 박사님으로부터 정식 학교교육을 받을 기회를 갖지 못하였으나 수 많은 강연, 연구회(seminar), 대화, 저서 등을 통하여 많은 가르침을 받았고, 늘 친절하고, 온화하며, 부드러운 인품을 지닌 분이심을 느낄 수 있었다.

전 한국기독교 총연합회 대표 회장, 정진경 원로 목사님은 추천의 글에서 "이원설 박사님은 교육계와 교계, 국내는 물론이고 세계적으로, 하나님께서 세우신 영향력 있는 지도자로 널리 알려진 분"이라고 찬사를 보낸 바 있다.

이원설 박사님이 우리 하나님의 부르심을 받고 우리 곁을 떠나가신 지 벌써 10년이 되었다. 우리는 그 동안 이 박사님이 안 계신 처지에서 너무나 큰 공백과 허전함을 느꼈다. 이원설 박사님은 말씀을 하실 때마다 늘 "하나님 중심주의"를 강조했고, 그렇게 살려고 끝까지 애쓰셨다.

II. 송계(松溪) 이원설 박사와 갈보리 교회

송계(松溪) 이원설 박사는 1930년 황해도 장연군 용연면 용정리 기독교 집안에서 태어나 그곳에서 어린 시절을 보냈다. 기독교는 그가 자라나는 환경의 기초가 되었다. 1950년 6.25 한국 전쟁 당시에는 전라남도 함평으로 내려가 살다가 기독교인이라는 이유로 쫓기는 총살 대상이 되었다.

총구가 송계(松溪)를 향해서 조준되고 총탄이 날아오는 절대절명의 위험한 순간이었다. 하나님! 저를 살려주십시오. 그러면 하나님의 뜻대로만 살겠습니다. 태어난 이후 처음으로 간절한 기도를 했다. 그 후 인천을 향해서 오는 뱃속에서 이름도 모르는 한 신학생을 만나 자기가 총살당해 죽을 뻔 했던 이야기를 하자 그 신학생은 이원설 박사에게 "너희는 먼저 하나님의 나라와 하나님의 의를 구하여라. 그리하면 이 모든 것을 너희에게 더하여 주실 것이다."(마태복음 6장 33절)라는 말씀을 주었다.

그 때부터 그 말씀은 송계(松溪)의 신앙생활을 이끄는 원동력(motive power)이 되었다. 그는 도그 코잘트 선교사가 지원해 준 155달러를 가지고 미국 유학길에 올랐으나 하나님께서는 그의 재정을 보증해주는 태가트 부인까지 보내주셔서 비교적 순조롭게 학부과정, 석사과정, 박사과정까지 모두 마칠 수 있었다.

Ⅲ. 갈보리 교회(Calvary church)

갈보리 교회의 연원은 갈보리 도서관에서 비롯되었다. 송계(松溪) 이원설 박사가 국내외에서 기증받은 책상, 의자, 책장 등을 갖추어 소규모의 기독교 도서관을 개설하고 명칭을 갈보리 도서관 이라고 하였다(온천교회, 20년사, 대한 예수교 장로회 은천교회, 22~23면 참조).

1960년대에 기독교 신자와 교회의 수가 늘어나면서 교인들의 올바른 신앙자세를 살펴 볼 필요성이 생겼다. 그러한 분위기 속에서 당시 경희대학교 교수였던 이원설 박사 내외분과 총신대학교 김득룡 교무처장 등이 교회설립문제로 만나 그 문제를 신중하게 논의하고, 검토해 나아갔다.

총신대학교 교수 최종수, 사업가 지창근, 김상민씨 등이 뜻을 같이 하여 이 모임에 합류하였고, 미국 오하이오주, 클리브랜드 갈보리 교회의 헤럴드 리드(Herald Reid) 장로님은 두 교회의 협동 장로가 되기도 하였다.

이 모임의 기본적인 강령은 "너희는 먼저 하나님의 나라와 하나님의 의를 구하여라."(마태복음 6장 33절로 정하였다. 그리고 교회의 이름은 "갈보리 교회"라고 했다. 그 이름은 1970년 1월 18일부터 1978년 1월 18일까지 8년 동안 사용되다가 은천교회로 바뀌게 되었다.

갈보리 교회 설립의 기초는 "갈보리" 정신이었다. 본래 '갈보리' 라는 이름은 야산의 높은 지역이나, 큰 길에서 가까운 성문 바깥을 뜻하였다. 해골(skull)이라고도 불렀다. 예수 그리스도께서 십자가를 지신 후에는 십자가에 못 박을 곳이라고 불려 지기도 했다(누가복음 23:33; 마가복음 15:22).

그러나 갈보리의 참된 뜻은 그 형식적, 물질적인 특성에 있는 것이 아니라 예수 그리스도의 구원과 사랑의 십자가를 지신 곳이라는 상징성에 있다.

예수 그리스도께서 인류의 죄를 대신하여 갈보리의 십자가 위에서 고난을 받으신 갈보리 정신을 존중하고, 지켜 나가기 위해서는 다음과 같은 점에 유의해야 한다.

1. 예수 그리스도가 택하신 고난과 희생의 길을 생각하면서, 구제와 선교, 사회 봉사와 선교 등 나누어 주는 교회가 되도록 하는 것이 바람직하다.

2. 예수 그리스도는 갈보리 산에서 자기 몸에 못질하는 병사의 잘못에 대한 용서를 구할 정도로 사랑의 관용을 베풀었다.

3. 갈보리 신앙운동의 본질

인류의 죄를 대신하여 십자가를 지신 예수 그리스도의 거룩하신 희생과 한없는 사랑을 본받아 그 실천에 힘쓰는 운동을 뜻한다. 그 운동은 자기 자신의 잘못과 죄를 뉘우치고, 회개하는 것으로부터 시작해야 한다.

4. 모든 기독교인, 기독교 단체가 협력하여 지향해야 할 궁극적 목표는 "너희는 먼저 하나님의 나라와 하나님의 의를 구하여라. 그리하면 이 모든 것을 너희에게 더하여 주실 것이다"(마 3:33)이다. 그 가치관에 따른 삶이란 자기중심(self-centric), 자기 우위의 삶이 아니라 하나님 중심(Godcentric), 하나님 우위의 삶을 뜻한다. 그러므로 하나님의 나라는 먹고 마시는 것이 아니다.

5 교회에 바치는 예물에 있어서도 그 재물의 가치보다 바치는 사람의 정성이 더 소중하다. 그 예물이 재물이 아니라고 할지라도 하나님의 영광을 드러내고 하나님을 기쁘시게 해 드리는 것이라면 예물이 될 수 있다.

6. 송계(松溪)는 지식인이 자기의 지식의 십일조를 하나님께 바친다면 교회발전에 큰 힘이 될 것이라고 보고 그렇지 못한 현실을 아쉬워하기도 했다.

7. 뛰어난 학식과 신앙 인격을 갖춘 송계(松溪), 이원설 박사는 교계와 학계 안에서 많은 존경을 받았다. 그 중요한 예를 몇 가지 보기로 한다.

1) 일반적으로 시간의 흐름을 초, 분, 시간, 하루, 한 달, 일년 등의 단위로 나누어 그 장단을 나누거나 비교도 한다. 그리고 그 기준을 태양에 주

는 경우를 양력, 달을 기준으로 하는 경우를 음력이라고 부른다.

2) 철학적, 가치관적 관점에서 볼 때에는 관점에 따라서 더 많은 문제가 그 안에 있다고 할 수도 있겠으나 본 논문에서는 생략하기로 한다.

3) 송계(松溪)는 어거스틴(Augustine; 354-430)의 시간관의 영향을 받아(＊이석우, 앞의 책, 87면 이하) 과거, 현재, 미래의 관계에 대하여 순간적으로 눈앞을 스쳐 지나가는 것은 현재의 시간일 뿐 자기 자신만의 시간이 될 수는 없다. 시간의 뜻을 어떻게 정의하든지, 시간의 뜻을 귀하게 여겨 그것을 귀한 선물로 최대한 활용하는 것이 중요하며, 평소에도 늘 대비하는 자세로 지내는 것이 바람직하다. 시간의 뜻과 귀중성, 젊은이의 벗, 송계(松溪)가 시간의 뜻을 이해한 것은 우리속의 시간이 같은 뜻으로 변치 않고, 알아차린 언어를 형태로 하는 목적이 있다.

IV. 하나님 중심 세계관(Godcentric world view)

세계관이란 일반적으로 우주의 본질이 무엇이고, 그것이 어떻게 생겨났고, 변화되어 왔는가를 연구하는 학문의 한 분과이다.

하나님 중심 세계관에서 피조물(creature)과 사람의 관계를 보면 사람은 다른 피조물과 달리 주 하나님께서 땅의 흙으로 사람을 지으시고, 그의 코에 생명의 기운(the breath of life)을 불어넣으시니, 사람이 생명체(a living being)가 되었다.

그러므로 하나님은 사람의 삶의 중심에 계시고, 사람의 삶을 이끄신다. 따라서 사람이 먼저 구해야 할 것은 성령 안에서 의롭고, 평화롭고, 기쁜 하나님의 나라를 먼저 구해야한다. 먹고 마시는 것이 아니다(마6:33, 롬14:17). 또한 모든 피조물은 사람이 숭배해야 할 대상이 아니라 이해의 대상이어야 한다(회갑 기념 논문). 하나님의 나라는 믿는 사람의 마음속이나, 신앙 공동체 안에 이루어진다. 이상과 같은 관점에서 송계(松溪), 이원설 박사는 하나님 나라 중심의 세계관을 갖고 있었다.

믿음은 하나님 앞에서 진심으로 뉘우치는 회개를 바탕으로 하여, 예수 그리스도를 구주로 받아들이는 것이다(p. 82 참조). 따라서 하나님의 나라는 정체상태에 머무는 것이 아니라 모든 순간마다 각 개인의 마음속이나 신앙 공동체 안에 실현된다.

Ⅴ. 하나님 중심 지도자의 지도력(Leadership of Godcentric leader)

하나님 중심 지도자의 지도력(leadership)이란 남을 이끄는 일이 아니라, 남을 섬기는 일이다. 너희 가운데서 누구든지 으뜸이 되고자 하는 사람은 모든 사람의 종이 되어야 한다(막10:44)는 말씀이 가르쳐준다. 바로 예수 그리스도께서 제자들의 발을 씻기시면서 좋은 본보기(paradigm)를 보여 주셨다.

Ⅵ. 지식과 지혜(The knowledge and the wisdom)

지식이란 어떤 사물에 대하여 확실히 알고 있는 것을 말한다. 그리고 지혜란 사물을 정확하게 식별하고 판단하는 능력 또는 적절한 여부를 구별할 수 있는 능력을 뜻한다(p. 22). 소크라테스는 지혜란 지식을 적절하고 바르게 사용할 줄 아는 것이라고 했다(이석우, 1963).

사람이 아무리 많은 지식을 갖고 있다고 할지라도 그 사람이 지혜가 없다면 그 지식을 바로 사용할 줄 모르는 사람이다(이석우 p. 155).

송계(松溪), 이원설 박사는 위와 같은 관점에서 지식과 지혜를 함께 갖추어야 할 필요성을 강조하였다. 우리는 변화무쌍한 시간의 흐름 속에서 지식과 지혜를 함께 갖춘 송계(松溪) 이원설 박사의 말씀을 듣고 싶어 한다.

Ⅶ. 한국 기독교 리더십 연구원(Korea Christian Leadership Institute)

1. 본 연구원은 각 학문 분야의 전문가들이 하나님 중심 세계관(God-centric world view)을 가지고, 하나님의 말씀과 학문을 연계하여 성서와 경제학, 성서와 역사학, 성서와 예술 등에 관해서 연구한 결과를 발표하고 나서, 그 연구 결과를 강의실에서 학생들에게 가르침으로써 학문의 모든 영역을 통하여 성령 안에서 의롭고, 평화롭고, 기쁜 하나님의 나라를 넓히거나(롬 14:17), 안식년을 하나님께 바쳐 지식의 십일조로 하나님의 나라를 넓히는 선교 모임이다.

2. 1970년대부터 한국 기독교 리더십 연구원의 설립을 위한 준비모임이 이원설 박사를 중심으로 서서히 활동을 시작하였다. 그래서 정관의 초안 작성, 일부 교수 해외 연구원 파견(최종수-싱가폴 하가이 연구소, 문영식-필리핀 비콜 대학연구소, 김성철-필리핀 대학교)과 관련 학술자료의 수집, 확충 등의 기초 작업이 이루어졌다.

3. 1992년 3월 강남대로변에 있는 오피스텔의 한 방을 빌려 한국 기독교 리더십 연구원 창립 예배를 드림으로써 시작되었다. 초대 이사장으로는 송계(松溪), 이원설 박사(당시 한남대학교 총장)가 취임하였다.

4. 1992년 한국 기독교 리더십연구원 대전 분원이 개원되었다. 그리고 1997년 4월에는 서울 목표 학교(vision school)가 설립되었다.

5. 전국 교회들과 함께 1,000시간의 강의 계획을 열고, 참 지도자들의 목표들(visions)을 함께 나누었다.

6. 프로그램(Program)으로는 학술 연구 활동(seminar), 지도력 개발(development of leadership), 강연자들의 소책자(speakers' brochure), 청소년 목표 학교(vision school), 여성지도자 훈련 과정 등이 있다.

7. 개원 후 업적으로는

1) 21세기를 향한 목표와 지도력(vision and leadership) (총서 제1장)
2) 1995. 10 ~ 1997.2 극동방송 강좌 개설(총서 제2장)
3) 하나님 중심 지도자(Godcentric leaders) 이원설 외 14명
4) 회원들의 저서와 논문 다수

Ⅷ. 주님의 등불 모임(The group of the Lord's lamp)

주님께서 말씀하시기를 "너희는 세상의 빛이다. 산 위에 세운 마을은 숨길 수 없다. 또 사람이 등불을 켜서 말 아래에다 내려놓지 아니하고, 등경 위에다 놓아둔다. 그래야 등불이 집 안에 환히 비친다.

이와 같이, 너희 빛을 사람에게 비추어서, 그들이 너희의 착한 행실을 보고, 하늘에 계신 너희 아버지께 영광을 돌리게 하여라(마태복음 5:14-16). 주님의 말씀은 내 발의 등불이요, 내 길의 빛입니다(시편 119:105)라는 말씀에 따라 2007년 9월20일 국립 중앙 의료원 안에 있는 스칸디나비아 클럽에서 첫모임을 가졌다.

Ⅸ. 맺는 말

뛰어난 능력과 높은 인격, 그리고 깊은 신앙으로 많은 사람들로부터 존경을 받았던 송계(松溪) 이원설 박사님이 하나님의 부르심을 받고 돌아가신지 어느덧 10년이 되었다. 존경하는 이원설 박사님이 그립다.

소질과 재능도 없지만 맡겨 주신 뜻을 받들어 주로 갈보리 교회 시절부터 느꼈고, 경험했던 사실들에 중점을 두고, "송계(松溪) 이원설 박사의 학문과 신앙 그리고 한국 기독교 리더십 연구원"이라는 제목으로 썼다

내가 본 이원설 박사

임 재 복
(대전 선창장로교회 원로장로,
한남대학교 전 비서실장, 사무처장)

나는 한남대학교 직원으로 일하고 있었다. 이원설 박사님이 한남대학교 8대 총장으로 오셨다. 나는 경희대학교 재학시절, 이원설 박사님으로부터 강의를 들은 학생이었다. 한남대학교에는 그분과 인연이 있는 사람이 거의 없었다. 이원설 총장님은 자기에게 강의를 들은 경희대학교 제자라는 인연 때문인지 나를 비서실장으로 임명했다.

학생시절의 스승을 모시고, 그분 곁에서 일한다는 것이 얼마나 어렵고 힘든 일인지 알만 한 사람은 다 안다. 나는 이원설 박사님이 한남대학교 8,9대 총장 재임(1985.3-1992. 2) 6년 동안 비서실장으로 모셨다. 그분은 총장으로서 임기에 관계없이 마지막까지 최선을 다하는 모습을 보여주셨다.

한 번은 한남대학교 K 교수가 해직되었을 때, 서명이 가짜라고 법원에 제소하여, 총장이 직접 본인의 서명임을 법원에 가서 밝혀야 하는 사건이 있었다. 나는 법정에 직접 나가셔야겠다는 말을 차마 꺼낼 수가 없어서 망설였지만, 나중에는 어쩔 수가 없어서 모시고 나가게 되었다.

그 당시 이 총장님의 건강이 몹시 나빠져서 재판하던 판사까지 건강을 염려할 지경이었다. 그러나 요소요소에 경희대학교 제자들이 많이 있어서 일을 처리하는 데 도움을 받곤 했다.

날마다 문제가 여기저기서 터져 나와 바람 잘 날이 없는 한남대학교에 오셔서 대학교의 발전을 위해 열심히 일하셨다. 하지만 대학교의 발전에 거침새가 되는 사건이 터질 때마다 많은 고민과 기도를 해야만 했다.

이원설 총장님은 해외 출장을 다닐 때에도 항상 비행기 탑승표를 일반석 표(economy class ticket)만 사서 다니셨다. 그리고 숙소, 식사까지도 싸구려 일색으로 돈을 아끼셨다. 그는 그 절약한 돈으로 유학생들에게 용돈을 주곤 했다. 학생들에 대한 사랑이 남달리 지극했다. 그는 아무리 총장의 업무가 바빠도 학생들에게 한남대학교의 존재 이유와 정체성을 소개하는 2학점짜리 "기독교 세계관(World View of Christianity)" 강의만은 빼먹지 않고 꼭 진행했다.

그리고 "그러므로 내일 일을 위하여 걱정하지 말아라. 내일 걱정은 내일이 알아서 할 것이다. 한 날의 괴로움은 그 날에 겪는 것으로 족하다"(마 6:34)는 성경 말씀으로 비서실 직원들의 분위기를 바꿔 주었다.

또한 한남대학교의 창학 정신이 기록된 문서들을 찾기 위하여 많은 노력을 했다. 그래서 한남대학교 설립 당시부터 선교사와 교수로 활동했던 서의필 박사(Dr. Somerville)에게 설립 당시의 서류나 편지를 찾게 해서 한남대학교의 기록문서 보관소(Archive)인 인돈 학술원이 태어나게 했다. 나는 그분으로부터 역사학자의 탐구 정신과 지난날 기록물 보관을 귀중히 여기는 태도를 배웠다.

나는 지금으로부터 10년 전, 정선혜 총무님으로부터 이원설 박사님이 돌아가셨다는 소식을 듣고 깜짝 놀랐다. 바로 5일 전, 전화로 다정하게 통화했기 때문이다. 그분은 마지막 돌아가시면서까지 나에게 필요한 배려의 대화를 가르쳐 주시고 떠나가신 것이다. 오늘 남을 배려하는 그분의 다정한 모습이 더욱 그리워진다.

하나님의 나라
(The kingdom of God)

최 덕 구 박사
(대전문창장로교회 원로장로,
한남대학교 생활체육학과 명예교수)

I. 들어가는 말

사람은 이 세상에 태어나서 어떤 사건, 어떤 사람을 만나서 어떤 자극을 받느냐에 따라서 그 사람의 인생의 목적과 목표, 그리고 삶의 방법이 달라진다. 이원설 박사는 1930년 11월 15일 황해도 장연군 용연면 용정리에서 2남 2녀 중 넷째로 태어나서 2007년 11월 29일까지 이 세상에 77년 14일 동안 머무르며 불꽃같은 삶을 살다가 하나님의 부르심을 받았다.

그는 1937년 황해도 장연읍 새벽 초등학교에 입학하여 1944년에 뛰어난 성적으로 졸업했다. 평양이나 해주의 유명한 학교에 진학할 수 있는 성적이었다. 하지만 가정형편에 따라 황해도 장연읍에 있는 장연 농업학교에 진학하려고 입학시험을 쳤다. 40여 명의 학교 친구들은 모두 합격했다. 그러나 이원설 혼자만 떨어졌다. 그의 부모님이 신사참배를 거절했다는 이유였다. 그 당시 일본은 중국을 침략하여 중·일 전쟁을 일으켰던 시기였다.

1945년 8월 15일 해방 이후에는 소련군이 북한에 머무르고 있으면서 비밀경찰들을 통하여 공산주의 사상에 반대하는 사람들을 찾아내고 있었다. 이원설의 이름은 공산주의 민주 청년동맹의 감시 대상자 명부(black-list)에 올라 있었다.

그는 1946년 12월 24일 16세의 나이에 어머니의 도움으로 신의주 학생

사건에 관련된 친구 이성섭과 함께 38° 휴전선을 넘어 남한으로 오게 되었다. 그는 남한에 와서도 1950년 8월 말경, 아버지, 매형, 김휼(목포사범학교) 교사와 함께 넷이서 전라남도 영암에 있는 월출산에 들어가 3주 동안 숨어 지내다가 먹을 것이 떨어져 하는 수 없이 어머니가 계시는 함평을 향해서 오다가 함평지역의 공산주의 민주 청년 동맹원들 10명에게 붙잡혀 아버지, 매형과 함께 죽임당할 곳으로 끌려가다가 도망쳐서 총탄을 피하여 이리저리로 정신없이 내달렸다.

영산강지류에 이르러서는 속옷만 입은 체 영산강에 뛰어들어 약 2시간 정도 배영(背泳, back stroke)을 할 때 하늘에서 반짝이는 별들의 뒤에서 빙긋이 웃으시는 하나님의 얼굴을 보았다.

전라남도 나주 부근에서 배를 타고 인천을 향해 가는 사이에 이름도 모르는 신학생에게서 "너희는 먼저 하나님의 나라와 하나님의 의를 구하여라. 그리하면 이 모든 것을 너희에게 더하여 주실 것이다"(새번역 마 6:33)라는 말씀을 받았다. 피난 중 대구 장로회 신학대학에 입학해서는 예수 한국(Jesus Korea) 그룹을 만들어 하나님 나라에 대한 열띤 토론을 하곤 했다.

그는 미국 유학시절에도 미국의 여러 교회들에 초청되어 "하나님의 나라"에 대한 그의 신앙 간증을 했다. 그리고 한국에 돌아와서도 또한 하나님의 부르심을 받을 때까지도 말과 글과 그리고 수 많은 만남을 통해서 그가 체험한 "하나님의 나라"에 대하여 증언하는 삶을 불꽃처럼 살다가 돌아갔다. 나는 그의 서거(逝去) 10주기를 맞이하여 그가 일생 동안 국내외로 다니면서 증언한, 삶과 죽음의 고비에서 체험한 "하나님의 나라"는 어떤 나라인지 깊게 살펴 보고자 한다.

II. 중요한 말

예수 그리스도는 마태복음 4:17절에서 "회개하여라. 하늘나라가 가까이 왔다(Repent, for the kingdom of heaven is near)."고 했다. 그리고 6:33절에서는 너희는 먼저 하나님의 나라와 하나님의 의를 구하여라. 그리하면 이 모든 것을 너희에게 더하여 주실 것이다(But seek first his kingdom and his righteousness, and all these things will be given to you as well) 라고 했다.

하나님의 나라는

첫째 우리 안에 있는 나라이다(The Kingdom of God is within you). (눅 17:20-21) 그래서 여기 있고, 저기 있는 것처럼 눈에 보이는 것이 아니라 눈에 보이지 않는 나라이다.

둘째 능력의 나라이다(The Kingdom of God is not a matter of talk but of power) (고전 4:20) 그래서 무엇이든지 할 수 있다. 사도 바울은 내게 능력주시는 그리스도 안에서 나는 무엇이든지 할 수 있다고 했다(빌 4:13.)

셋째 성령 안에서 의롭고, 평화롭고, 기쁘게 사는 나라이다(The Kingdom of God is of righteousness, peace and joy in the Holy Spirit). (롬 14:17)

1. 성령(The Holy Spirit)은

생기(the breath of life, Genesis 2:7), 하나님의 영(Zechariah 4:6; Matthew 12:28; cts 2:17), 생명(John 6:63), 보혜사(counselor, John 14:16, 15:26, 16:13), 진리의영(the Spirit of truth) (John 14:17, 15:26, 16:13), 바람(Acts 2:2), 혀(Acts 2:3), 불길(Acts 2:3) 등을 뜻한다.

그리고 감정(엡 3:16, 롬 15:30), 지식(요 14:26; 고전 2:4, 12:8 엡 3:5), 의지(고전 12:3, 엡 2:18)를 갖고 있다. 따라서 생명의 역동적인 능력 (It is a powerful ability of life)이다.

1) 성령을 받는 방법(The methods receive the Holy Spirit)

(1) 자기의 죄를 회개해야 한다(They must repent their sins) 그리하면 자기의 죄를 용서 받을 수 있다(And their sins may be forgiven). (Acts 2:38)
(2) 예수 그리스도의 이름으로 세례를 받아야 한다(They must be baptized in the name of Jesus Christ). 그리하면 성령을 선물로 받는다 (And they receive the gift of the Holy Spirit). (Acts 2:38)

2. 의(Righteousness)

의롭게 사는 것(마 25:37)으로
1) 믿음으로 사는 것이다. (하박국 2:4, 로마서 1:17)
※ 믿음에 근거하지 않는 것은 다 죄이다. (롬 14:23)
2) 굶주린 사람에게 먹을 것을 주는 것이다.
3) 목마른 사람에게 마실 것을 주는 것이다.
4) 나그네를 자기 집에 맞아서 대접하는 것이다.
5) 헐벗은 사람에게 옷을 입히는 것이다.
6) 병든 사람을 돌보는 것이다.
7) 감옥에 갇힌 사람을 찾아가 위로하는 것이다. (마 25:34-36)

3. 평화(Peace)

평화(平和, peace)란 고요하고, 서로 뜻이 맞아 정다운 것을 말한다. 서로 뜻이 맞는 사람들이 정답게 부지런히 일하여 가진 사람이 갖지 못한 사람을 가난한 마음(마 5:3)과 가엾게 여기는 마음(마 5:7)으로 나누어주며, 모든 사람이 한 마음과 한 뜻으로 모든 것을 공동으로 사용할 때 평화가 있다. (행 4:32-35)

하나님께서 악한 사람에게나 선한 사람에게나 똑같이 해를 비추어주시듯이 원수를 사랑하고 나를 박해하는 사람들을 위하여 기도하며 평화를 위해서 일하는 사람들은 하나님의 아들이라고 일컬음을 받는다(마 5:44-45, 5:9). 우리는 어디를 가든지 우리가 있는 곳에서 평화를 위하여 일하는 사람들(peace makers)이 되어 하나님을 기쁘시게 하는 아들과 딸들이 되어야 한다.

4. 기쁨(Joy)

기쁨(喜樂, joy)이란 기쁘고 즐거운 것을 말한다. 바울 선생은 데살로니가 전서 5:16절에서 항상 기뻐하라고 했다. 그리고 빌립보서 4장 4절에서도 주 안에서 항상 기뻐하라. 내가 다시 말하노니 기뻐하라고 했다.

우리는 모든 일에서 자신의 유익을 구하지 않고, 많은 사람들의 유익을 구하여 그들이 구원받게 함으로써 모든 사람을 기쁘게 하는 것이 곧 하나님을 기쁘시게 하는 것이라는 것을 알아야 한다. (고전 10:33)

그리고 무엇에든지 참되고, 경건하고, 옳고, 정결하고, 사랑 받을 만하고, 칭찬 받을 만한 일을 해야 한다. (빌 4:8) 먹든지 마시든지 무엇을 하든지 다 하나님을 기쁘시게 하는 일을 해야 한다. (고전 10:31) 하나님은 인간을 하나님께 영광을 돌리고 찬송하게 하기 위하여 만드셨다고 했다(이사야 43:7, 21). 그러므로 인생의 목적은 하나님을 기쁘시게 하는 것이어야 한다.

솔로몬 왕은 이집트 왕의 딸 외에도 700명의 후궁과 300명의 첩 합계 1천명의 여자들을 곁에 두고, 부귀영화를 모두 누린 사람이다. (왕상 11:1, 3) 그는 이 세상에서 사는 날 동안 자기가 행한 모든 것이 헛되고, 헛되고 또 헛된 것을 알았지만 그 중에서도 사람들이 사는 동안에 기뻐하며 선을 행하는 것보다 더 나은 것이 없는 줄을 알았고, 사람마다 먹고 마시는 것과 수고함으로 즐거움을 누리는 그것이 하나님의 선물인 줄도 또한 알았다

(전 3:12-13)고 고백했다. 우리는 이 세상에서 사는 날 동안 모든 상황 속에서 기쁜 삶을 살도록 해야 한다. 그것이 하나님의 뜻이기 때문이다.

1) 하나님께서 베풀어주신 모든 은혜를 항상 기억하여 하나님께 예배하고, 감사하며 찬양할 때 기쁨이 있다. 그것이 하나님의 뜻이다. (살전 5:16)
2) 말씀을 배우고(행 2:42), 서로 사귀며(행 2:42), 함께 식사하고(행 2:42), 기도하며 (행 2:42), 그리고 하나님을 찬양(행 2:47)하는 신앙생활을 할 때 기쁨이 있다.
※ 베드로가 증거 했을 때 하루에 믿고 세례 받는 사람이 3,000명이나 늘어났다(행 2:41).

III. 나가는 말

하나님의 나라는 성령 안에서 의롭고, 평화롭고, 기쁘게 사는 나라이다 (The kingdom of God is of righteousness, peace and joy in the Holy Spirit)(롬 14:17).

하나님의 의(마 25:36)는 하나님의 교회와 하나님의 사람이 성령을 받고 능력을 길러서

1) 믿음으로 사는 것이다(하박국 2:4, 로마서 1:17).
   ※ 믿음에 근거하지 않는 것은 다 죄이다(롬 14:23).
2) 굶주린 사람에게 먹을 것을 주는 것이다.
3) 목마른 사람에게 마실 것을 주는 것이다.
4) 나그네를 자기 집에 맞아서 대접하는 것이다.
5) 헐벗은 사람에게 옷을 입히는 것이다.
6) 병든 사람을 돌보는 것이다.

7) 감옥에 갇힌 사람을 찾아가 위로하는 것이다(마 25:34-36).

하나님의 교회와 하나님의 사람은 "회개하여라. 하늘나라가 가까이 왔다. (마 4:17)" "너희는 먼저 하나님의 나라와 하나님의 의를 구하여라. (마 6:33)" 그리하면 성령은 그리스도인에게 (1) 지혜의 말씀 (2) 지식의 말씀 (3) 믿음 (4) 병 고치는 은혜 (5) 기적을 행하는 능력 (6) 예언하는 능력 (7) 영을 분간하는 능력 (8) 방언을 말하는 능력 9) 방언을 통역하는 능력을 선물(The gifts of the Holy Spirit)로 주신다(고전 12:8-11).

마지막 날에 하나님의 영을 받으면 그들의 아들과 딸들이 예언을 하고, 젊은이들은 환상을 보며, 늙은이들은 꿈을 꾸게 된다(욜 2:28; 행 2:17).

성령은 그리스도인이 사랑과 기쁨과 화평과 인내와 친절과 선함과 신실과 온유와 절제의 삶을 살게 한다(갈 5:22-23).

References

1. The Thompson Chain-Reference ⓡ Bible New International Version Copyright ⓒ 1983 by The B. B. Kirkbride Bible Company, Inc. and The ZondervanCorperation

 The Holy Bible, New International Version Copyright ⓒ 1978 by New York International Bible Society Co-Published By: B. B. Kirkbride Bible Company, Inc. Indianapolis, Indiana, 46204, U.S.A. and The Zondervan Corperation Grand Rapids, Michigan 49506, U.S.A.

2. The Holy Bible Old and New Testaments Revised New Korean Standard Version ⓒ Korean Bible Society 2001 RN73EF 3rd Printing; 3,000; September 2012 Printed in Korea

3. The Holy Bible Old and New Testaments New Korean Revised Version ⓒ Korean Bible Society 1998, 2000, 2003, 2005 Used by permission. All rights reserved.

삶 전체가 하나님 중심
(God-Centered)의 세계이다[1]

홍 영 일 교장
(前 염광 여자고등학교 교장)

    책의 제목처럼 적어 놓은 비전(vision)이 고대로 다 달성된 것을 보여주려고 보고서 형식으로 만들어졌다. 그러니까 1999에 발간한 『Write the Vision - It Will Surely Come』책의 속편이다. 1957년(26세)에 적어 놓은 이 박사의 비전(vision)들이 어떻게 달성했는지를 증명하는 과정이 이 책의 핵심을 이루고 있다. 역사를 전공하였기 때문에 세계사의 흐름과 특별히 국내 정치 흐름을 빠짐없이 기록하여 사건, 사고, 정책들과 관련을 지어 기록하였다.

    이 책은 이 박사가 평소에 아끼고 사랑하는 사람들의 리스트와 또 그분들에 대한 칭찬까지 적어 놓은 이 박사의 인명사전이라고 할 수도 있다. 운전기사까지도 야간 신학교에 다니도록 하여 대학 행정실에서 일하도록 배려하시는 분이니 제자들을 챙기는 일에는 말해 무엇 하겠는가?

    6·25전쟁으로 피난 당시 공산당의 총살현장에서 도망하여 구사일생 살려주신 하나님과의 약속한 대로 하나님 나라 확장에 일관된 하나님 중심의 신앙고백서이다.

---

    [1] 이 글은 필자가 이원설 박사의 저서를 읽고 쓴 독후감이다. "The Fulfillment of a Written Vision in Life" (Won Sul Lee, Ph.D./The Korean Christian Journal in Chicago, USA).

미리 적어 논 목표(Vision)과 달성된 성과와의 비교표

순번	목표(Vision) 세움	목표(Vision) 실현
1	1960년(29세) 박사학위(Ph.D)를 취득	30세에 박사학위(Ph.D) 취득 (기록보다 1년 늦었음)
2	1961-67년(31-37세) 대학의 조교수	30세에 경희대학교의 조교수
3	1968-71년(38-41세) 미국 교환교수	34-35세에 문교부 고등교육국장
4	1972-79년(42-49세) 정교수	36-38세에 미국 Adrian 대학 역사학 교수
5	1980-84년(50-54세) 대학의 학장	39-43세에 경희대학교 정경대학장
6	1985-91년(55-61세) 대학원 원장	46-49세에 경희대학교 대학원장
7	1992-1999년(62-69) 대학의 총장	50-52세에 경희대학교 부총장
8	2000년(70세) 은퇴	54-61세에 한남대학교 총장

결론적으로 젊은이들에게 당부하기를 하나님이 주신 목표(Vision)를 종이에다가 SMART (specific, measurable, attainable, realistic and tangible) 원칙에 의해 적고 이 땅 위에 하나님 나라 확장을 위해 정성을 다하노라면 반드시 그 목표가 다 달성하게 된다는 점을 강조하고 있다.

문제가 있을 때마다 항상 하나님의 나라를 위하는 길인가를 먼저 물었다.

귀국하기 전 경희대학에 약속을 받아 놓았지만 5·16군사혁명이 일어나고 군사정부가 사립대학에 회계부정 감사를 실행한다며 대학 설립자 조영식 박사의 총장직을 박탈하는 바람에 곤경에 빠지게 되었을 때도 그는 기도를 하였다. 다행히 조영식 박사가 혐의를 벗게 되자 다른 교수들의 질투를 받을 정도로 조 총장의 신임을 얻게 되고 그의 오른팔 역할을 하게 되었다. 교육부 권오병 장관이 검사시절에 경희대 특강을 나왔다가 이 박사의 소

문을 듣게 된 것이 동기가 되어 34세에 젊은 나이에 교육부 고등교육국장으로 발탁되게 된 것이다. 이 박사는 총신대학이 정부 인가와 한국장로교 신학대학교가 대학원 인가를 받는데, 큰 도움을 주었다. 1973년 KBS에서 유신헌법에 대한 찬성연설 요구에 피신하여 다니다가 마침내 벨기에 Louven 대학의 초빙교수로 가게 된 것을 하나님의 은혜라고 감사하고 있다.

그는 젊음과 재능을 경희대학과 함께 하였다.

32세에 경희대학교 도서관장으로 임명을 받아 획기적으로 도서를 구입하고 확장하는 일을 신나게 벌였다. 더군다나 조영식 총장의 뜻에 따라 국제대학 총장협의회의를 구성하고 발전시켜 나가는데, 큰 역할을 감당하였다. 조 총장이 50여 개국 800여 대학 총장의 모임인 IAUP 회장이 되었을 때는 사무총장으로 한국인의 위상을 드높였다. 39세에 정경대학 학장, 국제교류위원회 위원장직을 맡아 많은 학생을 미국과 필리핀에 보냈으면 그 일이 계기가 되어 외국에서 학위를 얻은 제자들이 생겨났다. 또한, 경희대학교의 한의학 박사과정을 설치하는데, 큰 공로를 세웠다.

1980년 정권을 잡은 전두환 대통령은 유신헌법을 대신할 개혁을 내세우면서 61년 박 대통령이 했던 것처럼 모든 사립대학의 설립자들을 현재의 행정직에서 정지시킨 적이 있었다. 그때 경희대학교 조영식 총장은 당시 50세인 이원설 박사에게 총장직을 강권하였으나 사양하고 대신 안치열 박사를 추천하고 자신은 부총장직을 맡는다. 총장직에서 물러난 8년 동안 조영식 학원장은 국제 평화연구소를 설치하고 밝은 사회운동을 전개하였다. 하늘나라에 함께 갈 때까지 경희대에 머무르기로 조영식 총장과 굳게 약속을 했었지만 경희대 교내 사정에 의하여 젊음을 다 바친 경희대학교를 떠나게 된다. 교원대학교 창설에 관계도 하였지만 기독교대학인 한남 대학으로 옮기게 된다.

한남대학을 종합대학으로 승격시켜 초대 총장이 되었다.

한남대학 학생들의 요구가 종합대학을 요구하며 데모를 벌이고 있었을 당시에 한남대학 책임을 진 이 박사는 29개 대학 중에서 유일하게 종합대학 승인을 얻어낸다. 배경에는 교육부 고등교육국장을 한 경험과 절친한 교육부장관을 하다가 청와대 비서실장으로 자리를 옮긴 이규호 박사와 교육담당 비서관 신극범 박사 등 이 박사 개인적인 인맥이 크게 작용했다고 여겨진다. 1978년에 이란정부의 국가훈장을 받기도 하였다. 한남대학교의 건학정신인 신앙, 진리, 봉사의 정신을 구현하는데 온갖 노력을 다하였다. 매주 월요일 교사 경건회를 가지며 기독교 대학의 사명을 다하고자 성서와 과학이란 과목을 개설하고 신앙과 학문의 통합교육을 하였다. 경희대학교를 모델로 학생회관 등 여러 건물을 건축하고 교내 조경에 힘을 쏟았다. 장기 대학발전 계획 수립하여 기독교 대학의 모델이 되도록 노력을 기울였다. 한편, 세계의 중심이 태평양으로 이동하는 역사의 흐름 속에서 일본, 중국, 한국, 시베리아를 담당하는 IAUP 북아시아 회의의 의장으로 활약을 하였다.

동서양의 유명한 학자들과 국내외 인사들과 폭 넓은 교제를 가지신 분이다.

이 박사가 주로 경희대학교에서의 교수활동과 세계대학총장회의 사무총장으로서의 역할과 한남대학교의 총장으로 활동한 내용이 두드러져 있다.

세계 대학총장회의 사무총장을 하면서 세계대학 총장들과 교분을 쌓아 나갔다. 1976년부터는 하나님 나라 확장을 위해 노력하는 기독교 지도자 훈련을 위한 Haggai Institute를 적극적으로 도왔다. 1979년에 제자 교수들을 중심으로 '한국기독교리더십연구원'을 만들어 활동하기 시작하였다.

앞으로 보충하여야 할 것으로는 현재 14년간을 이사장으로 봉사하고 있는 한국기독교학교학교 연맹의 활동, 아세아태평양 기독교학교연맹을 창설한 회장으로 역할, 중앙교육심의회 의장, 국사편찬위원회 위원 활동, 매월 세미나를 개최하는 한국기독교총연합회 21세기 크리스천 연구위원회 회장의 업적을 보충하는 속편이 나와야 할 것이다.

작가로서의 재능을 유감없이 발휘하였다.
책 머리에 아내와 이별하는 장면부터 시작하여 독자의 시선을 사로잡는다. 책을 생생한 대화형식으로 꾸몄기 때문에 지루한 감이 없다. 언제나 책 머리에 의문문으로 시작하든지 하면서 우선 독자들의 관심을 끌 문장으로 시작을 한다. 이 박사가 1950년 연세대학에 입학(95년 명예 학사 취득)하면서 작가로 성공할 결심을 하고 있었다. 그는 영문 저서 23권과 우리말 저서 16권, 소책자 17권을 발행하였다. 그는 2002년 제2회 한국기독교학술상을 받기도 하였다. 그는 1976부터 22년간 Korea Herald에 주간 칼럼을 썼으며, 그 칼럼들은 그 시대를 배경으로 쓴 귀중한 자료들로서 그 중 몇 편이 이 책에도 인용되고 있다. 앞으로 누군가가 소설 이원설을 써 보면 어떨 가한다.

자녀 손들이 자기 일에 충실한 것이 부모를 기쁘게 하는 일이다.
초대 주미 장학관으로 파견되면서 Adrian대 역사학 교수로, Long Island 초빙교수로 활동하게 되어 자녀도 미국에서의 공부혜택을 받게 되었다. 벨기에 Louven대 초빙교수 시절에는 이웃나라 영국, 이탈리아, 바티칸 등 여러 나라여행은 견문을 넓히며 역사학자로 르네상스에 대한 흥미를 갖게 되었을 뿐 아니라 여행을 통해 부부애를 돈독히 하는 즐거운 기간이 되었다고 한다. 이 박사는 부인 박은희 여사를 재정을 비롯한 모든 일을 총괄하는 Perfect manager라고 칭찬하고 있다. 사실 부인은 시부모를 모시는 일에도 정성을 다하였다. 2남 2녀의 자녀도 치과의사, 약사, 교수, 의사로 배우자들도 박사학위를 취득하여 교수, 사회사업가 등 전문분야에서 일하고 있다. 삼성재단에서 매년 연간 5만 불의 장학금을 받는 손자를 비롯하여 9명의 손자 손녀가 다 공부를 잘하고 있다.

이 박사는 올해 76세로 결혼 54주년이라고 한다. 앞으로 6년이면 결혼 60주년인 회혼례를 맞게 된다. 미리 축하를 드립니다. 지금까지도 하나님 중심의 삶이었지만 앞으로의 삶은 가나의 혼인 잔치처럼 "그대는 이렇게 좋은 포도주를 지금까지 남겨 두었구려!" 하는 칭찬을 듣는 더욱 보람 있는 삶이 되시기를 기원합니다.

When we put Christ at heart of our future plans, we may improve our social milieu, guiding history in a right direction. History become His-story.

Seek first His kingdom and His righteousness. (Matthew 6:33)

YOUNG IL HONG 13360 Hillsborough Dr.
#111 LA M IRADA, CA 90638 (714)213-5556

성령의 사람 松溪 이원설 박사

권 호 덕 박사

(前 백석대학교 조직신학 교수
前 서울성경신학대학원대학교 총장,
前 한국개혁신학회회장)

故 송계 이원설 박사께서 하나님으로부터 부르심을 받아 소천하신지 엊그제 같은데 어느새 10년이라는 시간이 흘러갔다. 그를 기억하고 있는 사람들은 한 결 같이 그가 지금 곁에 없는 것에 대해 매우 많이 아쉬워 할 정도가 아니고 마음 아플 정도로 그리워 할 것이다. 이는 그가 너무 일찍 이 세상을 떠났고 또 참된 그리스도인으로서 깊은 인상을 남겼을 뿐만 아니라 많은 사람들에게 선한 영향을 크게 끼쳤기 때문이다.

우리는 이 시대 역사의 한 부분을 장식한 송계 이원설 박사를 어떻게 평가할 수 있을까? 그를 보는 시각에 따라 여러 가지로 평가할 수 있을 것이다. 이 책 후반부에 실린 글들 곧 이원설 박사에 대해 지인(知人)들이 쓴 글들은 각자 자기 나름대로의 시각으로 그가 어떤 삶을 살았고 무엇을 했는지 잘 설명하며 평가해 준다. 이 모든 글들이 공통적으로 보여주는 것은 이원설 박사가 그들에게 끼친 감동과 감화이다. 그가 어떤 인물이었기에 이렇게 감동과 감화를 줄 수 있을까?

본 필자는 대학시절에 한 번도 그의 강의를 듣거나 그를 만나지 못했지만 그가 저술한 서적들을 탐독할 수 있는 기회를 가졌다. 돌이켜보면 나는 그의 저서들을 읽으면서 우리가 살고 있는 이 세상의 역사가 어디로 흘러

가는지 그 방향을 인식하게 됨과 동시에 군복무를 끝내고 대학에 발을 내디딘 내게 새로운 지평을 열게 만들었다. 그 후에 그가 행정가로서 또 교육자로서 활동한 내용을 살펴보며, 또 갈보리모임을 통해 그를 처음으로 대면하고 그 후 그와 나눈 교제를 반추(反芻)해 보면서 그를 '성령의 사람'으로 해석해야 그의 삶 전체를 통전적으로 설명할 수 있을 것 같았다. 종교개혁신학이 말하는 성령의 사람이란 한 마디로 하나님 중심적으로 살면서 하나님의 나라와 그의 의를 추구하는 자이기 때문이다. 그러면 그는 어떤 의미에서 성령의 사람이었을까?

첫째, 성경에 의하면 하나님은 자기 백성들에게 시험을 허용하시기도 하지만 그것을 이길 수 있는 성령의 능력도 주신다는 것이다. 성경은 주를 위해 고난을 견디는 것은 성령의 능력으로 말미암음을 가르친다. 놀랍게도 우리는 송계의 생애 속에 이런 면을 자주 볼 수 있다. 그의 일생은 힘든 일들의 연속이었다. 그런데 그는 믿음으로 그 모든 난관을 극복하며 살아왔다. 그가 신사참배를 반대하며 신앙의 절개를 지키다가 손해를 보는 길을 택했을 때, 그리고 공산군을 피하여 도망 다니며 사선(死線)에서 하나님을 바라보고 절망하지 않고 새로운 비전(vision)으로 일어선 일 등등은 '성령의 능력에 의한 삶' 외에는 설명이 안 된다.

그 다음, 그의 생애가 명백하게 보여주는 일은 그가 힘든 상황을 만날 때 간절히 기도했다는 사실이다. 그가 북한에 두고 온 부모를 만날 수 있게 해달라고 간절히 기도한 일이나 영산강 지류에서 공산당에게 총살당할 뻔 했을 때 진심으로 하나님께 기도한 일, 그가 대구에서 신학을 공부하기 위해 간절히 기도하던 일, 단돈 155불을 가지고 미국으로 유학가서 후원자를 만나기까지 그의 간절한 기도가 있었다. 그가 대학 3학년 때 미국 본토 학생들과 함께 졸업시험 치를 때 한 그의 간절한 기도는 그가 어떻게 기도생활을 했는지를 잘 보여준다. "내가 할 수 있는 유일한 일은 하나님 앞에 무릎 꿇고 기도하는 것뿐이었다."

그가 한국에 와서도 항상 기도와 더불어 맡겨진 일을 수행했을 뿐만 아니라 항상 하나님의 뜻을 찾는데 마음을 모았고 또 하나님의 도움으로 모든 문제를 해결하려고 했던 삶은 그가 성령의 사람이었음을 명백하게 보여준다. 송계의 그런 삶은 성령으로 사는 모든 기독인들의 생각에 감동으로 공명(共鳴)할 것이다. 개혁신학은 인간은 성령의 추진과 감동으로 살아가며 기도하는 삶을 산다고 가르친다. 동시에 기도의 사람은 그리스도의 영에 의해 감동받는 사람이라고 가르친다. 송계의 이런 기도 생활의 습관은 부모 외에도 주위에 기도하는사람들로부터 받은 영향인 것 같다.

셋째, 송계의 삶의 특징은 그는 주어진 시간에 주어진 일은 최선을 다해서 수행하는데 있다. 그는 태어날 때부터 하나님께로부터 받은 재능을 연마하는 일에 게을리 하지 않았다. 그가 영어를 유창하게 구사할 수 있었던 것은 우연이 아니다. 그는 수준 높고 우아한 영어를 할 수 있도록 많은 노력을 했다. 그리고 그가 미국대학에서 정치학을 공부할 때는 그 분야에 대해 넓게 그리고 깊이 있게 연구했다. 또 그가 박사과정에서 역사학을 전공할 때 그가 답사한 문헌은 방대했다. 당시 그가 공부하던 모습은 성령에 사로잡혀서 열중했던 사람의 그림을 보여준다. 그의 저서를 읽는 사람들은 모두 공통적으로 느끼는 바이지만 그의 글들은 확신에 차 있고 세계의 역사를 꿰뚫어 보는 혜안(慧眼)을 제공해준다. 그의 문장은 유창하고 글 흐름이 자연스러워 지루하지 않고 독자들로 하여금 설득 당하게 만드는 힘이 있다. 독자들이 본서 곧 이원설 박사의 둘째 자서전인 이 책을 읽으면 시간이 가는 줄 모르고 빠져들어 갈 것이다. 성경은 성령께서 모든 인간들로 하여금 각자 받은 은사와 재능을 잘 연마할 수 있도록 돕도록 창조되었음을 가르친다. 본 필자가 보기엔 성령께서 송계를 연마하여 마치 그를 자기 악기(樂器)로 삼아 연주케 하는 삶을 살게 한 것처럼 보인다. 요컨대 송계는 성령의 추진으로 자기 재능을 잘 연마하여 하나님의 뜻을 이루기 위해 살았던 것이다.

넷째, 송계를 알고 있는 모든 사람들이 공통적으로 지적하는 바이지만 그는 다른 사람들을 섬기는 일에 익숙한 사람이었다는 것이다. 그는 만나는 모든 사람들이 자기 일에 최선을 다 할 수 있도록 칭찬하고 격려할 뿐 아니라 더러는 그들의 갈 길을 지도하기도 했다. 그는 성령께서 주시는 영안(靈眼)으로 하나님 나라 차원에서, 그리고 우주적 교회의 차원에서 다른 사람들을 보며 저들이 하나님의 영광을 위해 최선을 다하는 것을 내다보고 기뻐한 것이다. 이것은 교회론적인 의미를 내포하는 것으로 송계가 자기 개인으로 끝나지 않고 하나님 나라 전체, 우주적 교회 전체를 전제하고 살았다는 말이다. 이것은 화란의 천재 신학자 헤르만 바빙크가 말한 대로 성령으로 중생한 자는 우주적 교회 공동체의 한 지체로서 다른 지체들을 배려하며 공동체 의식으로 살아간다는 말을 기억나게 한다.

다섯째, 송계에게서 보는 매우 특별한 인생관이다. 그것은 그가 하박국서의 말씀 가운데 "너는 이 묵시를 기록하여 판에 명백하게 새기되 …"(합 2:2)라는 구절을 주목하고 그것을 문자 그대로 실현했다는 것이다. 여기 묵시는 비전(vision)이다. 물론 이 구절은 하나님께서 선지자 하박국에게 이스라엘의 역사와 관계된 묵시이다. 그런데 송계는 여기서 우리 개인들에게 적용되는 중요한 진리를 포착한 것 같다. 사실 성경은 창조함을 받은 인간이면 누구든지 태어날 때부터 비전(vision)과 거기에 맞는 재능을 가지고 태어났음을 가르친다. 역사는 아담의 타락으로 대부분의 인간들이 각자 자기 비전(vision)을 발견하지 못할 뿐 아니라 자기들이 받은 재능을 바르게 사용하지 못함을 가르친다. 동시에 성경은 우리가 성령으로 중생할 때 각자 나름대로 소원을 받는다고 가르친다. 이 소원이 바로 비전(vision)이다. 매우 흥미로운 것은 누구든지 성령 안에 있으면 성령의 추진으로 그 소원 내지 비전(vision)을 성취하여 자기 존재의의를 실현한다는 것이다 (빌 2:13). 비전(vision)을 글로 적는 것이 너무나 중요하다고 여긴 송계는 그의 첫 번째 자서전의 제목을 "비전(vision)을 글로 적어 놓아라"고 정했다. 이 말은 누구든지 중생함을 받을 때 하나님 나라를 위해 어떤 소원이 생기면 그것을 기록해 놓고 성령안에서 성령의 추진을 받아 활동하면 결국 그 비전(vision)이 실현된다는 것이다. 성령은 그로 하여금 자신을 연마하도록 만들기 때문이다. 우리는 여기서 송계의 신학적인 안목에 근거한 그의 혜안을 보는 것이다.

한 마디로 송계를 성령께서 인도하실 뿐 아니라 구체적으로 그를 자기 사람으로 만들어 성령의 능력을 힘입어 자기 일생을 살도록 만들었다는 말이다. 그의 다정한 미소, 그의 부지런한 활동, 하나님의 나라를 사모하는 그의 마음은 오직 성령으로 말미암는다는 말 외에는 설명이 되지 않는 것 같다. 우리는 송계에게서 성령충만한 지성인 내지 성령의 젠틀맨을 본다는 점에서 참된 그리스도인의 한 이미지를 보는 것이다. 다음 세대에 이런 멋진 기독인 지성들이 많이 나왔으면 하는 마음을 가진다.

기독교리더십 송년회 모임 - 이원설 박사 소천 1년 후

내가 본 송계松溪 이원설 박사

이원설(李元卨)

1930년 황해도 출생

학 력

1950년	연세대입학
1955년	총신대졸업
1957년	Ohio Northern대 정치학 학사
1958년	Case Western Reserve대 국제정치학 석사
1961년	상대학원 역사학 박사
1977년	Ohio Northern대 명예문학 박사
1986년	Lynchburg대 명예법학 박사
1995년	연세대 명예문학사
1999년	Adrian대 명예법학 박사

경 력

1962-64년	경희대 문과대 사학과 조교수 - 부교수
1965-66년	문교부고등교육국장, 초대 주미 장학관
1967-69년	Adrian대 역사학 교수, Long Island대 초빙교수
1970-73년	경희대학교 정경대 학장
1974-75년	Louvain대(벨기에) 초빙교수
1976-80년	경희대 대학원장
1976-81년	세계대학총장회(IAUP) 사무총장
1981-82년	경희대 부총장
1985-91년	한남대학교 총장
1987-88년	한국대학교육협의회 부회장
1989-92년	중앙교육심의회 의장
1988-94년	국사편찬위원회 위원

1992-94년	미국 Haggai Institute 교수회의장
1990-01년	세계대학총장회(International Association of University Presidents) 동북아위원회 위원장
1998-00년	아시아-태평양 기독교학교연맹 연합회(Asia-Pacific Federation of Christian Schools) 회장
2002-06년	숭실대학교 재단 이사장
	한국기독교학교연맹 이사장
	한국기독교리더십연구원 이사장
	한기총21세기연구원장

저 서

1971.	「혁명시대의 미래관」 (성광문화사)
1977.	「Creative Response」 (Kyung Hee Univ. Press)
1978.	「사조의 격랑 속에서」 (성광문화사)
1978.	「Beyond Ideoiogy」 (Cornerstone Press, U.S.A.) 미국 Biola 대학 교재
1978.	「이데올로기의 초극」 (번역판, 성광문화사)
1980.	「Reflections of an Asian Mind」 (Kyung Hee Univ. Press)
1982.	「The United States and the Division of Korea」, 1945. (Kyung Hee Univ. Press)
1982.	「Tasks for Peace in the Orwellian Decade」 (Kyung Hee Univ. Press)
1985.	「Amid a Gigantic Transition」 (보이스사)
1986.	「신앙과 학문」 (성광문화사)
1988.	「Korean Exodus」 (보이스사)
1988.	「세계관과 문화」 (한남대학교 출판부) 소책자
1988.	「기독교세계관과 근대사상」 (한남대학교 출판부) 소책자
1990.	「미국과 한반도 분단」 (한남대학교 출판부) 소책자

1990.	「기독교세계관과 역사발전」 (혜선출판사)
1990.	「Christian Worldview and Historical Change」 (Singapore 출판) -- 미국 Western Seminary 교재
1994.	「Stewardship in Action」 (Singapore 출간)
1995.	「21세기를 향한 비전과 리더십」 (신망애 출판사)
1997.	「하나님 중심 세계관과 학문」, 소책자 시리즈 1. (보이스사)
1997.	「아침을 준비하는 자는 늘 깨어있다」 (신망애 출판사)
1998,	「예루살렘-고난과 영광의 시온성」 (웨스트민스터 출판사)
1999,	「A Little Giant in America -- The Life Story of Rev. John Kim」 (기독교문사)
2000,	「Write the Vision」(The Korean Christian Journal) -- 미국 Connecticut 주립대학교재
2001,	「God's Percentage in Action」 문영식 공저, (서울 양피지)
2001,	「21세기-세계는 어디로가는가?」박종구 공저, (신망애출판사)
2001,	「아들아, 머뭇거리기에는 인생이 너무짧다」 I, 강헌구 공저, (한 · 언)
2002,	「아들아, 머뭇거리기에는 인생이 너무짧다」 II, 강헌구 공저, (한 · 언)
2003,	「아들아, 머뭇거리기에는 인생이 너무짧다」 III, 강헌구 공저, (한 · 언)
2004,	「아들아, 머뭇거리기에는 인생이 너무짧다」 IV, 강헌구 공저, (한 · 언)
2007,	「The Fulfillment of a Written Vision in Life」 The korean Christian Jornal in Chicago, US

논 문

1969.	"The Korean Interregnum of 1945", <Michigan Academician> 外 多數
1976-99.	<Korea Herald>의 月曜칼럼 "Creative Response" 집필

상 벌

1978.　　　이란정부 국가 훈장
1981.　　　세계대학총장회 문화대상

일반활동

　　Western Seminary 이사 및 명예교수
　　유유문화재단 이사장
　　Spring Arbor대 특강
　　Lynchburg대 졸업권설
　　Adrian대 졸업권설
　　Bicol 신학교 졸업권설
　　Bataan대 졸업권설
　　일본사립대연합회 50주년 기념특강
　　한국기독교총연합회 평신도 위원장
　　한국기독교총연합회 사랑의 쌀 위원장
　　한국외국어대 이사
　　혜천대 이사
　　서울여대 이사
　　염광학원 이사
　　숭실대학교 이사장
　　대전복음신학대학원 이사
　　웨스트민스터대학원 이사

2007년 6월 5일

가족사항

부인 박은희 여사
    장녀 이영란 (치과의사)
    차녀 이미란 (약대강사)
    장남 이기한 (영문학 박사, 명지대 교수)
    차남 이경한 (의학박사, 삼성병원 핵의학과, 성균관의대 부교수)